ALEXANDRE DUMAS FILS
DE L'ACADÉMIE FRANÇAISE

THÉÂTRE
COMPLET
AVEC PRÉFACES INÉDITES

IV

L'AMI DES FEMMES

LES IDÉES DE MADAME AUBRAY

PARIS
CALMANN LÉVY, ÉDITEUR
3, RUE AUBER, 3

1898
Droits de reproduction et de traduction réservés.

THÉATRE COMPLET

DE

ALEXANDRE DUMAS FILS

DE L'ACADÉMIE FRANÇAISE

IV

CALMANN LEVY, ÉDITEUR

ŒUVRES COMPLÈTES
D'ALEXANDRE DUMAS FILS
DE L'ACADÉMIE FRANÇAISE

Format grand in-18

AFFAIRE CLÉMENCEAU. — Mémoire de l'accusé.	1 vol.
ANTONINE.	1 —
AVENTURES DE QUATRE FEMMES.	1 —
LA BOITE D'ARGENT.	1 —
CONTES ET NOUVELLES.	1 —
LA DAME AUX CAMÉLIAS.	1 —
LA DAME AUX PERLES.	1 —
DIANE DE LYS.	1 —
LE DOCTEUR SERVANS.	1 —
ENTR'ACTES.	3 —
LE RÉGENT MUSTEL.	1 —
LE ROMAN D'UNE FEMME.	1 —
SOPHIE PRINTEMS.	1 —
THÉATRE COMPLET, avec préfaces inédites.	6 —
THÉRÈSE.	1 —
TRISTAN LE ROUX.	1 —
TROIS HOMMES FORTS.	1 —
LA VIE A VINGT ANS.	1 —

ÉMILE COLIN — IMPRIMERIE DE LAGNY

L'AMI DES FEMMES

COMÉDIE EN CINQ ACTES

Représentée pour la première fois, à Paris,
sur le théâtre du Gymnase-Dramatique, le 5 mars 1864.

A

MADEMOISELLE MARIE DELAPORTE

TÉMOIGNAGE PUBLIC D'AMITIÉ,
DE RECONNAISSANCE ET D'ESTIME.

A. DUMAS FILS.

1864-1870.

PRÉFACE

Cette comédie n'a pas eu de succès à la première représentation. Elle s'est débattue ensuite, pendant une quarantaine de jours, contre l'étonnement, le silence, l'embarras, et quelquefois les protestations du public. Un soir même, un spectateur de l'orchestre, plus sanguin ou plus bilieux que les autres, plus choqué en tous cas, s'est levé après le récit de Jane au quatrième acte, et s'est écrié : « C'est dégoûtant ! » Jugement vif ! Ce spectateur était-il sincère ? Oui. Il faisait partie de ce public que le théâtre passionne et qui applaudit ou siffle sans raisonner, selon l'impression qu'il reçoit. Pour un grand nombre de gens, il a dû résumer dans ces deux mots l'impression générale, car je n'avais là, selon ces gens, que ce que je méritais. J'étais tombé dans l'excès de mes défauts. Après avoir écrit des pièces immorales, je devais en arriver à écrire des pièces indécentes. C'était prévu, c'était logique. Ce n'était plus de la passion que je mettais en scène, c'était du libertinage. Quelle honnête femme, quelle femme du monde même pouvait écouter sans rougeur et sans malaise les détails dont cette pièce fourmillait, etc., etc. ? Je vous donne là le résumé des reproches qu'on m'adressait par devant et par derrière. Bien mieux : une courtisane de ce temps, illustrée par des amours couronnées et des ruines officielles, et que je nommerais si je ne craignais de l'illustrer davantage, s'exprima nettement sur cette comédie, au milieu des princes, banquiers et hommes politiques qui composaient, et composent encore, je l'espère, son intimité : « Cet ouvrage, dit-elle, blesse les pudeurs les plus délicates de la femme! »

C'est risible, n'est-ce pas, une pareille phrase dans une bouche habituée à boire le déshonneur à même la bouteille et à plein goulot? Eh bien, cette créature était aussi sincère, et véritablement aussi choquée que le monsieur de l'orchestre que je ne connais pas et que, par conséquent, je dois croire le plus honnête homme de la terre, quoiqu'il n'aime pas ma littérature. Comme femme, la dame en question avait perdu le droit de s'exprimer sévèrement; mais, comme spectateur, elle l'avait conservé. Car il ne faut pas oublier qu'un spectateur est un être abstrait, sans responsabilité personnelle, sorti de son particulier, n'ayant aucun rapport avec ce qu'il était avant d'entrer au théâtre, et ce qu'il redeviendra quand il en sera sorti. Sa vie privée n'intervient pas plus dans le jugement que nous lui demandons, que nous n'avons, nous, à intervenir dans sa vie privée. Une fois assis dans une salle de spectacle, qu'il ait acheté son billet ou qu'on le lui ait donné, qu'il occupe une première loge ou une troisième galerie, il ne s'appartient plus ; il est rallié immédiatement à une masse où les éléments les plus hétérogènes se combinent et se mélangent de telle sorte, qu'il en résulte l'intelligence, la logique et la justice absolues dont nous avons besoin. L'individu disparaît dans le collectif, et, chose bizarre, tant que dure cette absorption momentanée, la plus humble partie contient les qualités intégrales du tout.

Il est vrai que le même spectateur qui m'applaudit dans une salle de spectacle, avec douze cents autres personnes, rentré chez lui, repris de nouveau par sa vie de tous les jours, peut revenir sur son émotion et sur sa sympathie. Il commence à me discuter, à me critiquer. Pour un peu, il me sifflerait, s'il n'était trop loin du théâtre, quand il s'aperçoit de la violence que j'ai faite à sa morale et à ses habitudes de tous les jours. C'est l'homme qui se détache peu à peu de l'humanité, qui ne veut plus être solidaire et qui s'écrie :

— Mais je ne suis pas *comme ça;* donc ce n'est pas vrai !

En effet, monsieur, vous n'êtes pas *comme ça* quand vous êtes tout seul, mais vous êtes *comme ça* quand vous êtes *avec vos semblables;* parce que, tout seul, vous n'êtes qu'une partie et que, avec d'autres, vous êtes un tout.

— Alors, le monsieur de l'orchestre et la demoiselle de partout avaient raison, et *l'Ami des femmes* était une pièce immorale, indécente, dégoûtante ?

Il n'y a pas de pièces immorales, il n'y a pas de pièces indécentes, il n'y a pas de pièces dégoûtantes; il n'y a que des pièces mal faites ; et *l'Ami des femmes* était une pièce mal faite, en certaines parties. Elle manquait de proportion, d'équilibre, et surtout de clarté. L'auteur n'avait pas su prendre une décision dès l'attaque. Ce qu'il avait voulu dire ne sortait pas. L'action était en dedans et les théories étaient en dehors, faute capitale au théâtre. Mon esprit, porté depuis quelque temps vers les études physiologiques, s'était plu à laisser voir les causes dans les événements, comme un mécanisme de montre à travers le cadran qui marque les heures. Là était mon erreur, en tant qu'auteur dramatique; mais il y avait plus qu'erreur dans l'exécution, erreur que le public m'eût pardonnée comme à tant d'autres, si le fond de la pièce lui eût agréé : il y avait délit dans la donnée et dans la conclusion de l'œuvre. J'ai tâché de supprimer l'erreur dans la version nouvelle que j'offre aujourd'hui au lecteur, mais le délit subsiste. Il ne peut pas disparaître, il sert de fondement à la pièce, et je me permets de dire qu'il est son originalité. Ce délit, le voici :

J'ai pénétré dans le Temple, j'ai dévoilé les mystères de la méchante déesse, j'ai trahi le Sexe, j'ai divulgué, tranchons le mot, j'ai déshabillé la Femme en public, et je lui ai administré le fouet, oubliant ou paraissant oublier qu'on ne doit jamais frapper une femme, même avec des fleurs. Or, la Femme étant le principe même du public, au théâtre, et mon sujet m'ayant aliéné la Femme, je me suis aliéné tout le monde.

Il y a dans notre littérature un vers bien connu de Legouvé :

> Tombe aux pieds de ce sexe à qui tu dois ta mère !

qui a contribué à nous donner le change sur la valeur totale de la Femme.

Il est évident qu'une mère est une femme, mais ce n'est plus la Femme, c'est la Mère. Elle n'a pas changé de forme, mais elle a changé de qualité. C'est donc supercherie quand, au nom de la Mère, on réclame quand même le respect pour la Femme. A l'homme épris d'une femme, il paraît aussi naturel, pour convaincre et posséder cette femme, d'oublier complètement sa mère, qu'il lui paraîtra monstrueux d'aimer sa mère comme il aime cette femme.

La Mère est la seule manière d'être de la Femme que l'amour de l'Homme ne puisse reconstituer, une fois qu'elle n'est plus ; l'homme remplace l'épouse, l'amante, la sœur, la fille, il ne remplace jamais la mère. Il y a eu entre la mère et l'enfant une complicité d'organes et de chairs, une vie l'un dans l'autre qui forgent un lien que rien ne peut plus rompre, même la mort. C'est par le souvenir de la mère que l'Homme est, pour la première fois, amené à croire à l'immortalité de l'âme. Il ne saurait admettre qu'il ne reste plus rien de cet amour-là. Aussi l'homme qui méprise le plus les femmes ne méprise-t-il jamais sa mère, qu'elles qu'aient été d'ailleurs les fautes qu'elle ait pu commettre comme femme : car, comme femme, elle n'existe pas pour lui. L'amour sacré qu'il a pour elle n'a donc aucun rapport avec l'amour profane qui le pousse vers les femmes, et c'est presque un sacrilège de faire appel à cet amour particulier, unique en son espèce, en faveur du sexe auquel la mère semble appartenir. La mère n'a pas de sexe dans la pensée de l'Homme ; elle y est d'ordre divin.

Aussi réservons-nous une fois pour toutes, dans cette étude de la Femme, cet argument de la Mère par lequel on a coutume d'arrêter toute discussion sur ce sujet de discussions éternelles. Nous nous agenouillons devant la Mère; mais nous ne tombons pas pour ça aux pieds de la Femme; nous reconnaissons cependant que l'auteur du vers célèbre que nous venons de citer n'est pas seul de son avis, et qu'il a de son côté tous les auteurs dramatiques.

En effet, s'il est un lieu où la Femme affirme despotiquement la toute-puissance que la poésie lui attribue et où elle en abuse même, c'est le théâtre. C'est l'amour, sous toutes ses faces, qui est l'élément du théâtre, c'est l'émotion qui en est le but, c'est donc la Femme qui en est le principe. Sans elle, pas d'amour et pas d'émotion. C'est pour elle que l'auteur dramatique écrit, c'est pour elle que le public vient. Quand nous avons conquis la Femme, au théâtre, elle nous y offre l'Homme par-dessus le marché. Aussi le théâtre a-t-il déifié la Femme et lui a-t-il immolé l'Homme. Sans cette immolation, pas de succès durable. C'est pour arriver à *l'*épouser à la fin de la pièce que Clitandre, Horace et Valère se donnent tant de mal; c'est parce qu'il *la* croit infidèle qu'Othello devient meurtrier, et c'est parce qu'il *l'*a tuée qu'il ne peut plus vivre; c'est pour *elle* qu'Arnolphe se roule par terre et va s'arracher une poignée de cheveux; c'est à cause d'*elle* qu'Alceste est misanthrope; c'est *elle* qui rend Cinna ingrat, Oreste assassin, Tartuffe sacrilège. Il suffit qu'*elle* aime, même incestueusement, pour qu'Hippolyte meure! Seul, Rodrigue, malgré son amour pour Chimène, tue le père de Chimène; mais comme il vient ensuite offrir sa vie à sa maîtresse, en échange de celle qu'il a prise! comme il lui est impossible de respirer un air qui n'est plus embaumé de son amour! comme il va se faire tuer par don Sanche, si elle ne lui promet pas son pardon, et ne lui rend pas sa foi! — Pas un succès au théâtre où l'Homme ne soit offert en holocauste à la Femme. Elle est la divinité du lieu, et, de sa loge ou de sa stalle, belle, fière, triomphante, calme, entourée, adulée, elle assiste à ces hécatombes humaines. — Voulons-nous, par hasard, peindre une coquine ? Nous ne le pouvons faire qu'à la condition de la présenter aussi séduisante, aussi excusée que possible. C'est toujours la faute de l'Homme si elle est ainsi. C'est le mari qui est vieux, laid, bête, libertin, joueur, infidèle, ennuyeux, insupportable ; c'est un homme qui l'a entraînée, séduite, abandonnée ; enfin, c'est la société, c'est le Code, ce sont les mœurs qui sont en faute, mais non pas *elle*. Et comme elle a des remords ! et comme elle pleure ! et comme elle aime ! Après quelles luttes et avec quelle grâce elle tombe ! Pauvre femme incomprise ! pauvre ange déchu ! comme ses ailes repoussent à la fin du drame ! comme on lui pardonne ! comme on la plaint !

Voyez la Marguerite de Gœthe ! Est-elle restée assez sympathique et immaculée dans l'imagination des hommes, cette gaillarde qui s'éprend à première vue, qui se donne pour un collier, et qui tue son enfant ! Où est la vierge, où est l'épouse, où est l'amante, où est la mère dans tout cela ? N'importe, elle souffre, c'est assez ! Et c'est l'Homme qui est coupable ; et puis elle se repent, à la fin, et c'est elle qui sauve Faust. Et que de choses il a fallu pour qu'elle commît toutes ces abominations : le renversement de toutes les lois physiques et (dernière incarnation des puissances surnaturelles évoquées par le moyen âge) le Diable opérant lui-même. Qui de nous n'a pleuré sur Marguerite, et qui est-ce qui pense à son pauvre honnête homme de frère, qui se fait tuer pour l'honneur de son modeste foyer ? L'imbécile ! Est-ce que l'amour n'explique pas, n'excuse pas et n'importe pas tout ?

* * *

Le tendre La Chaussée, celui que Voltaire appelait le premier après ceux qui ont du génie, a bien compris cet état de choses : il a renchéri sur la tradition, et il a inventé le drame larmoyant, tout ce fatras sentimental dont on n'est pas encore bien revenu, malgré l'oubli dans lequel son inventeur est tombé, malgré les démolitions du boulevard du Temple, l'éparpillement des nouveaux théâtres, et la fusion, la profusion et la confusion du nouveau public. Il était temps que La Chaussée parût, quand il parut. La Femme menaçait de nous échapper et de courir au roman, où Jean-Jacques et Richardson s'apprêtaient à lui faire des agaceries. Il n'y avait pas de mal aussi que l'on parlât à la Femme, sur la scène, un langage plus vulgaire et plus compréhensible pour elle. L'élévation de la forme du xviie siècle commençait à lui peser. C'était trop grand, trop noble! Cela méritait trop d'être écouté. Elle ne comprenait pas toujours. Il n'y avait pas assez de *Oh!* de *Ah!* de cris, de pâmoisons, de sensiblerie en un mot. Il y avait trop pour l'esprit et pour l'âme, pas assez pour les nerfs! Enfin La Chaussée vint; le théâtre fut sauvé, l'autel fut remis à neuf, et le public communia définitivement, sous les espèces de la Femme-Ange.

La comédie, dont le dernier mot, dans les temps modernes, est *le Mariage de Figaro*, c'est-à-dire Almaviva berné par Suzanne, était sacrifié au mélodrame, et Beaumarchais lui-même crut devoir offrir à ce dieu nouveau *la Mère coupable*, qu'il déclare, en tête du *Mariage de Figaro*, (croyez donc aux préfaces maintenant!), qu'il déclare devoir être son chef-d'œuvre.

Si la comédie a été si longtemps sacrifiée, si elle l'est encore si souvent, c'est que la Femme n'aime pas la comédie. Pourquoi ne l'aime-t-elle pas? Parce que, dans la comédie, l'Homme n'est battu que par les ruses, les habiletés, les malices, les grâces de la Femme! Ce n'est pas assez pour elle. Ce sont là des assauts de salle d'armes. Le vainqueur ne voit pas le sang et n'entend pas les cris du vaincu. C'est le drame, c'est la lutte corps à corps avec l'Homme que la Femme veut qu'on lui représente sur les planches, en son honneur, bien entendu. Elle veut qu'on la voie publiquement dominer son adversaire, l'humilier, le terrasser, le tuer, le dévorer. Il faut qu'il se roule à ses pieds, qu'il s'ouvre les entrailles, qu'il s'arrache le cœur, qu'il demande grâce, qu'il la reconnaisse pour la souveraine de l'univers, ou qu'il soit maudit et désespéré pour l'avoir méconnue.

Mais là n'est pas la seule raison pour laquelle la Femme n'aime pas la comédie. Il y en a une autre. La Femme n'aime pas à rire en public. Pour elle, le rire est une grimace qui la défigure et la dépoétise. Le rire la livre trop. Un œil humide est toujours intéressant; une bouche ouverte ne l'est pas. Laisser circuler le rire, qu'un proverbe fait venir du ventre, à travers ces lèvres roses faites pour les baisers et les mots d'amour, fi donc! Sourire, soit; rire, jamais. Aussi les comédiennes qui font rire sont rares, extrêmement rares. Pour vingt comédiennes qui savent faire pleurer, il y en aura à peine une qui saura faire rire. Le rire de la Femme au théâtre n'est pas communicatif, parce qu'il n'est jamais de bon aloi. Il est toujours contradictoire au type. Une femme qui fait rire n'est plus une femme, pour les autres femmes surtout; j'en dirai presque autant d'une femme qui rit. Gloire à elles, cependant! Ce ne sont pas encore des hommes, mais ce sont déjà des garçons.

Or, si la Femme n'aime pas à rire, au théâtre, même de l'Homme, encore moins veut-elle rire d'elle-même, et là fut mon abominable crime d'avoir convié la Femme à venir se moquer d'elle-même à la face de tous, et à se reconnaître inférieure à un homme. Jugez-en. Voici mon compte rendu de la pièce, ce qui vous ôtera ou vous donnera l'envie de la lire :

Une jeune fille de bonne maison, innocente et sentimentale, comme il convient à une jeune fille chrétiennement élevée, s'est mariée par amour, si le mot *amour* peut s'appliquer au sentiment mêlé de sympathie, de curiosité, l'idéal et d'instincts charnels qui pousse une jeune fille de dix-huit ans vers un beau jeune homme robuste, sain, que la continence momentanée a rendu éloquent. On signe le contrat, on va à la mairie, à l'église, on pleure, on s'embrasse et on livre cette jeune fille ignorante à ce jeune homme impatient. Au lieu d'initier l'épouse progressivement aux mystères moitié célestes, moitié grossiers que le dieu Hymen impose aux néophytes avant de leur permettre l'accès du sanctuaire, ce jeune homme ne voit qu'une chose, c'est qu'il a en son pouvoir ce qu'il n'a jamais eu jusqu'alors, une vierge, c'est-à-dire un être clos qui contient des trésors inconnus, et qu'il a le droit d'ouvrir et d'explorer. Le jeune homme éloquent, bien élevé, tendre, se transforme tout à coup. Là où la jeune fille rêvait un dieu rayonnant, elle voit sauter sur l'autel une sorte de bête velue et trépidante, balbutiant des sons rauques, affamée de sa chair, altérée de son sang. Ce n'est plus l'amour, c'est le viol légal et consacré ; mais c'est le viol, aussi repoussant dans sa forme que celui que la loi condamne, pour cette victime que rien n'a préparée à cette immolation de ses plus saintes pudeurs !

Mon héroïne pleure, elle s'échappe, elle se réfugie dans une chambre ; elle se barricade, elle se blottit dans un coin ; elle passe la nuit toute tremblante, accroupie sur elle-même, la face sur les genoux, ses bras tout autour d'elle, cachant et ensevelissant, pour ainsi dire, au fond de son âme ce corps qu'elle n'eût jamais cru ni capable ni digne d'appeler la lutte qu'il vient de soutenir. Pendant un temps plus ou moins long, elle se renferme dans le *Non possumus* de la dignité outragée ; mais le mari, qui a autant d'énergies en réserve qu'elle a de pudeurs en sentinelle, le mari, brûlant de tous les feux qu'elle devait éteindre, pour en finir avec cette situation ridicule, peut-être pour donner le temps à la jeune fille de se retrouver et de se remettre, porte à la première mortelle venue cette offrande nuptiale que la déesse du foyer n'a pas voulu recevoir. La jeune femme a connaissance de cette largesse, et la voilà qui devient jalouse de ces cérémonies secrètes qui la révoltaient. Elle se refusait ; soit, il fallait attendre. Elle voulait être convaincue, non vaincue. Je ne la blâme pas, comme bien vous pensez, et je suis pour elle contre lui. Il devait s'agenouiller, implorer, adorer, persuader; il devait rendre douce la descente aux enfers en promettant une réascension rapide vers le ciel déserté un moment. « Et vous perdez patience! Et la première femme venue peut me remplacer, moi vierge, moi épouse, moi aimante, moi chaste! Ce que je croyais une dévotion à moi seule n'était qu'une offrande banale toute prête pour une autre. O mon idéal! O mon amour! O mes illusions! O ma mère! Quel outrage! Quelle profanation! Hors du temple ce prêtre apostat qui a déserté l'autel du vrai Dieu pour je ne sais quel Baal de carrefour en emportant les vases sacrés! Je le méprise, je le hais, je ne veux plus le revoir; tout est rompu entre nous! »

La jeune femme trompée a raconté la trahison de son mari, sans rien dire, bien entendu, de ce qui l'a motivée et précédée. Tout le monde a pris fait et cause pour elle, les femmes par esprit de corps, les hommes dans l'espérance qu'il leur en reviendra quelque chose. La séparation a lieu. Jane de Simerose retourne chez sa mère, M. de Simerose reprend sa vie de garçon; voilà le point de départ.

Que va-t-il résulter de ce malentendu subit entre le rêve et le fait, entre la nature et l'âme? Ce qui doit résulter fatalement. La jeune femme qui s'est soustraite à ses devoirs d'épouse, d'amante et de mère, au nom d'une pudeur respectacle mais inopportune, va s'ennuyer, et son cœur va recommencer à battre dans le vide. Nul ne connaît son secret, pas même sa mère; nul ne sait qu'elle est restée une pensionnaire, une petite fille, une enfant. Cependant, il faut aimer. Qui est-ce qui n'aime pas? Où est l'homme qui saura l'aimer comme il faut qu'on l'aime, qui se contentera d'une âme qui peut se donner tout entière, mais qui ne peut donner qu'elle? Où est-il, l'élu assez religieux ou assez malin pour boire le contenu sans toucher au contenant?

Le voilà! c'est ce grand gaillard au teint ambré, à la voix métallique, à l'œil cave, au front pâle, à la crinière, à la moustache noires, aux belles dents larges et fortes aux muscles d'acier, aux jambes nerveuses, aux attaches sèches, à la poitrine large, au ventre plat. Bien né, riche, silencieux, infatigable, pouvant se passer de nourriture et de sommeil, il ne connaît qu'une chose : l'amour. Aimer et être aimé, voilà tout ce que la vie lui représente. Il ne pense qu'à cela. Il faut qu'il aime, du matin au soir, du soir au matin. Espèce de Werther cosmopolite, il retrouve Charlotte dans toutes les femmes. Il est toujours prêt à tuer et à se tuer pour celle qu'il aime. Nul n'est plus sincère que cet imbécile dominé par Mars, Saturne et Vénus, commandé à la fois par des sécrétions exigeantes et par une idée fixe. Ce monsieur qui a avalé l'Etna en venant au monde, et qui est forcé à des éruptions quotidiennes, sous peine d'explosions intérieures, est l'animal le plus dangereux pour les femmes sensibles et oisives, parce que, étant une force, il est entraînant, et que ces femmes ne demandent qu'à être entraînées. L'armée en occupe un grand nombre et la guerre en détruit beaucoup, la chasse en fatigue quelques-uns, mais il en reste encore trop. Leur seule qualité, fort enviable par moments, c'est d'être toujours prêts à prouver ce qu'ils éprouvent. Une femme, quelque peu intelligente n'a pas plus tôt cédé à cette brute, qu'elle reconnaît son erreur et cherche tous les moyens de lui échapper, ce qui n'est pas facile, car le drôle est tenace et vindicatif. Il est d'ailleurs bien connu des autres femmes, de celles qui ont reçu du ciel le don de pouvoir se jouer de l'Homme. Quand il tombe sur une de ces dernières, il est sûr d'y laisser sa fortune, son honneur, son cervelet, et le peu de raison qu'il avait jadis; elle le vide jusqu'aux moelles. Dans ses désespoirs, il devient ivrogne ou joueur, quelquefois les deux. Il n'est pas rare qu'à cinquante ans, il épouse une jeune fille, pour se rendre propice Vénus qui commence à avoir des distractions et pour réveiller les forces martiales qui s'inclinent visiblement sous les hypocondries saturniennes.

Ce type a beaucoup servi aux poètes, surtout au début de notre siècle; c'était le ténébreux, c'était le sombre, c'était le fatal. Byron en a fait Childe Harold, Chateaubriand en a fait René, Dumas en a fait Antony. Pris au sérieux, éclairé d'une certaine façon par la fantaisie du poète, c'est ou plutôt c'était un élément dramatique ; car, aujourd'hui, pour l'observateur consciencieux, ce n'est plus qu'un organe qui ne sait rien, qui ne raisonne rien, qui ne voit rien, qui suit son instinct, qui se remplit et se vide incessamment, qui détruit et qui procrée au hasard comme une électricité abandonnée à elle-même. En haut, c'est don Juan ; en bas, c'est Karagheuz. Les rhumatismes, la goutte, les névralgies, les calculs du foie finissent par s'en rendre maîtres, à moins que l'impuissance ne survienne tout à coup et que la paralysie ou le suicide ne dénoue les choses.

C'est sur un homme de ce type, un M. de Montègre, que tombe madame de Simerose, au milieu de ses rêves inassouvis et de ses rêves renaissants. Comme il la poursuit! Comme il la convoite! Comme il l'enveloppe! Comme il est prêt à escalader les murs, à desceller les barreaux des fenêtres, à se tuer si on le repousse! Elle a beau lui dire qu'elle ne veut aimer qu'avec son âme, il a beau lui répondre qu'il l'aimera comme elle voudra, pourvu qu'il l'aime et qu'il soit aimé, il est évident qu'elle est déjà dans les griffes du vautour, l'innocente colombe, et qu'à la première occasion, il ne fera qu'une bouchée de son âme, de son corps, de sa réputation et de sa vertu.

Heureusement, M. de Ryons se trouve là.

Ce personnage, qui s'est surnommé lui-même *l'Ami des femmes* par antiphrase, car il les aime justement comme elles ne veulent pas être aimées, en leur disant leurs vérités, ce personnage a le grand tort, pour les femmes, de connaître celles dont il est l'ami sans rester toujours l'ami de celles qu'il connaît. Ses planètes dominantes sont Jupiter, Apollon et Mercure, c'est-à-dire la gaieté, la domination aimable, quelque désir de briller, l'intuition, l'observation, la science, l'habileté, la mise en œuvre des expériences faites et des preuves acquises. Orphelin de bonne heure, sous la tutelle d'un vieux garçon, c'est-à-dire presque abandonné à lui-même, *il a fait ses classes* dans ces mondes interlopes nés presque en même temps que lui, dont on me reproche encore quelquefois d'avoir été l'historien. Il a étudié *in anima vili*, comme un futur médecin dans un hôpital et dans un amphithéâtre, et, de ses premières études et de ses premières expériences, il a conservé cette sûreté de coup d'œil et cette franchise d'exécution qui sont les attributs et les droits du maître, avec un peu de ce mépris du sujet qui est le résultat et comme le châtiment de la science. Mars, Vénus et la Lune n'étant que ses planètes secondaires, et Saturne ne l'influençant que pour lui donner la direction de ses qualités dominantes, il a pu rester juge impartial sans devenir partie responsable dans les aventures amoureuses, dramatiques ou romanesques auxquelles il s'est trouvé mêlé, et il n'en a tiré pour lui que ce qu'elles contenaient d'agréable et d'instructif. Il n'en adore pas moins les femmes, mais comme un dompteur adore les animaux féroces qu'il prend plaisir à dompter, un bon morceau d'une main, un pistolet de l'autre. Du reste, il se place vis-à-vis d'eux, ou vis-à-vis d'elles si vous l'aimez mieux, de manière à trouver toujours derrière lui la porte de la cage et à pouvoir s'esquiver au mauvais moment, car il sait qu'il peut y en avoir, qu'il y en a toujours un. Estime-t-il autant les femmes qu'il les aime? Ceci est une autre affaire. Intellectuellement, il leur reconnaît une valeur médiocre, puisqu'il a surpris toutes leurs malices; moralement, il leur croit une valeur purement relative, dépendant de l'homme qu'elles aiment et du milieu qu'elles subissent; car, sauf de rares exceptions, la Femme subit son milieu sans avoir eu le droit de le choisir. Enfin, il estime toutes celles qui sont estimables, et plaint un certain nombre de celles qui ne le sont pas. C'est déjà d'un esprit indulgent, vous en conviendrez. Cela tient peut-être à ce qu'il profite un peu des fautes de celles-ci, sans jamais pousser celles-là à commettre la moindre faute. Au contraire, sa théorie est qu'il faut garantir les femmes le plus possible, une femme qui n'a pas commis la première faute étant bien sûre de ne pas commettre la seconde. Ce qu'il demande aux femmes pour lui, c'est leur amitié, quelle que soit d'ailleurs leur manière de voir et d'agir sur la question de l'amour.

Maintenant, qu'est-ce que c'est que cet homme-là? Est-ce bien un homme? A son âge, se contente-t-on de l'amitié? Pourquoi pas, quand on peut y faire de temps en temps un nœud avec ce que les femmes appellent l'amour! Et les ruptures, et les jalousies, et les dépits, et les colères, et les vengeances, tout cela n'est-il pas bourré de bonnes aubaines pour le confident, le consolateur, l'ami toujours présent, toujours attentif se contentant de peu et profitant de tout?

Alors, comme il ne peut pas être le premier amant, par raison de délicatesse ou par raison d'égoïsme, il est le second? — Non. Il n'a pas de numéro, et voici à peu près son raisonnement : « Une femme bien élevée ne passe pas d'une liaison à une autre, et surtout de la première à la seconde, sans un intervalle de temps plus ou moins long. Les peuples ne font pas deux révolutions de suite; il n'arrive pas deux accidents coup sur coup sur le même chemin de fer. Pendant cette halte, la femme a besoin d'un ami. L'ami ne peut être une femme. Allez donc, femme, confier à une autre femme que vous êtes abandonnée, et que vous pleurez du soir au matin; elle en rirait du matin au soir, et puis autant le dire au monde entier. Non. L'ami doit être un homme; voilà mon rôle. Il s'agit de se faire narrer le malheur en question, de venir voir la victime aux heures où le traître venait, de la plaindre, et de le remplacer peu à peu sans qu'elle s'en aperçoive, et elle ne s'en aperçoit pas. On l'amène ainsi graduellement à ce qu'elle veut sans le savoir, à l'idée d'aimer de nouveau; mais elle n'essaye naturellement pas de faire croire qu'elle l'aime à l'homme qui a reçu d'elle la confidence, dans tous ses détails, d'un amour antérieur. Elle n'espère pas non plus être aimée de lui, et voilà que, du confident du passé, elle fait naïvement le confident de l'avenir, et elle se met à aimer... le second, — celui qui ne sait rien, qui ne doit rien savoir, qui ne saura jamais rien, et qui croira, naturellement encore, qu'il est le premier. Le confident s'éloigne alors pendant quelque temps, puis il reparaît, tout neuf, dans la maison ; elle lui serre la main d'une certaine manière et tout est dit. S'il prend fantaisie *au nouveau* d'être jaloux de cet *ami*, elle lui répond : « Mais regardez-le. Est-ce là un homme qu'on puisse aimer ? Il rit toujours ! L'amour est une chose sérieuse, mon ami ! » Ah ! le bon billet qu'a La Châtre ! Enfin, lorsqu'à de certains moments de sa vie, la femme qui, chaque fois qu'elle éprouve un nouvel amour, voudrait, en toute loyauté, n'avoir jamais aimé auparavant, et qui finit, du reste, par croire qu'il en est ainsi (car, tandis que don Juan ajoute tant qu'il peut à sa liste, la femme efface tant qu'elle peut de la sienne), lorsque la femme s'effraye un peu de son passé touffu, et que sa conscience lui crie encore, malgré les ratures, plus de noms qu'elle n'en voudrait entendre, arrivée à celui de l'ami en question, elle se dit résolument à elle-même :

— Oh ! celui-là ne compte pas !

— Je suis celui qui ne compte pas, et je m'en trouve très bien.

Ainsi professe mon héros.

— C'est monstrueux ! dira madame Leverdet.

Monstrueux, je suis de son avis, au milieu d'une société morale comme celle que nous rêvons, moi tout le premier, mais non au sein d'une société désœuvrée, à principes intermittents, à hypocrisie fixe, avide de plaisirs, ivre de jouissances, comme celle que nous voyons aujourd'hui, où le premier droit et le premier devoir de l'être intelligent sont de faire la délimitation des forces et des valeurs environnantes pour ne pas supporter ce qui n'a ni valeur ni force. M. de Ryons connaît la société dont il fait partie ; ses études se sont portées surtout du côté de la Femme ; il est de ceux que *l'éternel féminin* attire, pour nous servir de l'expression de Gœthe ; mais il ne veut pas en mourir comme Werther, et il a raison. C'est un dilettante politique de l'amour. Le tort, un des torts de l'auteur, quand il a présenté ce personnage pour la première fois au public, a été de ne pas l'expliquer assez clairement. Ce tort est réparé dans le nouveau texte.

Ces corrections rendront-elles le personnage plus sympathique? Je ne l'affirmerais pas; car il aura toujours contre lui de développer à froid des théories, et d'appliquer à la Femme des épithètes qui ne sont permises que dans de certaines conditions.

Quand Arnolphe s'écrie, dans *l'École des Femmes* :

> Chose étrange d'aimer, et que pour ces traîtresses,
> Les hommes soient sujets à de telles faiblesses!
> Tout le monde connaît leur imperfection ;
> Ce n'est qu'extravagance et qu'indiscrétion ;
> Leur esprit est méchant et leur âme fragile ;
> Il n'est rien de plus faible et de plus imbécile,
> Rien de plus infidèle ; et, malgré tout cela,
> Dans le monde on fait tout pour ces animaux-là !

quand Arnolphe parle ainsi, il emploie à l'égard des femmes de bien plus grosses expressions que mon héros. Pourquoi accepte-t-on ce qu'il dit? Pourquoi en rit-on sans se fâcher? Parce que c'est Molière qui a écrit la pièce, me direz-vous ; oui : mais aussi parce qu'à ce moment même Arnolphe est à la merci de la Femme, que ce n'est pas la satire d'un observateur désintéressé, mais le cri d'un vaincu, et que, immédiatement après, ce vaincu va faire sa soumission, et baiser la main qui le frappe en ajoutant :

> Eh bien, faisons la paix. Va, petite traîtresse,
> Je te pardonne tout, et te rends ma tendresse,
> Considère par là l'amour que j'ai pour toi,
> Et, me voyant si bon, en revanche aime-moi.

En un mot : « Maudis-moi, insulte-moi, dit la Femme spectatrice, appelle-moi traîtresse, imbécile, animal,

PRÉFACE.

mais reconnais ma puissance, souffre à cause de moi, et prouve ta servitude par tes révoltes et par tes insultes mêmes. »

*
* *

Vous voyez mon crime ; j'ai violé la tradition. Je ne me suis pas incliné devant la toute-puissance de la Femme. Je l'ai montrée à la discrétion de l'homme qui l'a pénétrée, incapable de se maintenir, de se diriger, de se sauver, de se reprendre sans lui. J'ai tourné en ridicule cet idéal conventionnel qui la perd, mais par lequel, à ce qu'il paraît, elle tient à être perdue ; j'ai ouvert sous ses yeux ce qu'elle appelle l'amour, et je lui ai montré l'inanité de la chose et du mot dans le sens qu'elle leur prête ; enfin, lorsque, dans un moment de dépit, de colère, de folie, mon héroïne s'offrait à mon héros et lui disait, aussi nettement qu'on peut le dire au théâtre : « Prenez-moi ! » mon héros ne voulait pas d'elle (quelle énormité !) et lui répondait : « A quoi bon ? Je ne vous aime pas, et vous aimez votre mari qui vous aime ; retournez donc à votre mari c'est bien plus simple. » Bref, au lieu de dire à la Femme : — Comment es-tu faite, créature étrange ? je lui ai dit : Vois comme tu es faite, créature absurde ! Tu es capable, après t'être mariée par amour, de te refuser à ton époux par pudeur, et de te séparer de lui par jalousie ; puis tu passeras un an ou deux à pleurer, à voyager, à lire, à prier, à t'ennuyer, après quoi tu voudras recommencer le roman de l'amour et tu offriras *ton âme* à un monsieur que tu connaîtras à peine, qui te jurera un amour éternellement pur, et qui, deux heures après, te soupçonnera et t'insultera comme la dernière des femmes. Le jour même, dans un accès de dépit et de colère, tu t'offriras tout entière à un autre que tu ne connaîtras pas du tout ; c'est-à-dire que tu te compromettras avec deux hommes, tout en adorant et n'ayant jamais adoré que celui que tu repousses, ton mari. Tu réuniras ainsi en toi les chastetés de la sainte, les fantaisies de la coquette, les audaces de la courtisane. Tu es donc perdue irrévocablement, à tout jamais, s'il ne se place là un homme d'esprit, qui a plus la curiosité de la femme morale que de la femme physique, et qui, te poursuivant à travers tes contradictions, et te tenant dans ses deux mains, toute tremblante comme un oiseau échappé de sa cage et rattrapé dans un coin, finit par te faire avouer — quoi? que tu es, c'est à ne pas y croire! que tu es vierge!

Un grain de logique et de bon sens dans tout ce caractère, je vous prie? Le fouet à cette enfant, qu'on la ramène au foyer conjugal et qu'elle ne recommence plus. Profitons de la circonstance pour lui dire que la faute de la Femme est irréparable, malgré ce que lui promettent la société, la littérature et la religion même; que tout ce que la femme déchue peut espérer, c'est qu'on la plaigne, et que la pitié n'est qu'un mépris chrétien; elle n'a pas davantage à compter sur le repentir; le repentir ne peut avoir d'effet que lorsqu'il est sincère, et, chose étrange! plus on se repent moins on se pardonne.

Voilà, mesdames, ce qu'à l'encontre de mes confrères passés et présents, je voulais avoir l'honneur de vous dire, et sur quoi je voulais vous renseigner. Je tenais à vous montrer l'effroyable illogisme qui fait le fond de vos personnes sacrées. Je voulais faire sous vos yeux l'autopsie de cet oiseau bleu que vous poursuivez dans vos rêves, et qui, dans la réalité, se nomme tout bonnement l'adultère. Pour vous en inspirer l'horreur complète, je l'ai personnifié dans cette bonne madame Leverdet, qui l'a légalisé autant que possible, puisque son mari ne voit rien ou ne veut rien voir. Considérez-le bien, s'il vous plaît, cet adultère commode, propret, accepté par l'aveuglement, l'indifférence ou la complicité de l'entourage. Peut-il se perpétrer dans de meilleures conditions? Eh bien, regardez-les ces amants, se bâillant leur lassitude, leur ennui et leur dégoût au nez l'un de l'autre. Ce ne sont plus que scènes, reproches, récits de tisanes et de cataplasmes. Supposez que le mari, c'est-à-dire l'obstacle qu'ils auraient tant voulu détruire jadis, vienne à disparaître, et qu'ils soient forcés de se réunir et de vivre toujours ensemble, ils se haïraient et se jetteraient les meubles à la tête. C'est le mari qui leur rend la vie supportable. Telle est la fin de ce faux idéal. Voulez-vous en voir le commencement ! Il est là dans une petite fille de quinze ans, opérant sa première métamorphose, décidée à entrer au couvent si on ne lui donne pas pour époux ce bêta à chemise brodée, à phrases interminables, à poésie filandreuse, cet Antinoüs en poudre de riz, né d'une romance et d'un bonbon, ce Samson à la barbe cendrée qui, rasé, n'est plus qu'un serin à une seule note, devant qui l'Amour s'envole en pouffant de rire.

— Mais, me direz-vous, tout cela n'est ainsi que parce que vous voulez que cela soit ainsi. Vous combinez des caractères et des événements, à votre fantaisie, de façon à en tirer la conclusion qui vous plaît ; ce n'est pas une raison pour que ces événements, ces caractères et cette conclusion surtout soient vrais et justes. Ma femme n'est pas ainsi, ma sœur n'est pas ainsi, ma fille n'est pas ainsi, ma maîtresse même n'est pas ainsi.

Hélas ! monsieur, permettez-moi de vous détromper. Votre femme, votre sœur, votre fille et votre maîtresse vous disent qu'elles ne sont pas ainsi, et vous aimez mieux les croire que d'y aller voir, comme dit l'adage ; mais, moi qui n'ai pas cru les femmes, les sœurs, les filles et les maîtresses sur parole, et qui me suis donné la peine de les étudier partout, je vous assure que c'est ainsi qu'elles sont faites, sinon à l'état actif, du moins à l'état latent, et ma mission, à moi auteur dramatique, est justement d'aller au fond de la nature humaine, de montrer ce que j'y ai découvert, de mettre dehors ce qui est dedans et dessus ce qui est dessous.

*
* *

Or, si, à propos de madame de Simerose, je pousse un peu plus loin mes droits et mes procédés d'investigation, je découvrirai peut-être bien autre chose encore.

Il est convenu, et la tradition, la légende, la littérature, les moralistes répètent : que la Femme est un être profond, terrible, insondable comme la mer, mystérieux et infini comme le ciel. Dans la Fable et dans la Bible, dans les livres saints et dans les livres profanes, il est établi que la Femme perd l'Homme. C'est Ève corrompant Adam et faisant chasser du paradis l'humanité tout entière, pour commencer; c'est Dalila rasant Samson, c'est Hercule aux pieds d'Omphale, c'est Mars dans les mains de Vénus, c'est Renaud dans les jardins d'Armide, c'est Antoine suivant Cléopâtre, c'est Louis XIV épousant madame de Maintenon, etc., etc... Les exemples ne manquent pas; tout le monde les connaît, les cite, et chacun répète que les hommes ne peuvent résister aux femmes, ni même lutter avec elles, quand leur beauté, leur ruse, leur passion, leur intérêt, leur politique ont une raison quelconque de se mettre en action, qu'elles font de nous tout ce qu'elles veulent, et que ce n'est qu'une question de pomme, de paire de ciseaux, de quenouille, de livre de messe et d'occasion.

Qu'est-ce qu'il y a de vrai dans cette vérité?

Vous remarquerez d'abord qu'en même temps qu'on la proclame et qu'elle se déclare la reine du monde, la Femme ne cesse de protester contre l'esclavage intellectuel, moral, social et même politique où l'homme la tient. D'où vient cette contradiction entre les deux termes! Rien de plus simple; elle vient de ceci : En effet, collectivement, socialement, politiquement, la Femme subit l'homme, l'homme conquérant, l'homme religieux, l'homme civilisateur. Celui-ci, sur les hauteurs où son génie le place, échappe à l'influence locale de la Femme, dont il connaît la fonction préétablie dans le mouvement des sociétés. Il édicte, il fixe, il impose des lois qui l'enferment dans le mariage, dans la maternité, dans le devoir, dans la pudeur, sous peine de déshonneur et de déchéance; après quoi, portant les yeux plus haut, il laisse l'humanité en face de cet absolu divin dont il est le mandataire implacable. Mais, une fois enfermée, parquée, verrouillée, la Femme rôde dans sa prison, furetant dans tous les coins, sondant l'épaisseur des murailles, calculant la hauteur des fenêtres, regardant par les trous des serrures et se tendant sur cette seule pensée : « Sortir de là. » Alors, elle appelle à son aide les ressources particulières dont la nature l'a pourvue, elle ramasse tous les chiffons qu'elle peut trouver et commence son échelle de Latude, la cachant dès que le geôlier rentre, et, à l'envers de Pénélope, travaillant encore plus la nuit que le jour. A peine a-t-elle pu accrocher l'échelle et se glisser entre les barreaux, à peine a-t-elle pu mettre un pied dehors, qu'elle trouve de l'autre côté du mur ce qui est presque toujours le plus opposé aux lois : les mœurs. Les mœurs ! C'est là qu'elle va faire ses reprises sur le détail, sur le bétail, dirait un mauvais plaisant. Elle laisse les Lycurgues fonder les États, les Christs fonder les religions ; elle n'essaye pas son empire sur eux ; elle sait bien qu'ils ont le sens d'une destinée supérieure qui les garantit contre elle ; mais elle se retourne vers le vulgaire, et, substituant la quantité à la qualité, elle fait comme le prêtre, elle se subordonne à quelques-uns pour pouvoir s'imposer à des légions, et sujette, de nom, elle devient reine de fait et commande à la cohue des imbéciles qui peuplent notre globe. Il en résulte que si l'on ne voit qu'un côté des choses et si on dit à la Femme qu'elle n'a pas à se plaindre, qu'elle est toute-puissante, etc., elle pleure et vous montre les lois ; et, si on la déclare inférieure à l'homme et qu'on nie sa puissance, elle rit et vous montre les mœurs.

Eh bien, jamais, dans aucun temps, la Femme n'a comme aujourd'hui affirmé sa puissance. Il y a trente ans encore, lorsque Balzac écrivait la *Physiologie du mariage*, la femme ayant influence sur les mœurs ne commençait qu'à un certain échelon, ne naissait qu'en une certaine atmosphère. C'était toujours la dame des siècles chevaleresques, élégants et courtois. Cela sentait encore la tourelle, la grâce, la poésie dans la chute, le danger dans la faute. Un peu de seigneurie y palpitait encore, comme aurait dit Saint-Simon. Aujourd'hui, c'est autre chose (et, pour Dieu! qu'on ne se méprenne pas au sens et à l'intention des mots dont je me sers), aujourd'hui c'est autre chose, et la Femme-Animal, sans distinction de naissance ni d'éducation, de race ni de fortune, envahit la société moderne. Les barbares descendent des montagnes en attendant que les sauvages traversent les mers. L'être fonctionnel chasse l'être idéal, l'être simple dans son instinct remplace l'être composé dans son sentiment, et la Femme se met en tête de réclamer ses droits au nom de sa beauté, de ses besoins et de ses organes. Comme les soldats de Malcolm qui se cachaient sous des feuilles de chêne, et, forêt vivante, se ruaient sur l'armée effarée de Macbeth, les femmes se couvrent de fleurs, et elles attaquent, la nuit, l'homme dépouillé de son armure. C'est une lutte corps à corps. Plus d'esthétique, plus de sentiment, plus de grâce, si ce n'est comme engins de guerre. Toutes les origines sont bonnes et tous les moyens sont bons. La Femme ne veut plus être une épouse, une compagne, une amie, une esclave, une victime, dans la société moderne; elle est d'abord un adversaire. Elle a pris sa supériorité légendaire au sérieux et la voilà décidée et résolue à manger l'Homme. Elle se glisse dans sa famille, dans sa dignité, dans son âme, dans ses sens; elle engage la lutte par en haut, par en bas, par en bas surtout. La plus inculte, la plus grossière, la plus bête, la plus vile, a, comme le premier soldat venu de Napoléon, son bâton de maréchal dans sa giberne. Il n'y a plus une famille dans le monde civilisé qui, à cette heure, n'ait à se défendre contre ce nouvel insurgé: la Femme. Nul n'est sûr de ne pas voir s'asseoir tout à coup à sa table et à son foyer la fille de la mendiante et de la prostituée d'hier, si ce n'est la mendiante ou la prostituée elle-même. Ce sont les sauterelles dont Moïse disait: « Elles rempliront nos maisons, les maisons de nos serviteurs et de tous les Égyptiens. » Dieu a-t-il choisi le moment où l'Homme se révolte contre lui pour faire révolter la Femme contre l'Homme ? C'est possible. En tous cas, le carnage est grand et le champ de bataille est jonché de nos morts. La victoire est à Elle, en apparence. Elle est sans pitié, sans merci.

C'est effrayant! que faire? comment l'arrêter? par quel raisonnement, par quelles espérances, par quelles menaces, par quelles lois nouvelles, par quelle autorité indiscutable, par quelle religion ? N'essayez rien, tout serait inutile. Cette Femme nouvelle fait ce qu'elle a à faire, sans savoir ce qu'elle fait; elle a sa mission à remplir, car rien n'arrive qui n'ait sa raison d'être dans la succession des choses humaines. Cette mission, c'est de détruire dans la société actuelle l'être qui a détruit toutes les sociétés passées, et le plus nuisible qui existe : l'oisif. Regardez bien attentivement, vous verrez qu'elle ne s'adresse, entre tous, qu'à celui-là, avec cet instinct de l'animal qui choisit dans toute la nature l'aliment qui lui convient. Laissons-la donc aller; je dirais presque encourageons-la. Elle aide un monde qui n'a plus sa raison d'être à s'éteindre gaiement. Elle dispense l'homme de travail et d'action de cette dernière besogne qui restait à faire : l'exécution de l'inutile. Elle dévore l'héritage, ce qui forcera la propriété à se reconstituer par le travail; elle détruit la famille, ce qui forcera celle-ci à se renouveler par l'amour; elle fait de ses victimes et d'elle-même le fumier dont la terre sociale a besoin pour ses germes mystérieux. Quand elle n'aura plus rien à dévorer, elle mourra d'inanition et disparaîtra, pour renaître sous une autre forme. Son œuvre sera accomplie. Elle aura détruit les anthropomorphes, c'est-à-dire les individus qui, n'ayant que la forme et l'apparence de l'Homme, doivent disparaître d'un monde où l'Homme véritable, l'Homme divin va bientôt surgir et régner. Elle est semblable aux corbeaux de Normandie qui volètent en tourbillons noirs derrière la charrue pendant qu'elle trace son sillon, qui mangent les petits vers, lesquels, sans eux, mangeraient le blé, mais qui n'attaquent pas plus le laboureur que le laboureur ne les tue.

Cette rapide, cette effroyable prostitution qui nous dévore, — car, dans ce mot prostitution, j'enferme, vous le prévoyez bien, toutes les combinaisons des femmes, à quelque classe qu'elles appartiennent et quelque nom qu'elles portent, qui prennent la fortune pour but, le plaisir pour idéal, l'amour pour moyen et leur corps pour agent, — cette prostitution des temps modernes n'est qu'une modalité de l'insurrection générale de la Femme. Ses armes les plus dangereuses et les plus rapides, pour le moment, sont la coquetterie, l'adultère, la vénalité, le libertinage ; mais ce ne sont pas ses seules armes. Elle en cherche, et elle en trouve, ou croit en trouver de plus nobles. Il est des lieux où elle se sépare et veut se passer complètement de l'Homme. Convaincue qu'il ne veut pas la seconder dans sa renaissance et qu'elle est son égale en intelligence et en force, elle cherche sa fonction en dehors de lui. Elle se dérobe alors à sa mission d'amante, d'épouse et de mère, elle supprime ou asservit son organe le plus impérieux (à moins qu'elle ne lui fasse, au nom de la libre pensée et de la loi de nature, les concessions physiques qu'il réclame); elle met une culotte ; elle s'extrait de sa base ; elle gonfle son cœur comme un ballon ; elle monte dans sa tête comme madame Marlborough dans sa tour, et, ne voyant rien venir, elle part toute seule à la conquête d'elle-même sur la première Rossinante venue. La voilà poursuivant les moutons, combattant les moulins, escaladant les tribunes des salles de conférences, fondant des journaux, soulevant les grosses questions qui ont écrasé les plus rudes athlètes, revisant les codes, combattant les institutions où la société et la religion l'enferment et l'annihilent, dit-elle, enfin combattant l'Homme, loyalement, j'en conviens, de face et de haut. C'est Héloïse se faisant Abeilard, ce qui n'est pas très difficile, à un certain moment.

L'intention est honorable, le but est noble, le sacrifice est immense; l'action est risible, le moyen burlesque et le résultat nul. Détruisant l'Homme par en bas, la Femme peut être quelque chose, s'associant à lui par en haut, elle devient quelqu'un ; mais, séparée de l'Homme, et voulant s'employer toute seule, elle n'est plus rien du tout. En dehors de l'Homme, la Femme n'agit pas, elle s'agite. C'est une cane qui pond sans que le canard s'en soit mêlé. Elle ne donne que de faux germes ; ça se mange, ça ne se couve pas. L'émancipation de la Femme par la Femme est une des joyeusetés les plus hilarantes qui soient nées sous le soleil. C'est du protoxyde d'azote pur ; il y a de quoi, en débouchant le flacon tout à coup, faire rire Dieu pendant l'éternité. Tel est cependant le cri de ralliement des Amazones modernes, des guerrières qui se sont brûlé la mamelle droite pour pouvoir tendre l'arc jusqu'au bout et qu'Hercule vaincra de nouveau ; car, s'il y a un axiome qui dit que force reste à la loi, il y en a un plus vrai pour dire : la loi reste toujours à la force.

Émancipation de la Femme, rénovation de la Femme, ces mots dont notre siècle a les oreilles rebattues sont donc pour nous vides de sens. La Femme ne peut pas plus être émancipée qu'elle ne peut être rénovée, si le mot est français, et il ne l'est pas. Sa fonction et sa destinée sont établies et déterminées depuis son origine comme celles de l'Homme ; il n'y a pas à les modifier, il n'y a qu'à les bien connaître. Tout ce que la société, représentée par ceux qui se rendent compte des choses, peut et doit faire, c'est de développer et d'utiliser à l'avantage de la personne féminine, mais surtout au profit du milieu commun où cette personne peut être appelée à se mouvoir, les propriétés particulières dont la nature l'a gratifiée. Or, loin d'émanciper cette personne, la société, se conformant aux indications de la nature, doit au contraire, la rallier, la subordonner, l'incorporer à l'Homme en aidant l'Homme toutefois à se rendre capable et digne de ce gouvernement et de cette autorité. Quant à l'égalité complète avec l'Homme, la Femme n'y saurait prétendre. La Femme ne peut être qu'inférieure ou supérieure à l'Homme, égale, jamais.

Cette égalité antinaturelle, l'amour la crée pour un

moment. Pendant qu'il aime, l'Homme hausse la Femme jusqu'à lui. L'amour, voilà le champ où ils vont se rencontrer, se fondre ensemble ou s'exterminer. C'est la grande épreuve pour l'un comme pour l'autre. La vérité, la voici : quand l'Homme est fort, la Femme est faible; quand l'Homme est faible, la Femme est forte. Dans le premier cas, elle le subit; dans le second, elle le supprime. Il s'agit donc pour lui de savoir, lorsqu'il traverse cette épreuve de l'amour, s'il va s'y retremper ou s'y perdre, car l'amour donne à la fois la vie et la mort. La Femme y naît par ce qu'elle reçoit, l'Homme y meurt par ce qu'il donne, s'il ne reprend pas tout de suite son mouvement ascensionnel, s'il ne fixe pas la Femme dans la maternité, c'est-à-dire dans sa fonction et dans sa destinée, s'il ne rentre pas enfin en possession de son action souveraine dans laquelle il ne demande pas mieux que de l'entraîner au nom de l'Idéal commun. Tout homme qui, à cet angle de sa vie, s'arrêtera plus qu'il ne faut, sera perdu ou entamé. C'est là que le Sphinx terrible et charmant que le peintre Moreau a si bien symbolisé dans son tableau d'*OEdipe* saute brusquement à la gorge du voyageur surpris, qu'il le regarde et le fouille jusque dans l'âme avec ses grands yeux clairs et fixes, et qu'il lui pose la grande question dont la réponse sera le triomphe ou l'anéantissement de l'Homme. Oui, convenons-en, la Femme a pour elle ce jour, cette minute, cette seconde. Le parti qu'elle en tire souvent a donné lieu à cette tradition qu'elle gouverne le monde. En effet, si l'Homme ne trouve pas le mot tout de suite, elle le précipite dans les abîmes; s'il le trouve, c'est elle qui redescend dans la subordination et dans l'obéissance. C'est alors que, parfois, elle se révolte, qu'elle s'élance toute seule dans l'immensité. Elle passe aussitôt à l'état de planète folle, battant le ciel à tort et à travers, tourbillonnant dans tous les sens, se heurtant à tous les pôles, s'engloutissant et disparaissant enfin dans des limbes inconnus. Il est donc décisif pour Elle comme pour Lui, ce combat singulier, nocturne et mystérieux. Elle a gagné la partie si elle arrive à faire croire à l'Homme qu'il n'est sur la terre que pour l'aimer; si elle le dérobe à l'action pour le jeter dans le sentiment, plus bas encore, dans la sensation; si elle le retire de l'amour pour tous en le limitant à l'amour pour elle; si elle le prend à ce qui le fortifie et l'élève pour le livrer à ce qui le disperse et le dissout. Elle lui ouvre ses bras, elle lui présente son sein et elle lui dit : « Tu n'as pas besoin d'aller plus loin. » S'il la croit, il meurt.

Mais, tandis que les religions et les philosophies, qui connaissent ce danger, s'accordent, malgré leurs principes différents, pour crier à l'Homme : « Défie-toi de la Femme, c'est le dieu d'en bas! » les littératures, qui ne peuvent s'alimenter comme les religions d'abstractions et d'hypothèses, ou, comme les philosophies, de raisonnement et de logique, et qui ont besoin d'un Idéal formel, visible, réalisable et dominant le milieu humain, les littératures déifient la Femme en esprit comme les arts la divinisent en forme. Tous les héros du Poème, du Roman et du Théâtre sont à la recherche d'une femme, se pâmant s'ils la rencontrent, trépassant s'ils ne la trouvent. Eh bien, dussions-nous être mis en morceaux par les Femmes de tous les pays comme Orphée le fut par les femmes de Thrace, nous déclarons publiquement que l'homme qui, dans la vie réelle, limite sa destinée à la recherche, à l'adoration et même à la possession d'une femme, comme le conseillent les littératures, est un enfant, un paresseux ou un malade, et que la femme qui le dévore et le supprime a parfaitement raison et rend un grand service à l'État.

L'homme ne se doit tout entier qu'à ce qui est impérissable, éternel et infini. Si, contenant en lui de quoi être Socrate, César ou Christophe Colomb, il se réduit à être Othello, Werther ou Des Grieux, il n'est pas l'homme total, il n'est plus que l'homme partiel; il descend au-dessous de lui-même; il a perdu la notion de son origine et de sa fin; il n'est plus qu'un héros littéraire, un instrument d'immortalité pour les poètes et d'immoralité pour les petites filles et les collégiens.

Et, pour se convaincre de cette vérité, il suffit de regarder bien en face les types féminins qui ont défrayé les littératures, et les conclusions fatales, toujours les mêmes, de toutes les tragédies, de tous les poèmes, de tous les drames, de tous les romans.

Ce qui est remarquable avant tout et par-dessus tout, dans les œuvres supérieures, c'est l'impossibilité pour la Femme et pour l'Homme de réaliser leur amour en ce monde, par la seule raison qu'ils ont trop idéalisé le réel, et que, la nature ne leur ayant fourni que des moyens limités pour exprimer l'Infini qu'ils croyaient contenir, ils meurent inassouvis avec imprécations et révoltes contre la Providence, la société, la fatalité, la famille, le ciel et la terre. Ce n'est que dans la tombe, éternité pour les uns, néant pour les autres, que ces malheureux trouvent ou croient trouver ce qu'ils cherchent inutilement sur la terre, le bonheur par l'amour. Ce bonheur est si peu dans les conditions terrestres, que pas un poète vraiment poète n'a eu l'idée d'en faire le dénouement de son livre. Pour avoir tenté cette poétique, Florian est resté éternellement ridicule. Ce ne sont donc que désespoirs, meurtres et suicides. La comédie seule a conclu impunément par le rapprochement des deux amoureux, sans doute parce que la comédie a eu pour but, jusqu'à présent, de se moquer des hommes. Mais les Didon, les Françoise de Rimini, les Juliette, les Virginie, les Manon, les Hermione, les Adèle d'Hervey, les Graziella, les Marion Delorme, les Lélia, toutes les héroïnes du monde littéraire meurent les mains étendues vers ce bonheur qu'elles sentent à côté d'elles et qu'elles ne peuvent jamais saisir.

La religion de Jésus n'a pas été étrangère à cette tendance de la littérature. En plaçant le but de la vie de l'autre côté de la mort, elle a proposé aux imaginations exaltées la mort comme dernier moyen de réalisation, et, en immolant, en principe, le corps à l'âme, elle a amené le poète à chercher dans l'âme seule les causes de ce malaise qui, pour une part, venait tout simplement du corps.

Il en résulte que là où les poètes, les romanciers et les dramaturges ignorants des fatalités physiologiques, mieux connues des anciens, qui en faisaient des divinités néfastes, acharnées contre certains mortels, là où les poètes, les romanciers et les dramaturges ne voyaient que des âmes incomprises en rébellion instinctive et de droit contre une société banale ou corrompue, le physiologiste et l'observateur n'avaient et n'ont à voir, le plus souvent, que des malades d'un ordre particulier.

* * *

Exemples :

— Docteur, je suis vraiment très inquiète de ma fille. Elle vient d'avoir dix-huit ans. Elle n'est pas bien du tout. Absence complète d'appétit, sommeil lourd quand il n'est pas agité ; amaigrissement, pâleur, palpitations ; elle tousse quelquefois ; rien ne l'amuse ; elle pleure sans raison, elle rit de même, mais le plus souvent elle est mélancolique ; elle se plaint de vertiges, elle croit qu'elle va tomber ; de temps en temps, il lui semble qu'elle a dans l'estomac une boule qui lui monte à la gorge et qui l'empêche de respirer. Elle étouffe alors et la crise se termine par des bâillements, des spasmes, des larmes et des envies de crier ; enfin elle en arrive à vouloir mourir. Nous avons essayé de tout ce que vous aviez ordonné : le fer, le quinquina, les bains de mer, la gymnastique, la distraction, le voyage, le changement de climat, le spectacle même ; rien n'y fait.

— Il faut la marier !

Cette jeune fille, dont il vient d'être question entre cette mère ignorante et ce médecin *naturiste*, a défrayé les deux cinquièmes de la littérature moderne. C'est la femme nerveuse, rêveuse, vaporeuse, langoureuse, souple comme les roseaux, blanche comme les lis, blonde comme les blés, incapable de se mouvoir pendant les deux tiers du jour, et, le soir, se croyant capable d'esca lader le mont Blanc. C'est un être sans équilibre, sans axe, sans équateur, donnant son corps en pâture à sa tête. Cette créature dédoublée, dont la trépidation incessante présente, par moments, tous les phénomènes de la folie qui fait, jusqu'à son mariage, le désespoir de ses parents, et, après le mariage, le désespoir de son mari, n'est d'ailleurs nullement responsable de ses actes, dont elle n'a nulle conscience. Son excuse, quand elle fait souffrir les autres, est qu'elle souffre bien plus qu'eux encore. Ce n'est pas sa faute si les sucs gastriques manquent, si le cœur n'envoie au cerveau qu'un sang décoloré, si elle ne peut pas distribuer et classer en elle les forces qu'elle reçoit inégalement, si elle est née de générateurs valétudinaires, ou trop âgés, ou antipathiques l'un à l'autre, si elle est le dernier mot d'une race, d'une tribu, d'une famille, d'un type qui non seulement n'a plus assez d'éléments génésiaques pour donner la vie, mais qui n'a pas même assez de virtualité pour se la conserver à lui-même. Le conseil « Il faut la marier! » est donc une des bévues physiologiques les plus grossières qu'un homme de science puisse commettre, à moins que ce ne soit tout simplement la formule traditionnelle en pareil cas, pour se débarrasser d'un sujet avec lequel on perd son latin, formule pouvant se traduire ainsi : « Au petit bonheur! et que la nature, qui a fait la bêtise, se tire de là comme elle pourra ! » La littérature n'en devrait pas moins élever une statue reconnaissante au *Mariage-Médicament* et à l'*Époux-Purgon*, car c'est à eux qu'elle doit l'enfantement de milliers de volumes toujours sur ce sujet : la femme incomprise, sans autre solution possible que la révolte, le désespoir, la folie, le doute, la honte, le suicide, l'homicide, le repentir et la mort.

Ainsi, voilà un petit être débile, mal incarné, dont les membres sont grêles, les flancs évidés, les chairs molles, la poitrine étroite, que vous allez soumettre, pour rétablir sa santé à une épreuve dont les plus robustes ne sortent pas toujours intactes. Il faut que cet être, qui a à peine assez de vie pour lui-même, donne la vie à un ou plusieurs individus, de moitié avec qui? avec un inconnu. Car quel sera-t-il, cet homme que vous allez transformer tout à coup en un mari pour votre fille? D'où viendra-t-il? Où l'aurez-vous pris? D'où le connaîtrez-vous? Quels renseignements vous aura-t-on donnés sur ses origines, sur son passé, sur sa santé, sur ses habitudes, sur ses mœurs? Il est fait comme un homme; il a été déclaré tel à la mairie le jour où il est né, et, comme c'est un homme qu'il vous faut, vous n'avez rien à demander de plus? Vous le prenez donc dans le tas social avec les garanties d'usage, comme vous prendriez deux sous de rhubarbe chez le pharmacien du coin de la rue, si le médecin avait ordonné de la rhubarbe au lieu d'ordonner un mari. Ses parents sont plus ou moins honorables; ils lui donneront une dot et lui laisseront un héritage. Il a une position; il est dans une administration, dans l'industrie, dans les arts; il a un peu *fait la vie*, — comme tous les jeunes gens, — mais c'est accepté, c'est *nécessaire même* (qui est-ce qui a encore trouvé ça?); il est gentil garçon, il est bien élevé; il a fait de bonnes études, il a de la religion, — comme tout le monde. — Qu'est-ce que vous demandez encore? Rien, si je veux, commerçant, faire de ce monsieur mon associé; oisif, faire de ce monsieur mon camarade; femme du monde ou autre, faire de ce monsieur mon amant; mais, si je veux, père ou mère, avoir un gendre, fille, avoir un mari, je demande autre chose, je demande que cet homme sache ce que c'est qu'une femme. Et il ne s'en doute pas, par la bonne raison qu'il n'y a pas dix hommes sur dix mille qui s'en doutent. Et cependant, du moment qu'on se marie, la vie de la femme, de l'homme et des enfants dépend de cette science réputée inutile. La preuve que ce pauvre garçon ne sait pas ce que c'est qu'une femme, c'est qu'il épouse votre fille. S'il eût été initié le moins du monde, à première vue, il aurait reconnu, quoi qu'en ait dit le médecin, que ni les organes, ni le tempérament, ni la conformation, ni les idées, ni la destinée, par conséquent, de cette malade n'étaient compatibles avec ce qu'on allait exiger d'elle. Elle a été mise en dehors du mariage par des fatalités physiques. Tant pis pour elle. C'est le péché originel du corps.

Le mariage a lieu tout de même, puisqu'il est établi qu'une fille doit toujours se marier, sous peine de passer pour un scandale ou pour un problème : l'attentat en question s'effectue ; la jeune fille le subit tant bien que mal, avec étonnement, avec effroi, avec honte, avec dégoût. Quelque chose qui meurt en elle sans pouvoir créer autre chose lui crie, trop tard, qu'elle n'était pas faite pour ce qui arrive. Elle se sent désormais fixée à la terre qu'elle n'aime pas. Ses ailes sont tombées. Elle en regarde les plumes voltiger au vent des réalités ; elle pleure, elle attend, quoi ? Ce qu'on lui a promis à la suite de cette épreuve : la maternité. La maternité ne vient pas, ou s'en retourne à moitié chemin. Ses flancs sont stériles. Après quelques mois d'espérance et de crainte, ils laissent échapper un être sans forme qui refuse de vivre avant même de naître. Mais monsieur veut absolument avoir un héritier ! Et puis il faut bien occuper l'épouse, qui est triste. Qu'est-ce qu'un mariage sans enfants ? On appelle le médecin. Le médecin accourt ; il faut qu'il sache, il faut qu'il voie. Voilà les secrets de l'alcôve sur les lèvres de cette femme. Ce n'est pas tout, voilà cette femme condamnée à livrer les profondeurs sacrées de son être intime aux expertises minutieuses de cet inconnu. Elle se défend, elle ne veut pas, elle pleure ; les larmes sont de toutes ces petites fêtes. « Voyons, mon enfant, il le faut, dit le mari, c'est pour ton bien. C'est pour avoir un bébé ! » Sur quoi, il l'embrasse pour lui donner du courage. Comment le trouvez-vous, le mari, dans ces situations-là ? Imbécile, qui veut avoir femme et enfants, c'est-à-dire charge d'âmes, et qui ne s'y est pas préparé, qui n'a rien appris, qui ne sait même pas ce que la première sage-femme venue sait au bout de six mois d'études. Il est là, n'osant regarder et n'osant la laisser seule avec cet homme ; il est là, incapable de venir en aide à cette créature qu'on lui a confiée et qu'il a mise à sac tout de suite pour lui prouver combien il l'aimait, combien il était fort! pour la rendre mère! Que doit-il se passer dans le cerveau de ce pauvre petit être, pendant cette profanation? Entendez-vous ce cœur qui se contracte dans cette poitrine agitée, renversée en arrière sur ce lit étonné! Crois-tu qu'elle va te revenir absolument ce qu'elle était, après cet aveu d'ignorance que tu es tacitement forcé de lui faire, et ce nouveau sacrifice que tu imposes à sa pudeur? Crois-tu qu'elle te le pardonne? non; elle t'en veut malgré elle, elle ne t'aimait déjà pas beaucoup, elle ne t'estime plus. — C'était à toi, *qui es un homme et qui dois tout savoir*, de trouver un moyen d'empêcher ce sacrilège. Quoi que tu fasses désormais, tu es mort en elle.

Et maintenant, en avant tout l'arsenal de la thérapeutique: les bains de mer, les douches sur les reins, le nitrate d'argent et le fer rouge. Un beau jour, le docteur t'annonce que les choses sont à peu près rentrées dans leur état normal, et que tu peux tenter de nouveau d'être père, avec précaution cependant et tu tentes. Voilà une femme vraiment heureuse! Et la Nature, qui n'a aucune raison de te faire des politesses, recommence, elle aussi. Le plus souvent, les fausses couches continuent; quelquefois, l'enfant vient rachitique, scrofuleux, condamné à l'infirmerie perpétuelle, à l'épilepsie, à la folie. Quelquefois aussi, la femme meurt de cette génération forcée. « Vous savez bien, madame une telle, elle est morte, il y a deux jours, d'une suite de couches. Pauvre petite femme! Sa famille, son mari sont au désespoir! » Et voilà l'oraison funèbre. Quelquefois encore, elle en revient; mais alors elle se voûte, elle se plie, elle se traîne, quand elle peut par hasard quitter sa chaise longue: enfin elle est épuisée et ne peut plus te servir autant que tu le voudrais; tu accuses le sort et tu prends une maîtresse, parce que, après tout, tu es un homme et que tu ne peux te passer de femme! Ta compagne est pâle, triste; elle désespère. Voilà donc ce que c'est que la vie! C'est alors que *la femme incomprise* erre dans les allées désertes de son jardin, et que l'amant apparait et qu'elle l'accueille. Car il y a encore une chose que tu ne sais pas, c'est que la Femme n'a pas la faculté d'effacer radicalement, par le seul effort de sa volonté, l'image qui l'a occupée longtemps. Il faut qu'elle la remplace par une autre. Elle ne détruit pas, elle superpose. Quand la seconde image est plus grande et plus large que la première, et qu'on ne voit plus rien de celle-ci, tout va bien ; c'est l'oubli. Quand elle est plus petite et que les bords de l'autre dépassent, rien ne va plus, c'est le remords.

Voilà donc l'amant, cette nouvelle forme de l'Homme, qui apparait. Il reçoit ses confidences, il pleure avec elle, il lui dit : « Nous étions faits l'un pour l'autre ; » il pénètre à son tour, comme le mari et le médecin, sous un autre prétexte ; elle le laisse faire comme les deux autres, parce qu'on lui a fait croire que c'est la seule manière de prouver qu'elle l'aime ; elle ne l'aime pas, il l'ennuie, il la trouve ennuyeuse, il l'abandonne ; elle le regrette tout de même, et, quand elle lit *Indiana* ou *le Lys dans la vallée*, elle s'écrie en pleurant : « Comme c'est vrai ! Moi aussi, j'ai bien souffert ! »

Comment empêcher cela ? En étudiant un peu plus la nature humaine qu'on ne le fait ; en apprenant que toutes les organisations ne peuvent pas et ne doivent pas être soumises à la même réglementation sociale et physique, en sachant que non seulement le mariage ne guérit pas, mais qu'il avilit, désespère ou tue certains êtres qui, nés exceptionnels, doivent être maintenus dans l'exception. Donc, au lieu de dire à leurs parents : « Il faut la marier, » ce qui est le sauve-qui-peut de la situation, le médecin devrait dire au contraire, quand il se trouve en face de ces particularités : « Surtout ne la mariez pas ! » Puisque ces êtres sont incomplets, mal incarnés (et les indications ne font pas défaut), puisqu'ils ont soif d'abstractions, d'idéal, d'infini, de chants, de parfums, d'azur, d'étoiles, il faut les laisser à ce qui contient tout cela. Ces femmes sont propres à la charité, au dévouement, à l'apostolat, à l'extase, au martyre, à l'ascétisme, à l'ivresse céleste, au seul mariage des âmes, à la virginité permanente, dont Dieu est l'époux unique, et dont l'Infini est l'inépuisable aliment. Si le père et la mère, après avoir reconnu et constaté ces prédispositions singulières, n'ont pas le courage de pousser leur enfant dans cette grande voie de l'abnégation et du sacrifice religieux qui est sa véritable atmosphère, et de se séparer d'elle, qu'ils la laissent du moins dans l'imagination, dans le rêve, dans l'art, dans l'amour vague, indécis, platonique, sans forme tangible, non fonctionnel, non reproducteur surtout; qu'ils ne lui imposent pas, au nom des habitudes, des mœurs et des conventions, qu'ils ne lui imposent pas ce qui lui sera le plus odieux, le contact du mâle! qu'ils sachent enfin qu'il y a des femmes qui naissent amies, sœurs, amantes, non épouses, et qui doivent s'en tenir à des fiançailles éternelles. Ces femmes-là sont les mères en réserve des enfants orphelins.

*
* *

— Mais il y a des filles qu'il faut absolument marier, et le plus tôt possible; sans quoi...

Sans quoi, elles se feraient enlever par votre valet de chambre. Je sais cela aussi bien que vous, monsieur, et je n'attendais que d'en avoir fini avec la première pour passer à la seconde. Je les connais toutes les deux, ainsi que la part qui a été faite à celle-ci dans la littérature du XIXᵉ siècle. La première est l'incomprise, la seconde est l'insatiable. Celle-là n'est qu'esprit, celle-ci n'est que matière, et cependant combien de fois ne les a-t-on pas confondues dans la théorie et dans la conclusion!

Voyez cette vierge de quinze ans qui en paraît vingt. Le front est large, bas, la chevelure abondante, plus épaisse que longue, et les cheveux sont noirs, roux ou blonds (la couleur n'y fait rien), mais plutôt gros que fins, durs, ondés naturellement. La tête est ronde, avec un léger débordement de la nuque à la racine du cou.

Les yeux ne sont pas très grands quand ils sont noirs, mais très brillants sous l'ombre de l'arcade sourcilière, rapprochés du nez et cernés, surtout dans la jeunesse. Quand ils sont bleus ou verts, ils sont à fleur de tête, et la face est large et aplatie ; mais dans l'un et l'autre type, la paupière s'ouvre bien et se ferme bien, sans plis. La pupille est petite, le blanc est très blanc, avec des éclats diamantés. Les sourcils sont droits; souvent ils se joignent et ne forment qu'une seule barre. Le nez est *court*, assez large à la base, plutôt retroussé que busqué, un peu charnu au bout. Les narines, très dilatées, paraissent sombres. Vous remarquerez quelquefois un léger duvet un peu plus foncé à la commissure des lèvres, vermeilles et sèches, bien qu'elle les mouille de temps en temps du bout de sa langue. La bouche est généralement grande, avec un renflement d'un côté de la lèvre inférieure ; les dents sont fortes, belles, sans être d'une blancheur éclatante, les gencives rouges comme le sang même. Du reste, elle a grand soin de sa bouche, comme les hôteliers en renom ont soin de leur cour d'entrée. Le menton est gras, rond, avec une fossette ; le col est fort, semblable à une colonne, cerclé de deux lignes parallèles fines comme des fils de soie. Il est *court*, légèrement bombé par derrière, là où naissent ces petits cheveux indépendants, tortillés sur eux-mêmes, dont le chignon ne parvient jamais à s'emparer. Cette femme est quelquefois mince, surtout avant le mariage, mais seulement depuis le col jusqu'à la ceinture. Faites-la valser, au bal, elle ne demande pas mieux, vous la verrez infatigable et vous sentirez contre votre bras des côtes souples et résistantes à la fois comme des lames d'acier. Elle ne s'appuiera pas sur vous, au contraire, elle vous entraînera, mais sa main gauche mordra votre épaule. A la fin, comme au début du bal, son haleine sera d'une pureté extraordinaire, mais de son corps s'exhalera un arome unique en son genre, qui rappelle vaguement cette odeur de boue qui caractérise le véritable vin de Chypre. Malheur à vous si ce parfum vous enivre! La peau est légèrement ambrée à la taille et aux jointures des membres, et toujours froide comme de l'eau de puits, en plein juillet ou en plein bal. Des bouffées chaudes montent tout à coup à son visage, le colorent, redescendent aussitôt, font battre le cœur et se perdent dans la profondeur de l'être, comme la foudre qui suit la chaîne d'un paratonnerre et qui disparaît dans le sol. Les chairs sont fermes ; les bras sont ronds, avec une fossette au coude, un peu *courts*, les attaches un peu carrées, les mains *courtes* avec des doigts pointus, à base large, et le mont du pouce énorme, couvert de lignes transversales en forme de grilles, et légèrement pourpré. Elle est plus implacable encore quand les doigts sont spatulés et que le pouce, *court*, s'arrondit en forme de bille. A-t-elle dans la main une ligne double, quelquefois triple, brisée en plusieurs endroits, semi-circulaire, enclavant ou sillonnant les monts de Saturne et du Soleil? Alors, en allant à Cythère, elle fera quelquefois escale à Lesbos. Enfin la stature est *courte*, bien que le torse soit long; la poitrine est large, les seins sont placés haut, les reins sans cambrure, les hanches sans proéminence. La jambe, souvent velue au-dessus de la cheville, comme celle du faune, est belle, bien que le mollet soit haut comme celui de l'homme et dur comme le marbre ; le pied n'est pas tout petit, il est même un peu fort, très d'aplomb, le talon droit. Les doigts *courts*, presque de même longueur, les ongles sont très durs, le pouce est large. Elle marche tant qu'on veut, vite et sans fatigue. Le jour, elle a la voix de contralto, qui se voile de temps en temps ; la nuit elle a une voix d'enfant.

Voilà l'animal ! *Plaudite, sed cavete, cives!*

Si vous avez pour femme Alcmène, si Jupiter est descendu exprès du ciel pour vous faire avaler la pilule d'Amphitryon, s'il vous a choisi pour être le père de son fils Hercule, le véritable Hercule, l'élève de Rhadamante, de Castor et de Chiron, celui qui, enfant, mordait le sein de Junon, tordait le cou aux serpents qu'elle lui suscitait ensuite, et, devenu grand, rendait mères de cinquante-deux garçons, en une seule nuit, les cinquante filles de Thestius, vous pouvez le marier à la jeune personne que nous venons de détailler; il courra encore la chance de la tunique de Déjanire, mais ce sera tout. Si votre fils n'est pas le dieu en question, sachez qu'en le livrant à cette femme vous le menez à la mort, car cette femme n'est pas plus que l'autre propre au mariage, mais pour des raisons inverses.

Marier cette femme-là, quelle idée! L'enfermer dans un devoir, la limiter à un époux, quelle plaisanterie! Elle est matière, rien que matière. Elle n'a pas d'idéal; pour un peu, je dirais tout bonnement : elle n'a pas d'âme. Purement instinctive, elle n'a que des mouvements réflexes. Elle mange bien, elle assimile bien, elle répare bien, elle dort bien; — elle ronfle. Ce qu'il lui faut, ce n'est pas le sentiment, c'est la sensation; ce n'est pas l'époux, c'est l'homme; ce n'est pas l'amant, c'est le mâle. Attirer le mâle, le saisir, l'envelopper, l'étreindre, le détruire, le remplacer par un autre, jeter dans le mouvement terrestre les enfants qui peuvent résulter de ces actes et qu'elle refuse de nourrir, parce que ça déforme — (elle engraisse toujours après les couches) — et que ça perd du temps, telle est sa mission dans ce monde. Mais la fécondité s'arrête vite chez elle, quand elle a commencé. Presque toujours, ses entrailles, comme son esprit, son cœur et ce qui lui sert d'âme, sont, ici encore, rebelles à la maternité. Le foyer est trop ardent; les œufs durcissent.

Qu'est-ce qu'un seul mari ira faire là dedans? Elle en avalera un, deux, trois, et plus elle se nourrira de l'Homme, plus elle sera saine, gaie, florissante. Que Dieu garde vos fils de ces filles! comme dirait Gavarni : ces mariages-là sont des homicides légaux, à moins que le condamné ne soit assez malin pour détourner de lui, pour répandre dans des activités d'un autre genre cette vigueur redoutable, pour faire de sa moitié une porteuse d'eau, ou une courtisane, ce qu'elle devient toute seule quand il se retourne ou qu'il ferme les yeux. Parmi le peuple, à la campagne comme à la ville, ce type est fréquent ; mais le travail, la fatigue musculaire, la nourriture, insuffisante souvent, émoussent, déplacent ou répartissent ces intensités locales. Dans les régions hautes, le bien-être, l'oisiveté, l'alimentation succulente, le voisinage continuel de l'homme de plaisir, l'atmosphère brûlante dans laquelle les aristocraties vivent, ne font que localiser, accroître et pousser à l'extrême cette fatalité organique.

Et notez bien qu'il ne faut pas plus accuser cette femme que l'autre. Notre moyenne sociale n'est pas plus faite pour elle que le boulevard des Italiens n'est fait pour les lions du Sahara. Elle étouffe dans nos conventions, et, si on les lui oppose, elle les brise. Elle a besoin d'air, d'espace et de liberté, non par imagination, mais par puissance et par appétit. Elle est une force sans conscience, un élément irresponsable pouvant être utilisé dans un milieu qui lui serait propre, funeste quand il traverse un milieu incompatible. Il faut donc s'en garantir comme d'un fléau, quand on est et qu'on veut rester un homme, quand on veut aller jusqu'au bout de sa vie probable, avec ses jambes et sa raison. Nous dirons donc à l'Homme, car il faut avoir l'esprit de corps et se défendre un peu contre le sexe faible, nous dirons donc à l'Homme : Aime cette femme, fais-toi aimer d'elle (ce n'est pas difficile), si tu veux savoir ce que c'est, pendant deux ou trois mois, et puis romps brusquement et va-t'en très loin ; mais ne l'épouse jamais, ni jeune fille, ni veuve, ni veuve surtout ; ces femmes-là ne sont jamais veuves une seule fois, ce sont les *iteratæ viduæ*, les veuves réitérées dont parle Juvénal. Que la mort du premier mari te serve de leçon. Comme amant, tu peux encore te ressaisir ; comme mari, tu es condamné à la mort, à l'abrutissement ou au ridicule.

Quand tu l'abandonneras, elle te maudira, elle voudra te tuer peut-être ; mais, sois tranquille, tu seras bientôt remplacé. Elle ne peut pas ne pas te donner un remplaçant, elle t'a même probablement donné un associé. Quant à ses remords, si par hasard elle t'en parle, ce dont je doute, car elle n'est pas inventive, n'y crois pas ; ce ne sera qu'un moyen de te retenir ou un lieu commun d'éducation. Il lui est interdit d'avoir des remords. Elle est dans son type, dans son unité et par conséquent dans son droit. Le repentir, le remords ne sont pas plus portés sur le programme de sa vie que la fidélité, la vertu, la morale, la rêverie, la musique, la poésie, le chagrin. Si, vers la vieillesse, elle tourne à la dévotion, ce sera en l'honneur du curé, car elle ne sait rien se représenter que par l'Homme et avec l'Homme. La naissance, la race, la famille, la fortune, la société, l'instruction, ne la modifient que dans ses surfaces. Tant que son mari peut suffire à la peine ou au plaisir, si vous l'aimez mieux, elle est fidèle ; dès qu'il est insuffisant, elle le remplace ou le supplée, le plus souvent en cachette, quelquefois à la face de tous. C'est ce type de femme qui cause ces scandales dont le monde s'étonne toujours parce que le monde ignore qu'elle ne peut pas faire autrement ; c'est cette femme qui, du jour au lendemain, plantant là ses enfants, sa réputation et même sa fortune, se fait enlever par le premier venu, pourvu qu'il ait les qualités requises ; c'est pour cette femme-là qu'un cocher, un maçon et un portefaix sont des hommes comme les autres, plus que les autres. A quatorze ans, elle aime son maître de piano ; à soixante ans, elle aime et entretient celui de sa petite-fille. L'Homme, toujours l'Homme ! S'il venait à manquer, elle irait droit au taureau, comme Pasiphaé.

Tels sont les deux phénomènes, les deux accidents, les deux exceptions dont la littérature contemporaine s'est nourrie outre mesure, parce que les deux femmes qui les représentent, si opposées et si antipathiques, sont en révolte contre le mariage, la première parce qu'il lui demande trop, la seconde parce qu'il ne lui donne pas assez[1]. La première est née Vestale, la seconde

---

[1]. Il sera bon de remarquer, en passant, que ce qui fait le fond de notre littérature française, la plus immorale des littératures, dit-on, c'est le mariage indissoluble. Dans tous les pays où le divorce existe, cette littérature *immorale* n'existe pas.

est née Bacchante. Ni l'une ni l'autre ne sont l'espèce, l'une et l'autre sont des variétés, et le grand tort des poètes et souvent des moralistes a été de confondre la variété avec l'espèce et de réclamer pour celle-ci au nom de celle-là. Ce sont des femmes, soit; ce n'est pas la Femme.

.·.

Qu'est-ce que c'est donc que la Femme?
Voici mon opinion à moi, et quant à présent, comme disait Franklin, qui, en toute discussion, avait la prudence de n'engager que lui-même et le moment où il parlait.
La Femme est un être circonscrit, passif, instrumentaire, disponible, en expectative perpétuelle. C'est la seule œuvre inachevée que Dieu ait permis à l'Homme de reprendre et de finir. C'est un ange de rebut.
L'Homme a un mouvement propre, dépendant de lui seul, qu'il opère de bas en haut, entre le Créateur dont il est le délégué et le milieu dont il est le maître, tandis que la Femme ne peut opérer son mouvement que de long en large, toujours sur le même plan, entre un idéal vague qu'elle ne peut saisir et des nécessités formelles qu'elle ne peut surmonter. L'Homme fait partie de ce qui est, la Femme de ce qui peut être. Dieu a fait l'Homme de sa propre main, puis il a fait la Femme d'une partie de l'Homme, si nous nous en tenons à la tradition biblique, si chère à la Femme. Au jour du jugement dernier, elle sera exactement semblable à ce qu'elle était au jour de la Création. Elle n'a rien inventé, rien découvert pour sa plus-value collective; elle en est toujours à la séduction, à la pomme qui ne lui donne qu'une plus-value personnelle et viagère, et encore est-ce le Serpent qui la lui a montrée. Là est tout son génie dans le passé, dans le présent et dans l'avenir. C'est énorme, disent les naïfs, les aveugles et les poètes. C'est énorme, soit; mais cela ne la mène à rien, puisqu'elle proteste encore

et plus que jamais contre l'obéissance où l'Homme la tient et où il la tiendra toujours, très heureusement pour elle. Sa libération serait sa mort.

Aussi, dans la loi naturelle, l'homme ne lui donne-t-il que ce qu'il a en trop. Elle est là pour recueillir ce qu'il a besoin de projeter, après quoi, il s'en va plus léger et plus libre à la conquête de ce qu'il poursuit. Le cerveau de la femme est un vase et son ventre est un moule. L'un et l'autre ne donnent une forme qu'à ce que l'Homme y dépose. Il lui fait recevoir dans son sein, porter dans ses entrailles, développer avec son sang et nourrir avec son lait l'enfant qu'il n'aurait pas le temps de faire. Voilà par où elle est purement passive et instrumentaire; voilà pourquoi, au nom de la nature, il la tient en soumission, et, comme il veut, ce qui est bien naturel encore, que l'enfant qu'il appellera son fils, qu'il aimera, pour lequel il travaillera, soit bien sorti de lui, au nom de la famille et de la société, il la tient en surveillance. La nature et la société se sont donc entendues et s'entendront éternellement, quelles que soient les réclamations de la Femme, pour que la Femme soit sujette de l'Homme. L'Homme est le moyen de Dieu, la Femme est le moyen de l'Homme. *Illa sub, ille super.* Il n'y a plus à y revenir.

Mais ceci ne constitue qu'une loi physique fortifiée d'une loi sociale. La question morale n'apparait pas encore. Ces deux individus, l'Homme et la Femme, tout en étant soumis aux nécessités matérielles communes à tous les animaux, parmi lesquelles la reproduction est la plus importante et la plus noble, ces individus ont des propriétés particulières qui constituent un règne que l'on peut appeler, si on ne l'appelle déjà, le règne humain. Ces propriétés sont, pour les deux, l'intelligence, la pensée, la conscience, la parole, la volonté, l'observation des phénomènes de la nature, le désir de pénétrer et de s'approprier ce qu'ils ne connaissent pas, la prévision d'un Dieu, l'espérance d'une autre vie. Ils discernent le bien du mal, et savent, ou tout au moins peuvent savoir quand et pourquoi ils font l'un ou l'autre. Ils ont tous les deux, grâce à l'Homme, une idée de leur origine, de leur développement, de leur fin ou plutôt de leur métamorphose; car ils se sentent liés à l'harmonie universelle, puisqu'ils peuvent déjà l'admirer sans la comprendre, et ne sauraient la comprendre sans l'admirer. Ils ont une âme, et ce qui, chez les animaux, n'est qu'un instinct, un appétit, une fonction, obéit, chez eux, à un moteur immatériel qui est le sentiment, et tend à un but harmonique qui est le bonheur sur la terre et même au delà. Ils introduisent donc dans cet acte physique de la reproduction la préméditation, la responsabilité, la mémoire, l'engagement volontaire, raisonné, durable de leurs personnes morales, une communion avec l'humanité et Dieu, une partie de leur âme enfin sous le nom d'amour.

« Tu es jeune, tu es vierge, tu es belle, puisque je t'aime, dit l'Homme pubère à la Femme nubile; n'ayons qu'un toit, qu'un foyer, qu'une âme, qu'une vie, qu'un corps, qu'une tombe! Aimons-nous! Sans toi, je serais impuissant, sans moi, tu serais stérile. Or, je veux qu'il y ait sur la terre des êtres nouveaux à ton image et à la mienne, qui seront beaux, qui seront forts, qui seront heureux, parce que nous nous aimons, que nous les aurons aimés, que nous serons aimés d'eux, parce qu'ils aimeront à leur tour comme nous et nos pères et nos mères, et ainsi de suite dans le passé, dans le présent et dans l'avenir, parce que l'amour est la source, la vie et l'éternité des mondes. Sois donc ma compagne éternellement, et, pour te prouver que c'est bien toi que j'ai choisie entre toutes avec mon cœur, parce que je t'estime et te respecte entre toutes, je t'épouse, je prends Dieu et les hommes pour témoins de mon alliance avec toi, je te donne mon nom, et à tous ceux qui naîtront de cette alliance. Tu n'es plus Toi, tu es Nous. A partir d'aujourd'hui, notre cause est commune, nous n'avons plus rien à craindre des hasards de la vie, si tu veux t'allier, t'incorporer à moi, te fondre en moi. Nous sommes ce qu'il y a de plus puissant, de plus pur, de plus sacré, nous sommes la Famille. »

Voilà l'intervention de Dieu dans le rapprochement des deux individus, Homme et Femme ; voilà, en même temps que le rapprochement naturel, l'union consciente ; voilà ce que, pour mériter et posséder l'amour et la famille, doivent être les rapports de l'Homme et de la Femme, quels que soient les temps et les lieux.

L'Homme et la Femme doivent non seulement se reproduire, ils doivent s'aimer ; ils doivent non seulement s'aimer quand ils se reproduisent, mais ils doivent s'unir *à tout jamais* quand ils s'aiment. Dès que l'Homme a trouvé la Femme qui lui convient, il faut qu'il la fasse sienne, qu'il la féconde et qu'il *l'achève*. Il n'y a pas plus à revenir sur les lois des âmes que sur les lois des corps. L'amour, source de toute vie et de toute durée, est une de ces lois, la première en date, en importance et en efficacité.

Rien ne peut être accompli que par l'amour, amour de la vérité, du travail, du Bien, du Beau, du Juste, amour de Dieu, de l'Humanité, de la Famille, rien n'est grand, rien n'est vivant, rien n'est possible que par cette cause première, l'Amour. La débauche même est forcée de se couvrir du nom de ce créateur éternel. Seul, l'amour de soi-même est stérile, parce qu'il faut être deux pour aimer et pour enfanter. Le mariage est une des expressions, un des moyens de cette loi universelle. Il n'y a que lui, quoi qu'en disent les poètes, qui contienne l'amour véritable, parce qu'il n'y a que lui qui contienne l'estime de l'Homme pour la Femme, la confiance de la Femme dans l'Homme, la domination responsable de l'un, la soumission intelligente de l'autre ; parce qu'il n'y a qu'une manière pour l'Homme civilisé de prouver à la Femme qu'il l'aime, c'est de l'épouser quand elle est libre et de la respecter quand elle ne l'est pas. Le mariage est donc divin dans son principe, divin dans son but, tout en étant souvent faillible dans ses résultats, parce qu'il est souvent faussé dans son application, comme tout ce qui a l'Homme pour agent. Les passions, les intérêts, le mauvais exemple, la faiblesse, l'ignorance de leur véritable destinée, l'insuffisance des garanties légales éloignent les individus de cette alliance type, à laquelle il faut les faire revenir par tous les moyens possibles, ceux qui l'ont réalisée pouvant affirmer que là est l'unique point d'appui social pour le bonheur, la dignité, le progrès et la liberté de l'espèce humaine. En dehors du mariage, l'Homme profane le plaisir, déshonore l'amour et n'apprend qu'à regretter, à se repentir, à mépriser, science inutile et dangereuse, sans compter que l'Homme, celui qui mérite le nom d'Homme, le seul dont nous ayons à nous occuper ici, n'a besoin que d'une Femme pour toute sa vie. Toutes les autres sont contenues dans celle-là, s'il a su bien la choisir (en dehors des *incomprises* et des *insatiables*). Que ceux donc qui veulent aimer et être aimés dans le sens sacré du mot ne cherchent pas l'amour autre part que dans le mariage; il n'est que là.

Aussi est-ce sur ce point, mais sur ce point seulement, que la femme est fondée à revendiquer ses droits. Elle peut dire : « Plus je suis un être circonscrit, incomplet, faible, sans direction propre, passif, instrumentaire, inachevé, disponible, plus tu me dois aide, protection, fécondation physique, intellectuelle, morale, sociale. Incorpore-moi, absorbe-moi, asservis-moi, mais aime-moi et fais-toi aimer de moi, puisque ma mission est d'aimer et d'être aimée. L'Homme est le moyen de Dieu, la Femme est le moyen de l'Homme, soit! Prouve-moi maintenant que tu contiens le Dieu. Car celui-là seul sera mon créateur et mon maître, celui-là seul pourra dire qu'il m'a possédée, qui m'aura inspiré l'amour. J'ai le droit de le chercher, puisqu'il existe ; j'ai le droit de me tromper, puisque la lumière ne peut me venir que de lui, et j'ai le droit d'affirmer que c'est sa faute chaque fois que je me trompe. Qu'il réponde à mon appel quand je l'évoque et qu'il me garde quand il me tient. Jusqu'à ce que tu m'aies mise dans ma fonction naturelle et dans ma destinée finale, je te condamne à l'indulgence pour mes fautes, dont tu es l'auteur, dont je suis la victime et dont l'excuse est dans ce que j'ai le droit d'exiger et de chercher : dans l'amour. »

Que répondre à cela? Voyez-vous maintenant les discussions qui commencent? Voyez-vous les *Hommes* et les *Femmes* se séparant de l'Homme et de la Femme? Voyez-vous l'antagonisme remplaçant la communion, la Haine se substituant à l'Amour, l'Homme redevenant le mâle et abusant de sa force, la Femme redevenant la Femelle et en appelant à ses ruses? Voyez-vous le mépris des devoirs chez l'un, la revendication des droits chez l'autre; la passion et l'erreur ici et là; l'impuissance des religions, des morales, des cultes, des philosophies, des raisonnements, de l'opinion, des codes, des prisons, de la famille? Voyez-vous l'adultère, la prostitution, l'autorité du père méconnue, le respect pour la mère aux quatre vents, les retours, les repentirs, les anathèmes, les malédictions, les larmes, la mort; et les littératures qui interviennent, prenant fait et cause pour ou contre; et nos tragédies, nos drames, nos comédies, nos romans, traduisant, incarnant, glorifiant, condamnant, portant aux nues et traînant dans la boue les héros et les victimes des malentendus de l'amour?

Ce qui est certain, pour le moment, c'est que la Femme traverse une crise formidable, définitive pour elle, nous le croyons. L'épouse que je conseille n'est pas facile à trouver. Où est la jeune fille, où est la vierge, où est la femme forte, levée avant l'aurore, que nous a peinte Salomon? Où est la fiancée que Lamartine nous disait de choisir.

. . . . Éclose
Parmi les lis de nos vallons?

Le vent a soufflé sur les vallons comme sur les montagnes, et il a couché les lis parmi les pierres du chemin. Ceux qui passaient les ont foulés. Il n'y a plus d'épouses! Il n'y a plus de mères! Il n'y a plus d'enfants! La mamelle est détrônée, la gorge règne. A peine la fécondation a-t-elle rempli le sein des femmes, que les expédients le vident, à moins qu'il ne se tarisse lui-même, faute de ressort intérieur. Les femmes n'ont plus de lait et elles ne veulent plus en donner, même à leurs petits, et celui que les nourrices leur vendent ne vaut plus rien. On en est, pour nourrir les enfants qu'on a mis au monde par hasard, par habitude, par engagement notarié, par maladresse (car Malthus s'en mêle plus que jamais, et le *père* se dérobe tant qu'il peut avant, comme la *mère* se dérobera ensuite), on en est à rechercher les filles-mères comme ayant un peu plus de vitalité que les autres, l'amour étant supposé, cette fois, avoir fait les frais de l'accident ; et la maternité clandestine, précoce, sans aucune garantie de morale ni même de santé, est devenue dans les campagnes une industrie lucrative pour ces mères à louer et indispensable à nos mères épuisées ou occupées ailleurs. A qui faut-il s'en prendre de tout cela ?

A l'Homme évidemment, puisque nous le déclarons le délégué d'en haut, le médiateur terrestre, puisqu'à lui seul nous reconnaissons un mouvement propre et qu'il a reçu mission d'entraîner la Femme dans ce mouvement.

Quand l'Homme avance, la Femme est en progrès ; quand il s'arrête, elle recule ; quand il monte, elle s'élève : quand il descend, elle tombe. Nous en sommes à cette dernière phase. A cette heure, l'Homme descend. Il ne sait plus où il en est. Il n'admet plus aucune autorité ; il proclame la morale indépendante ; il ne veut plus relever que de lui-même ; il rompt avec le Créateur et veut asservir la Création, il se dégage de sa destinée en niant ce qu'il n'est plus digne de faire ni capable de comprendre. Tout à ses passions, il raille avec le dévouement, le sacrifice, la famille, l'amitié, l'amour, chiffrant tout et nous offrant, en échange de ce qu'il nous enlève, de ce qu'il s'enlève, pour mieux dire, nous offrant, dans l'ordre matériel comme dans l'ordre intellectuel et moral, la production à outrance, la consommation démesurée, les appétences monstrueuses, les excitations morbides, la sophistication, le mensonge, l'erreur. Il ne sait plus ce qu'il mange, il ne sait plus ce qu'il lit, il ne sait plus ce qu'il aime, il ne sait plus ce qu'il croit, il ne sait plus ce qu'il fait. Tout est apparence et fiction ; valeurs de commerce, valeurs d'esprit, valeurs de cœur ; religion, culte, gouvernement, littérature, insurrection même, rien n'est plus sérieux. La langue, la belle langue française est en plein carnaval ; elle court les rues comme une folle, faisant des grimaces et des culbutes pour raccrocher la populace et voler la popularité. Les villes ne sont plus que des Babels en long, les maisons ne sont plus que des tombeaux dorés ; enfin l'Homme ne sait plus ce que c'est que la conscience religieuse, morale, civile, politique, et il déclare à la face du monde que le serment fait à Dieu, au prêtre, au souverain, au peuple n'engage à rien, et il en ordonne à la fois l'usage et le mépris.

Ite, missa est!

Et la Femme, bien entendu, fait dans la vie privée ce qu'elle voit faire à l'Homme dans la vie publique. C'est inévitable. Elle rit de ses serments d'amante, d'épouse, de mère, de chrétienne. Elle se hisse sur ses talons Louis XV, elle retrousse ses robes jusqu'aux genoux, elle l'abaisse jusqu'à la ceinture, elle ne jette pas seulement son bonnet, mais ses cheveux par-dessus les moulins ; elle arbore la perruque de filasse jaune, comme l'Homme de 93 arborait le bonnet rouge ; son mot de ralliement est *Le plaisir ou la mort !* et elle danse le cancan, la carmagnole du sérail.

Pauvres femmes ! C'était pourtant l'occasion, qui ne se représentera plus, de prouver que vous pouvez dominer les hommes autrement que par les sens et par la beauté. Puisqu'ils abdiquaient, il fallait prendre leur place, il fallait vous substituer à eux, saisir la direction de la famille et remonter jusqu'au principe à mesure qu'ils redescendaient jusqu'aux instincts ; ne plus les employer que comme générateurs, et combattre et détruire ensuite dans vos enfants ces pères indignes et dangereux ; il fallait vous emparer de la souveraineté du monde par l'amour et le respect de vos fils; il fallait enfin vous constituer mères, car la maternité est, sachez-le, votre seule valeur réelle, votre seule puissance effective.

Vous n'avez pas compris, vous ne pouviez pas comprendre cette grande politique d'unité et de continuité d'action, de ralliement à une foi centrale et à un sentiment supérieur; cette stratégie et cette prévoyance dépassaient vos forces. C'est décidément le domaine de l'Homme, et vous n'écraserez pas la tête du Serpent, comme on l'espérait, comme on vous l'avait promis. Allez donc, perdez-vous, disparaissez; nous n'essayerons même pas de vous retenir; nous sommes plutôt prêts à vous pousser, pour que votre résurrection arrive plus vite. Une des erreurs de notre temps, c'est de croire qu'on peut arrêter une destruction à mi-chemin et recomposer avec ce qui doit mourir. On aura beau peindre en vert toutes les feuilles jaunies du mois d'octobre, on ne refera pas l'été, et elles tomberont tout de même quand viendra la grande bise. Mieux vaut, en abattant les branches mortes, en taillant les branches vivaces, aider au travail mystérieux de la sève et des éléments. Vous êtes condamnées à tomber, mesdames, vous êtes les feuilles séchées de l'arbre; il faut que le vent vous emporte. Tourbillonnez dans l'espace, cela anime le paysage gris et silencieux de l'hiver, et, tant que le vent vous soutiendra, vous ferez croire que vous avez des ailes; mais, sachez-le encore, la vie est toujours dans la branche à laquelle vous ne tenez plus, et vous ne ferez mourir que ce qui ne doit pas durer. Le bourgeon poind déjà et le printemps prochain nous donnera des feuilles nouvelles. C'est à ces bourgeons pleins de promesses que pensent les quelques-uns parmi nous qui pensent à quelque chose. Ceux-là vous laissent courir à votre fin, en riant ou en gémissant, selon leur caractère particulier.

Dès qu'ils vous ont vues venir, telles que vous êtes, ils ont reconnu les symptômes précurseurs de la catastrophe, comme, au passage prématuré des cigognes, on reconnaît que l'hiver sera rude. Ils savent que toute société où vous dominez, que vous vous appeliez Laïs, Poppée ou Dubarry, est une société qui va s'écrouler et faire place à une autre. Dès que vous débordez sur les choses et sur les hommes, c'est le signe que ces choses se détraquent et que ces hommes s'avilissent. Vous êtes le dernier culte de l'homme dégénéré, la dernière formule esthétique de son idéal obscurci. Après vous, il n'y a plus que l'invasion des barbares, de l'étranger ou de la populace, c'est-à-dire un plan nouveau de préparation et de reconstitution par ceux qui ont gardé le sens de la maîtrise, par le Religieux et par le Politique.

Donc, ceux qui voient, ayant reconnu à ces signes évidents ce qui va se passer, se sont regardés d'une certaine manière, et se sont dit tout bas : « Il est temps! » Alors, ils vous ont laissées descendre gaiement le fleuve de la vie et ils sont remontés silencieusement aux sources du vrai, comme Livingstone aux sources du Nil. Vous les avez crus morts, parce qu'ils étaient loin ; ils vivent et ils savent. Puisqu'il est bien reconnu maintenant, puisque la Femme elle-même a prouvé que la Femme ne peut être que ce que l'Homme la fait, pour obtenir des femmes ils se sont mis à faire des hommes, ou plutôt ils ont continué l'Homme, l'Homme éternel, qui doit aller toujours grandissant et rayonnant, et qui ne ressemble en rien aux hommes que vous emportez avec vous. Ils se sont mis en rapport avec la Loi totale, qu'ils dégagent peu à peu de ses obscurités symboliques ; ils communient directement avec le principe qui est Amour, avec le moyen qui est Travail, avec le but qui est Savoir, avec la fin qui est Harmonie. Ils savent que l'Humanité, c'est Dieu en action, comme la matière est Dieu en fait ; que ce que nous nommons Dieu ne peut être que Raison et Justice, et que tout ce qui est en dehors de la justice et de la raison est nécessairement en dehors de Dieu, de l'Humanité et du Fait, c'est-à-dire en dehors de ce qui est et de ce qui doit être, conséquemment, fictif, menteur et mort. Quant au Livre qui contient toutes les vérités, la

Bible éternelle à laquelle Dieu lui-même a travaillé en collaboration avec tous les hommes qu'il a chargés de le représenter sur la terre, ils l'ont emporté avec eux, ils l'achèvent en ce moment, et il sera bientôt traduit dans toutes les langues; il s'appelle : la Conscience.

* *
*

Tout cela vous est fort indifférent, mesdames d'aujourd'hui? Après vous la fin du monde! Prenez garde, il n'y a pas de fin du monde, il n'y a que des fins de mondes, ce qui n'est pas la même chose, et la fin de votre monde pourrait bien arriver avant votre fin à vous; c'est alors qu'il y aurait des grincements de dents; car, si, avant peu, toutes les choses de la terre, à quelque ordre qu'elles appartiennent et quel que soit leur passé, doivent être interrogées de nouveau et déclarer leur véritable nom et leur véritable sens, vous allez aussi, mesdames, subir un dernier conseil de revision. Votre fausse puissance va tomber, votre souveraineté mythologique va s'évanouir avec la littérature maladive qui est née de vous. Des lois nouvelles vont garantir votre dignité, les mœurs vont se mettre en accord avec ces lois et ne vous serviront plus d'asile ; vos droits vous seront connus et vos devoirs vous seront imposés. Tout ce qui n'est pas valable sera détruit et tout ce qui l'est sera appelé. Que celles de vous qui sont tombées et veulent se reprendre se hâtent donc, tant que le repentir sert encore de vertu; que celles qui se sentent dériver se cramponnent de toutes leurs forces à tout ce qui peut encore les retenir. Les temps prédits sont proches. Dieu a de nouveau prévenu Noé. Il va falloir être avec les hommes dans le déluge ou avec l'Homme dans l'arche.

Décembre 1869.

PERSONNAGES

Acteurs
qui ont créé les rôles.

DE RYONS..................	MM.	PAUL DESHAYES.
DE MONTÈGRE.............		LANDROL.
DE SIMEROSE..............		P. BERTON.
DES TARGETTES...........		FRANCÈS.
DE CHANTRIN.............		DIEUDONNÉ.
LEVERDET.................		DERVAL.
JANE DE SIMEROSE.......	Mmes	MARIE DELAPORTE.
MADAME LEVERDET......		MÉLANIE.
Mlle HACKENDORF.........		CÉLINE MONTALAND.
BALBINE LEVERDET......		CÉLINE CHAUMONT.
JOSEPH...................	MM.	VICTORIN.
UN DOMESTIQUE...........		ULRIC.

Le premier et le dernier acte chez Leverdet; les deuxième, troisième et quatrième actes chez madame de Simerose. — A la campagne.

L'AMI DES FEMMES

ACTE PREMIER

Un salon à la campagne chez M. et madame Leverdet. Au lever du rideau, madame Leverdet fait de la tapisserie. M. Leverdet dort sur un canapé, tournant le dos au public.

SCÈNE PREMIÈRE

LEVERDET, MADAME LEVERDET,
UN DOMESTIQUE, puis DE RYONS.

UN DOMESTIQUE, annonçant.

M. de Ryons.

De Ryons entre. Le domestique sort.

MADAME LEVERDET

Ce n'est pas possible !

DE RYONS

C'est bien lui. Vous m'avez dit, chère madame, de venir vous voir un de ces jours, de une heure à deux. (Montrant la pendule.) Une heure juste.

MADAME LEVERDET.

Il y a deux ans que je vous ai fait cette invitation, et vous n'êtes jamais venu.

DE RYONS, lui baisant la main.

Je suis si occupé!

MADAME LEVERDET.

Vous n'avez rien à faire.

DE RYONS.

C'est ça qui me prend tout mon temps. Comment va M. Leverdet?

MADAME LEVERDET, montrant son mari endormi.

Vous voyez.

DE RYONS.

Il est souffrant?

MADAME LEVERDET.

Il dort — c'est une habitude — tous les jours une heure, après son déjeuner.

DE RYONS.

Alors, il faut parler bas.

MADAME LEVERDET.

Inutile. Rien ne réveille un savant qui dort.

DE RYONS.

Et vous lui brodez des pantoufles.

MADAME LEVERDET.

Ce n'est pas pour lui, c'est pour M. des Targettes.

DE RYONS.

Charmant homme. Je le vois souvent au cercle.

MADAME LEVERDET.

C'est le plus ancien ami de mon mari.

DE RYONS.

Et le parrain de votre fille.

ACTE PREMIER.

MADAME LEVERDET.

Justement; il y a longtemps que nous ne l'avons vu, M. des Targettes; il doit avoir sa sciatique.

DE RYONS.

Je ne sais guère comment il va. La dernière fois que je l'ai vu, il dormait.

MADAME LEVERDET.

Avant le dîner?

DE RYONS.

Oui.

MADAME LEVERDET.

C'est son heure. C'est à cette heure-là qu'il dort ici.

DE RYONS.

Il a bien fait d'en choisir une autre que M. Leverdet.

MADAME LEVERDET.

Ils dorment quelquefois ensemble.

DE RYONS.

Dans les bras l'un de l'autre?

MADAME LEVERDET.

Presque. Ils s'adorent.

M. Leverdet fait un mouvement.

DE RYONS.

Voici M. Leverdet qui se réveille.

MADAME LEVERDET.

Non; c'est la demie qui sonne. Ah! mais, j'y pense, vous arrivez on ne peut mieux; j'ai à vous parler de choses sérieuses.

DE RYONS.

Il y a donc des choses sérieuses?

Un domestique paraît.

SCÈNE II

Les Mêmes, JOSEPH.

MADAME LEVERDET, à Joseph.

C'est vous, Joseph? Est-ce que la comtesse est de retour?

JOSEPH.

Oui, madame, et je vous apporte une lettre.

MADAME LEVERDET, lisant la lettre.

Dites que oui. Certainement, je ne sors pas de la journée. Au fait, je vais lui écrire, — cela vaut mieux. — (A de Ryons.) Vous permettez? (A Joseph, en écrivant.) Vous êtes toujours content que je vous aie placé chez la comtesse?

JOSEPH.

Oui, madame, et je vous en remercie.

MADAME LEVERDET, avec curiosité.

Rien de nouveau?

JOSEPH, simplement.

Non, madame.

DE RYONS, qui, pendant ce temps, est allé jusqu'à la porte du jardin, à Balbine qu'on ne voit pas.

Bonjour, mademoiselle. Vous allez bien?

BALBINE, du dehors.

Très bien, monsieur, vous voyez. Et vous?

SCÈNE III

Les Mêmes, hors JOSEPH, puis BALBINE.

MADAME LEVERDET, après que Joseph est sorti.

C'est avec ma fille que vous causez?

DE RYONS.

Je pense. C'est avec cette demoiselle qui est en l'air.

MADAME LEVERDET, regardant.

Mais elle est folle. (Appelant.) Balbine!

BALBINE, du dehors.

Maman?

MADAME LEVERDET.

Descends de cette balançoire!

BALBINE, au dehors.

Je ne peux pas l'arrêter.

DE RYONS.

Elle a de jolies jambes, votre fille!

MADAME LEVERDET.

Voulez-vous vous taire!

DE RYONS.

Pourquoi porte-t-elle des robes courtes?

MADAME LEVERDET.

Elle en portera jusqu'à quinze ans, et elle n'en a que quatorze.

DE RYONS.

Et les robes courtes des filles font les jeunesses longues des mères.

MADAME LEVERDET, appelant de nouveau.

Balbine, voyons! (A de Ryons.) Tâchez d'être convenable, vous ne l'êtes pas toujours.

SCÈNE IV

Les Mêmes, BALBINE.

BALBINE, entrant et courant embrasser sa mère.

Ah! que j'ai chaud!

MADAME LEVERDET.

Comment peux-tu te mettre dans cet état? Où est ton mouchoir? Qu'est-ce que tu as dans ta poche?

Elle fouille dans la poche de sa fille et en tire une cravate.

BALBINE.

C'est ma cravate que j'ai ôtée.

MADAME LEVERDET.

Et puis?

BALBINE, tirant un trousseau de clefs.

Et puis les clefs de mes tiroirs.

MADAME LEVERDET, fouillant dans la poche de Balbine et en tirant un livre.

Et ça?

BALBINE.

C'est mon livre d'anglais.

MADAME LEVERDET.

Un livre dans une poche avec...?

BALBINE, même jeu.

Un morceau de pain pour les poules.

MADAME LEVERDET, même jeu.

Et une pomme verte.

BALBINE.

Pour moi, — j'adore les pommes vertes! — Du fil rouge pour marquer les serviettes, mon couteau, une boîte de plumes, un sou et la clef de la cave.

DE RYONS.

Et votre mouchoir?

BALBINE.

Tiens! je n'en ai pas.

DE RYONS.

Je m'en doutais. Dans les poches des petites filles, on trouve tout, excepté leur mouchoir.

ACTE PREMIER.

MADAME LEVERDET.

Ah! tu es bien fagotée.

BALBINE.

Je vais monter là-haut, me rarranger.

LEVERDET, sans se retourner.

On ne dit pas monter *là-haut*, mademoiselle ma fille. Madame Leverdet?

MADAME LEVERDET.

Mon ami?

LEVERDET.

Que la voiture soit prête à deux heures et demie précises. Balbine sait que sa tante n'aime pas à attendre.

BALBINE.

Oui, papa.

MADAME LEVERDET, à Balbine.

Laisse dormir ton père. Va étudier ton piano, et habille-toi.

BALBINE, s'éloignant sur la pointe des pieds.

Au revoir, monsieur.

DE RYONS.

Au revoir, mademoiselle.

Balbine sort.

SCÈNE V

Les Mêmes, hors BALBINE.

MADAME LEVERDET.

Comment la trouvez-vous, ma fille?

DE RYONS.

Charmante. Vous n'avez que cette enfant?

MADAME LEVERDET.

Oui.

DE RYONS.

Et vous êtes mariée depuis?...

MADAME LEVERDET.

Depuis vingt-deux ans.

<small>On entend la respiration de M. Leverdet rendormi.</small>

DE RYONS, regardant Leverdet.

Il y a bien de quoi dormir tant que ça!

MADAME LEVERDET.

Passons aux choses sérieuses pendant que nous sommes encore seuls.

DE RYONS.

A propos, qu'est-ce que c'est?

MADAME LEVERDET.

Voulez-vous vous marier?

DE RYONS.

Pardon, chère madame : à quelle heure le premier convoi pour Paris?

MADAME LEVERDET.

Écoutez-moi.

DE RYONS.

Comment! il y a deux ans que je ne vous ai vue, je viens vous faire une visite de bonne amitié, par une chaleur de quarante degrés, je suis sans défiance, je ne demande qu'à rire un peu avec une femme d'esprit, et voilà comme vous me recevez!

MADAME LEVERDET.

Une jeune fille ravissante.

DE RYONS.

Musicienne, parlant anglais, dessinant un peu, chantant agréablement, femme du monde et femme d'intérieur, au choix.

MADAME LEVERDET.

Jolie, élégante, riche, et qui vous trouve charmant.

DE RYONS.

Elle a raison. Je ferais un mari charmant, moi : trente-deux ans, toutes mes dents et tous mes cheveux, c'est assez rare, par la jeunesse qui court; orphelin, gai, soixante mille livres de rente en terres, je suis un excellent parti; malheureusement, je ne me marie pas

MADAME LEVERDET.

Parce que?

DE RYONS.

Parce que cela empêcherait mes études.

MADAME LEVERDET.

Quelles études?

DE RYONS.

Mes études sur les femmes.

MADAME LEVERDET.

Je ne comprends pas.

DE RYONS.

Comment! vous ne savez pas que je fais de la femme mon étude incessante, et que je compte laisser des documents nouveaux et très intéressants sur cette branche de l'histoire naturelle, assez ignorée jusqu'à présent, malgré tout ce qu'on a écrit sur ce sujet. Je ne peux donc pas sacrifier l'espèce à l'individu. J'appartiens à la science! Il m'est donc impossible de me donner tout entier, comme on doit le faire dans le mariage, à l'un de ces charmants et terribles petits carnivores pour lesquels on se déshonore, on se ruine, on se tue, et dont l'unique préoccupation, au milieu de ce carnage universel, est de s'habiller tantôt comme des parapluies, tantôt comme des sonnettes.

MADAME LEVERDET.

Alors, vous croyez connaître les femmes?

DE RYONS.

Je le crois. Tel que vous me voyez, au bout de cinq minutes d'examen ou de conversation, je puis dire à quelle classe de la société une femme appartient, bourgeoise, grande dame, artiste ou autre : quels sont ses goûts, son caractère, ses antécédents, la situation de son esprit et de son cœur, enfin tout ce qui concerne mon état.

MADAME LEVERDET.

Voulez-vous boire?

DE RYONS.

Pas encore, merci.

MADAME LEVERDET.

Alors, vous me connaissez, moi?

DE RYONS.

Ah! si je vous connais!

MADAME LEVERDET.

Et je suis?

DE RYONS.

Vous êtes une femme d'esprit. C'est pour ça que je viens vous voir.

MADAME LEVERDET.

Tous les deux ans. Enfin, le résultat de vos observations, en général? Vous pouvez me le dire, puisque je suis une femme d'esprit.

DE RYONS.

Le vrai, le vrai, le vrai résultat?

MADAME LEVERDET.

Oui.

DE RYONS.

C'est que la femme, celle d'aujourd'hui, est un être illogique, subalterne et malfaisant.

En disant cela, il se recule comme s'il craignait d'être battu.

MADAME LEVERDET.

Alors, vous détestez les femmes?

DE RYONS.

Moi, je les adore, au contraire, mais de manière qu'elles ne puissent pas me mordre, — de l'autre côté de la grille.

MADAME LEVERDET.

Ce qui veut dire ?

DE RYONS.

Que je suis l'ami des femmes ; car je me suis aperçu qu'autant elles sont redoutables dans l'amour, autant elles sont adorables dans l'amitié, avec les hommes bien entendu. Plus de devoirs, partant plus de trahisons; plus de droits, par conséquent plus de tyrannie. On assiste alors comme spectateur, et même comme collaborateur, à la comédie de l'amour. On voit de près les trucs, les machines, les changements à vue, toute cette mise en scène éblouissante à distance et si simple de près. On se rend compte des causes, des contradictions, des incohérences, du va-et-vient fantasmagorique du cœur de la femme ! Voilà qui est intéressant et instructif. On est consulté; on donne des avis ; on essuie les larmes; on raccommode les amants, on redemande les lettres, on rend les portraits, car vous savez qu'en amour les portraits ne sont faits que pour être rendus, et c'est presque toujours le même qui sert. J'en connais un que j'ai redemandé à trois hommes différents, et qui a fini par être donné au mari.

MADAME LEVERDET.

Et vous vous en tenez à la seule amitié ?

DE RYONS.

A peu près. La Rochefoucauld a dit...

Il s'arrête.

MADAME LEVERDET.

Qu'est-ce que vous avez ?

On entend un piano.

DE RYONS.

J'écoute cette musique sentimentale et je trouve qu'elle fait bien sur le sommeil académique de M. Leverdet.

MADAME LEVERDET.

C'est ma fille qui étudie.

DE RYONS.

Surveillez-la, votre fille! elle a trop de sentiment musical pour son âge.

MADAME LEVERDET

Les enfants en ont aussi?

DE RYONS.

Les femmes ne sont jamais enfants. La Rochefoucauld a dit : « Il est plus facile de rencontrer une femme qui n'a pas eu d'amant qu'une femme qui n'en a eu qu'un. »

MADAME LEVERDET.

La Rochefoucauld a dit cela?

DE RYONS.

Fiez-vous donc au grand siècle!

MADAME LEVERDET.

Alors?...

DE RYONS.

Alors, je suis surtout l'ami des femmes qui ont eu un amant; et, comme, suivant La Rochefoucauld toujours, elles ne s'en tiennent pas à cette première épreuve, un beau jour...

MADAME LEVERDET.

Vous êtes le second.

DE RYONS.

Non, je n'ai pas de numéro, moi. Une femme bien élevée ne passe pas d'une passion à une autre sans un intervalle de temps plus ou moins long. Il n'arrive jamais deux accidents de suite sur le même chemin de fer. Pendant cette embellie, la femme a besoin d'un ami; c'est alors que j'apparais. Je me fais narrer le malheur en question. Je viens voir la victime aux heures où le traitre venait; je la plains, je pleure avec elle, je la fais rire avec moi, et je le remplace peu à peu sans qu'elle s'en aperçoive. Mais je sais bien que je n''ai pas d'importance, que je suis un politique de transaction, un ministre sans portefeuille, une distraction momentanée; et, un beau jour après avoir été le confident du passé, je deviens le confident de l'avenir, car elle se met bientôt à aimer le second, celui qui ne sait rien, qui ne doit rien savoir, qui ne saura jamais rien, et à qui elle fera croire naturellement qu'il est le premier. Je m'éloigne alors pendant quelque temps, puis je reparais, tout neuf dans la maison. On me serre la main d'une certaine manière, tout est dit. Et, quand plus tard la femme fait le bilan de son passé, et que la conscience lui crie plus de noms qu'elle n'en voudrait entendre, arrivée à mon nom, elle réfléchit un instant, puis elle se dit résolument et sincèrement à elle-même : « Oh! celui-là ne compte pas! » Je suis celui qui ne compte pas, et je m'en trouve très bien.

MADAME LEVERDET.

Vous êtes tout simplement monstrueux!

DE RYONS.

Mais non, mais non, mais non.

MADAME LEVERDET.

Il n'y a pas d'honnêtes femmes, alors?

DE RYONS.

Si! plus qu'on ne le croit, mais pas tant qu'on le dit.

MADAME LEVERDET.

Vous en avez vu, enfin?

DE RYONS.

Jamais.

MADAME LEVERDET.

Comment! vous n'avez jamais vu de femme qui aime son mari, qui aime ses enfants, et dont l'honneur est intact?

DE RYONS.

Si! mais ce n'est pas de la vertu, ça ; c'est du bonheur. C'est comme si vous me disiez d'admirer la probité de monsieur un tel qui a cinq cent mille livres de rente et qui n'a jamais volé, — depuis qu'il les a.

MADAME LEVERDET.

Malheureux! Ingrat! C'est la femme qui inspire les grandes choses!

DE RYONS.

Et qui empêche de les accomplir.

MADAME LEVERDET.

Sortez d'ici, et que je ne vous y revoie plus!

DE RYONS, lui tendant la main.

Adieu, chère madame.

MADAME LEVERDET.

Je ne vous donne pas la main.

DE RYONS.

J'en mourrai de chagrin, voilà tout.

MADAME LEVERDET.

Savez-vous comment vous finirez? A cinquante ans, vous aurez des rhumatismes.

DE RYONS.

Ou une sciatique; mais je trouverai bien une amie qui me brodera des pantoufles.

MADAME LEVERDET.

Pas même! et vous épouserez votre cuisinière.

DE RYONS.

Ça dépendra de sa cuisine. Adieu, chère madame.

MADAME LEVERDET.

Non, restez.

DE RYONS.

Vous me retenez, prenez garde!

MADAME LEVERDET.

Je veux avoir votre dernier mot.

DE RYONS.

Il est bien simple. Il y a deux sortes de femmes : celles qui sont honnêtes et celles qui ne le sont pas.

MADAME LEVERDET.

Sans nuances?

DE RYONS.

Sans nuances.

MADAME LEVERDET.

Celles qui ne sont pas honnêtes?

DE RYONS.

Il faut les consoler.

MADAME LEVERDET.

Et celles qui le sont?

DE RYONS.

Il faut les garantir.

MADAME LEVERDET.

Voilà autre chose!

DE RYONS, sérieux.

Il faut toujours empêcher ou essayer d'empêcher une femme d'avoir un premier amant, parce que le premier amant d'une femme est toujours un imbécile ou un misérable.

MADAME LEVERDET.

Nous allons peut-être nous entendre; mais c'est bien difficile d'empêcher une femme d'avoir un premier amant quand elle s'est mis en tête de faire cette folie.

DE RYONS.

Parce qu'on s'y prend toujours maladroitement. On oppose à l'entraînement, à la passion, à la curiosité, des raisonnements rebattus, des phrases centenaires, des morales cacochymes. On parle à la femme de ses devoirs, de sa conscience, de l'opinion du monde. Elle se soucie bien de tout cela quand la folle est au logis! Autant jeter du bois dans le feu pour l'éteindre. Il y a d'autres moyens bien plus simples, bien plus sûrs et bien plus amusants, dont elle ne se défie pas.

MADAME LEVERDET, avec curiosité.

Qui sont?

DE RYONS.

Qui sont... mon secret. Trouvons la femme d'abord, je montrerai mes moyens ensuite. Et puis, il n'y a que moi qui sache m'en servir; j'ai pris un brevet.

MADAME LEVERDET.

Voyons, si nous jouons une charade, dites-le. Qui êtes-vous? Lovelace ou don Quichotte?

DE RYONS.

Je ne suis ni l'un ni l'autre. Je suis un homme qui, n'ayant rien à faire, s'est mis à étudier les femmes, comme un autre étudie les coléoptères ou les minéraux. Seulement, je crois mon étude plus intéressante et plus utile que celle de cet autre, puisque nous retrouvons la femme à chaque pas. C'est la mère, c'est la sœur, c'est la fille, c'est l'épouse, c'est l'amante. Or, il est important d'être renseigné sur l'éternel compagnon de sa vie. Maintenant, je suis un homme de mon siècle, ballotté d'une théorie à l'autre, ne sachant plus guère à quoi il faut croire, ni bon ni mauvais, plutôt bon, quand l'occasion se présente. Je respecte les femmes qui se respectent et je profite de celles qui se méprisent. Je ne sais pas pourquoi je ferais plus de cas de celles-ci qu'elles n'en font elles-mêmes. Ce n'est pas moi qui ai créé le monde, je le prends comme il est; mais j'aime mieux en rire que d'en pleurer, et je me tire assez gaiement de la vie qui nous est faite, entre ma jeunesse qui a ses privilèges et ma royauté qui a ses exigences. Le jour où je trouverai une jeune fille qui réunira ces quatre qualités, bonté, santé, honnêteté, gaieté, je brûle mes états de service. Comme le grand docteur Faust, je redeviens jeune et je me donne à cette femme. Je la cherche inutilement. Si la jeune fille que vous me préparez, *et que je connais aussi bien que vous*, réunit ces conditions, ce que je ne crois pas, mais ce que je verrai bien vite, je l'épouse demain, ce soir même. En attendant, comme je n'ai rien à faire, si vous avez une femme honnête à sauver ou une femme compromise à distraire, je me recommande à vous.

LEVERDET, qui s'est éveillé, frotté les yeux et levé.

Deux heures! Tout le monde est-il prêt? (Voyant de Ryons.) Ah! c'est vous, jeune homme? je suis content de vous voir. Il y a longtemps que vous êtes là?

DE RYONS.

Je suis arrivé à une heure.

LEVERDET.

Ah! mon pauvre enfant. Je vous demande pardon; mais j'ai travaillé toute la nuit.

DE RYONS.

Qu'est-ce que vous cherchez encore?

LEVERDET.

Nous cherchons le moyen de faire de l'alcool avec du charbon de terre et du sucre avec de la sciure de bois.

DE RYONS.

Et après?

LEVERDET.

Après nous chercherons autre chose, et ainsi de suite, pendant que vous développerez avec nos femmes des théories sur l'amour.

DE RYONS.

Vous nous avez donc entendus?

LEVERDET.

Parfaitement.

DE RYONS.

Vous ne dormiez pas?

LEVERDET.

Si, mais sommeil d'Institut; ça dispense de parler, ça n'empêche pas d'entendre.

DE RYONS.

Eh bien, vous, mon cher maître, vous qui savez tout, qu'est-ce que vous pensez des femmes?

LEVERDET.

Demandez-leur ce qu'elles pensent de moi, ce sera bien plus drôle.

DE RYONS.

Madame Leverdet veut me marier.

LEVERDET.

Elle a raison.

DE RYONS.

Vous connaissez la jeune fille?

LEVERDET.

Non. Mais, celle-là, ou une autre, peu importe. Il faut être marié comme il faut être vacciné; ça garantit. Et, de toutes les folies que l'homme est appelé à faire, le mariage est du moins la seule qu'il ne peut recommencer tous les jours.

DE RYONS.

Et si l'on ne peut pas vivre avec sa femme?

LEVERDET.

On peut toujours vivre avec sa femme, quand on a autre chose à faire.

DE RYONS.

Et si elle se sauve avec un monsieur?

LEVERDET.

Oh! le pauvre monsieur!

ACTE PREMIER.

DE RYONS.

Tout cela est charmant; mais le mariage n'en est pas moins la plus lourde chaîne qu'on puisse attacher à la vie de l'homme.

MADAME LEVERDET, qui pendant cette scène a donné des ordres et rangé le canapé sur lequel dormait son mari.

Aussi se met-on deux pour la porter.

LEVERDET, prenant une prise de tabac.

Quelquefois trois.

SCÈNE VI

LES MÊMES, BALBINE.

BALBINE.

Me voilà prête. — Ah! papa, tu sais bien, Catherine, ma poupée, celle que tu m'as donnée, il y a trois ans, le jour que tu as lu ton long discours à l'Académie, que tu m'as dit?

LEVERDET.

Quel français, mon Dieu! Eh bien, Catherine?...

BALBINE.

Veux-tu que je la donne à ma maîtresse de piano, dont c'est aujourd'hui la fête de sa fille? Je ne jouerai plus à la poupée, moi.

LEVERDET.

Donne-la à qui tu voudras.

BALBINE.

Merci, mon ange.

LEVERDET, à de Ryons.

Et puis il y a les enfants, et, les enfants, ça console de tout.

DE RYONS.

Excepté d'en avoir.

MADAME LEVERDET, à Leverdet.

Noubliez pas de passer chez M. des Targettes.

LEVERDET.

Ah! oui, ce pauvre garçon! Il n'a pas voulu se marier non plus, celui-là. Et il se repent, allez! Madame Leverdet voudrait le marier aussi; mais trop tard, trop tard... Heureusement, il nous a.

BALBINE, qui a regardé par la porte du jardin.

Maman, maman, la voiture de madame de Simerose! — Papa, garde Catherine.

Elle donne sa poupée à son père et elle sort.

LEVERDET.

Vous verrez que nous ne sortirons pas. (Regardant la poupée, à de Ryons.) Voilà un joujou qui est bien fait, mais on pouvait faire mieux; ainsi...

Il lui explique à voix basse les modifications à faire.

SCÈNE VII

LES MÊMES, JANE DE SIMEROSE.

MADAME LEVERDET, à Jane, qui entre accompagnée de Balbine, qu'elle embrasse.

Faut-il faire la haie?

JANE.

Il faut m'embrasser d'abord.

Elle embrasse madame Leverdet.

LEVERDET.

Et moi?

JANE.

Les deux mains pour vous.

ACTE PREMIER.

MADAME LEVERDET, présentant de Ryons.

M. de Ryons. (Jane salue.) Et quand êtes-vous arrivée?

JANE.

Ce matin, et ma première visite est pour vous. (A Leverdet.) Vous alliez sortir : ne vous gênez pas. Deux femmes qui ne se sont pas vues depuis six mois sont sûres de ne pas s'ennuyer ensemble. (Regardant Balbine.) Ah! comme elle est belle, cette chère enfant! (Elle embrasse Balbine.) La voilà aussi grande que moi.

Balbine l'aide à ôter son châle et son chapeau dans un coin du théâtre.

MADAME LEVERDET, à de Ryons qui regarde Jane avec attention.

Connaissez-vous cette dame?

DE RYONS.

Je ne l'ai jamais vue.

MADAME LEVERDET.

Avez-vous entendu parler d'elle?

DE RYONS.

Jamais.

MADAME LEVERDET.

Votre parole d'honneur?

DE RYONS.

Ma parole d'honneur.

MADAME LEVERDET.

Eh bien, renseignez-moi un peu sur son compte, que je voie si vous vous connaissez en femmes, comme vous le dites.

Pendant ce temps, Balbine est allée porter le châle et le chapeau de Jane dans la chambre voisine, et Jane cause avec M. Leverdet devant la glace en arrangeant ses cheveux; puis elle cause tout bas avec Balbine en regardant de Ryons.

DE RYONS.

Rien de plus facile; c'est évidemment une femme du monde, une vraie, une grande dame, enfin.

MADAME LEVERDET.

A quoi le voyez-vous?

DE RYONS.

A sa manière d'entrer dans un salon, de s'habiller, de parler, de tendre la main, c'est l'A B C de l'art.

MADAME LEVERDET.

Oui, c'est une femme du monde, très bien née.

DE RYONS.

Elle a été élevée à Paris; mais elle est de race étrangère.

MADAME LEVERDET.

Qu'est-ce qui vous l'indique?

DE RYONS.

La façon dont elle vous a sauté au cou. Une Française pure n'a pas de ces élans qui peuvent chiffonner un chapeau venant de chez madame Ode, car son chapeau vient de chez madame Ode.

MADAME LEVERDET.

Vous vous connaissez donc aussi en chapeaux?

DE RYONS.

Le chapeau, les bottines et les gants, toute la femme est là.

MADAME LEVERDET.

Son père était Français, mais sa mère était Grecque.

DE RYONS.

Maintenant, elle est veuve ou séparée de son mari.

MADAME LEVERDET.

Qui vous le fait croire?

DE RYONS.

Personne ne lui a demandé des nouvelles de M. de Simerose; il faut qu'elle soit veuve ou séparée de lui.

MADAME LEVERDET.

En effet; elle est séparée du comte.

ACTE PREMIER.

DE RYONS.

Et c'est lui qui a eu les torts.

MADAME LEVERDET.

Qu'en savez-vous?

DE RYONS.

Je vous connais. Vous ne la recevriez pas si c'était elle.

MADAME LEVERDET.

Allons, pas mal! A présent, l'état de son cœur? Est-ce une femme à sauver ou à distraire?

DE RYONS.

Il faut pour cela qu'elle me parle. C'est dans la voix que ces choses-là se révèlent.

MADAME LEVERDET.

Elle s'approche justement de nous.

DE RYONS.

Eh bien, je commence! Faites bien attention; ne perdez pas un mot. Vous allez voir comment on devient l'ami des femmes qu'on ne connait pas. C'est très curieux.

JANE, à de Ryons.

Mademoiselle Leverdet vient de me répéter votre nom, monsieur, que je n'avais pas très bien entendu. Nous sommes presque de vieilles connaissances, si, comme je le crois, vous êtes parent du vicomte de Ryons qui a été consul en Grèce.

DE RYONS.

C'était mon oncle, madame

JANE.

Eh bien, monsieur, votre oncle a été un des témoins de mon père quand il s'est marié.

DE RYONS.

Je suis très heureux et très honoré de ce précédent, madame, et... (A madame Leverdet, bas.) Faites attention! (Haut.) Et il me semble maintenant que, moi aussi, j'ai déjà eu l'honneur de me rencontrer avec vous.

JANE.

Je ne le crois pas, monsieur; car, si nous nous étions déjà rencontrés, je vous aurais dit ce que je viens de vous dire.

DE RYONS.

Mais peut-être alors, madame, ne connaissiez-vous pas mon nom. (Bas, à madame Leverdet.) Suivez bien.

JANE.

Me voilà tout excusée, en ce cas, de mon manque de mémoire.

MADAME LEVERDET.

Il ne faut vous étonner de rien avec M. de Ryons, chère amie; il voit ce que les autres ne voient pas : il est le diable.

JANE.

Je lui en fais mon compliment.

MADAME LEVERDET.

Et il dit la bonne aventure.

JANE.

Qui peut le plus peut le moins. Pour moi, j'adore les sorcelleries.

DE RYONS.

Eh bien madame, je vous dirais peut-être des choses extraordinaires, si vous vouliez.

JANE.

Je ne demande pas mieux.

DE RYONS, faisant un signe invisible à madame Leverdet.

Savez-vous l'anglais, madame?

JANE.

Oui.

DE RYONS.

Veuillez donc me répéter en anglais les mots que je

ACTE PREMIER.

vais vous dire : « Monsieur, à quelle heure arriverons-nous à Strasbourg? » Ne craignez rien, je ne suis pas fou.

MADAME LEVERDET.

Je n'en jurerais pas.

DE RYONS.

Bien distinctement, n'est-ce pas, madame.

JANE.

At what o'clock shall we arrive at Strasburg, Sir? — Est-ce cela?

DE RYONS.

Oui, madame, je vous remercie.

JANE.

Puis-je faire encore quelque chose pour votre service, monsieur?

DE RYONS.

Non, madame, merci; je sais ce que je voulais savoir.

JANE.

Et vous me ferez sans doute l'honneur de me le dire?

DE RYONS.

Certainement.

JANE.

Et je vous en serai très reconnaissante, car je ne suis pas tout à fait de votre pays, et, si je comprends tous les mots de votre langue, je n'en comprends pas aussi bien toutes les finesses. Je le regrette, sachant que la plaisanterie française, bien qu'elle ne soit pas toujours convenable, est presque toujours spirituelle.

Elle salue et s'éloigne.

MADAME LEVERDET.

Eh bien, mais, dites donc, il me semble que votre amitié commence mal.

DE RYONS.

Vous verrez dans deux jours.

MADAME LEVERDET.

Qu'est-ce que c'est que cette histoire d'anglais et de Strasbourg?

DE RYONS.

C'est un de mes moyens.

MADAME LEVERDET.

Vous savez que je n'y comprends rien du tout.

DE RYONS.

Je l'espère bien.

MADAME LEVERDET.

Et l'état de son cœur?

DE RYONS.

Elle a aimé.

MADAME LEVERDET.

Qui? son mari ou un autre?

DE RYONS, riant.

Il faut que je la voie à table, pour cela.

MADAME LEVERDET.

Alors, il faut vous inviter à dîner. Eh bien, allez-vous-en avec M. Leverdet, et revenez dîner avec lui.

LEVERDET, à de Ryons.

Je vous attends.

DE RYONS.

Me voici.

LEVERDET, à de Ryons, en montrant madame de Simerose.

La plus charmante femme de la terre!

DE RYONS.

Alors, il faudra la sauver, celle-là.

MADAME LEVERDET.

S'il est encore temps. — Viens, Balbine.

BALBINE, bas, à sa mère.

Ah! maman, j'oubliais de te dire, l'épileuse est là.

MADAME LEVERDET, lui faisant signe de se taire.

C'est bien! c'est bien!

Tout le monde sort, excepté Jane et madame Leverdet.

SCÈNE VIII

JANE, MADAME LEVERDET.

JANE.

Qu'est-ce que c'est que ce M. de Ryons? Je ne l'ai jamais vu chez vous.

MADAME LEVERDET.

C'est un homme du monde qui a la manie de croire qu'il connaît les femmes et qui ne manque pas d'esprit. Vous ne l'aviez jamais rencontré?

JANE.

Jamais, et je ne le regrette pas; il ne me plaît guère.

MADAME LEVERDET.

Pourquoi ce brusque retour dont je me réjouis, mais dont vous ne disiez rien dans votre dernière lettre?

JANE.

Je m'ennuyais.

MADAME LEVERDET.

Et pourquoi étiez-vous partie si vite, sans dire gare, du jour au lendemain? Vous ne faites rien comme les autres.

JANE.

C'est le sang d'Épaminondas qui tourmente mes veines; mais, en réalité, ma mère avait la nostalgie du soleil; alors nous sommes partis pour l'Italie.

MADAME LEVERDET.

J'aime mieux cela que ce que j'imaginais.

JANE.

Qu'imaginiez-vous donc?

MADAME LEVERDET.

Quelque chagrin.

JANE.

Non, grâce à Dieu.

MADAME LEVERDET.

Votre mère est revenue avec vous?

JANE.

Non. Elle ne revient que dans deux ou trois jours. C'est mon oncle qui m'a accompagnée. Mais il est allé voir son fils à Fontainebleau jusqu'à demain.

MADAME LEVERDET.

Alors, vous êtes toute seule ici?

JANE.

Toute seule.

MADAME LEVERDET, étonnée.

Ah! (Changeant de ton et devenant maternelle.) Voyons, quand allons-nous prendre la grande résolution?

JANE.

Laquelle.

MADAME LEVERDET.

Celle de vous réconcilier avec M. de Simerose.

JANE.

A quel propos? M. de Simerose ne pense plus à moi. et, heureusement, je ne pense plus à lui.

MADAME LEVERDET.

Vous vous trompez. Il pense à vous.

JANE.

Qui vous a dit cela?

MADAME LEVERDET.

Lui-même.

ACTE PREMIER.

JANE.

Vous l'avez vu?

MADAME LEVERDET.

Il y a huit jours.

JANE.

Où?

MADAME LEVERDET.

Chez la marquise de Courleval.

JANE.

Et vous vous l'êtes fait présenter?

MADAME LEVERDET.

J'étais curieuse de le connaître.

JANE.

Et il vous a parlé de moi?

MADAME LEVERDET.

Beaucoup, et dans les termes les plus affectueux.

JANE.

Je le croyais en voyage.

MADAME LEVERDET.

Il est revenu.

JANE.

C'est contre nos conventions, puisqu'il s'était engagé à ne pas vivre dans la même ville que moi.

MADAME LEVERDET.

Vous étiez absente, et, d'ailleurs, il va repartir.

JANE.

Pourquoi ne m'avez-vous rien écrit à ce sujet?

MADAME LEVERDET.

Ce sont choses qu'on n'écrit pas; à distance, la réponse est trop facile.

JANE.

Alors, vous comptez m'attaquer énergiquement?

MADAME LEVERDET.

Oui ; M. de Simerose se repent.

JANE.

Serait-il ruiné?

MADAME LEVERDET.

Voilà un vilain mot, indigne de vous. Je vous assure...

JANE, l'interrompant.

Inutile, chère madame, j'ai été blessée trop profondément. Je comprends qu'à un homme habitué comme lui aux faveurs des plus grandes dames, une petite niaise comme moi ait paru insuffisante et ennuyeuse; j'excuserais peut-être qu'il m'eût négligée pour une personne d'un mérite supérieur au mien, ce qui n'eût certainement pas été difficile à trouver; mais pour... la personne dont il s'agit... franchement, je valais mieux que cela, et c'est plus que de la colère, c'est du dégoût que cette action m'inspire.

MADAME LEVERDET.

Aussi tout le monde a-t-il pris fait et cause pour vous ; les femmes par esprit de corps, les hommes par calcul. Ils espèrent toujours gagner quelque chose à ces catastrophes ; mais, au bout d'un certain temps, les femmes se lassent d'admirer une de leurs semblables, les hommes de plaindre une jeune et jolie femme sans bénéfice pour eux. Il ne reste plus alors qu'une femme séparée de son mari, ce qui est toujours un fait anormal, regrettable dans notre société, et peu à peu la réaction se fait. La faute du mari, avec le temps, devient une peccadille qui ne méritait pas tant de bruit, et la rigueur prolongée de la femme, surtout lorsque le mari tente un rapprochement, ne s'explique pas bien. On lui cherche une raison à côté des raisons données, et... si l'on n'en trouve pas... on en suppose. Croyez-moi, pardonnez, il est temps, car de deux choses l'une : ou vous n'avez jamais aimé que M. de Simerose, et, dans ce cas, il est bien facile de l'aimer encore, en sautant bravement par dessus votre orgueil; ou vous ne l'aimez décidément plus : dans ce cas, si le mari vous est indifférent, profitez au moins du mariage.

JANE.

Que voulez-vous dire?

MADAME LEVERDET.

Du jour où M. Simerose sera rentré dans votre maison, personne ne regardera plus ce qui s'y passe par le trou de la serrure. C'est au mari que le monde confie la garde de sa femme, et, tant que le mari ne dit rien, le monde n'a rien à dire. Les liens de l'épouse c'est la liberté de la femme.

JANE.

Je ne sais à quoi vous voulez faire allusion, chère madame ; en tous cas, permettez-moi de ne pas être de votre avis. D'abord, on peut ouvrir chez moi les portes et les fenêtres, je ne crains pas les courants d'air. Ensuite, tout en comprenant qu'une femme ne publie pas sa faute au grand jour quand elle en commet une, j'aimerais cependant mieux savoir la mienne connue de la terre entière, si j'étais coupable, que de l'escamoter sous des hypocrisies conjugales. Cette manière de voir n'est peut-être pas selon les habitudes françaises, mais, vous le savez, je suis un peu sauvage.

MADAME LEVERDET.

N'en parlons plus; mais l'occasion était tentante, vous en conviendrez.

JANE.

Comment cela?

MADAME LEVERDET.

Vous venez dîner avec nous?

JANE.

A moins que vous n'ayez beaucoup de monde.

MADAME LEVERDET.

J'ai M. de Chantrin.

JANE.

Il a toujours sa belle barbe?

MADAME LEVERDET.

Toujours! M. de Montègre... (Avec intention.) M. de Montègre. Vous ne le connaissez pas?

JANE, d'un air distrait.

Je l'ai vu deux ou trois fois chez sa sœur.

MADAME LEVERDET.

Peut-être mademoiselle Hackendorf viendra-t-elle. Elle traverse Paris, plus belle que jamais... M. des Targettes, que mon mari est allé chercher...

JANE.

J'ai oublié de vous demander de ses nouvelles, à M. des Targettes.

MADAME LEVERDET, d'un air distrait.

Je crois qu'il a été un peu souffrant. Enfin...

JANE.

Enfin?

MADAME LEVERDET.

Devinez. (Un temps.) M. de Simerose!

JANE.

Mon mari? Mon mari dîne chez vous? Vous avez donc décidément passé dans le camp ennemi?

MADAME LEVERDET.

Non; mais, entrevoyant une réconciliation possible, j'aurais été heureuse d'en être l'instrument. J'avais invité M. de Simerose à dîner sans prévoir votre retour. Vous revenez justement le jour où il dîne chez moi. Au

ACTE PREMIER.

lieu d'accuser le hasard, utilisons-le et appelons-le la Providence. Restez ici. Laissez entrer M. de Simerose, donnez-lui la main comme si vous vous étiez quittés hier, dînez avec lui, et allez-vous-en tous les deux bras dessus, bras dessous. C'est ce que vous pouvez faire de plus spirituel.

JANE.

Oui, ce sera spirituel aujourd'hui; mais demain?

MADAME LEVERDET, la regardant.

Non?

JANE, résolument.

Non.

MADAME LEVERDET, à part.

Décidément, elle aime l'autre. (Haut, d'un ton aimable.) Vous m'en voulez?

JANE.

Je ne vous en veux pas, bien que vous me fassiez comprendre ainsi que je n'ai plus qu'à me retirer et à ne plus revenir chez vous, puisque la même maison ne peut recevoir mon mari et moi.

MADAME LEVERDET

Êtes-vous folle? Je vous assure...

JANE.

Que?

MADAME LEVERDET.

Que je n'hésite pas entre vous deux.

JANE.

Comment faut-il l'entendre?

MADAME LEVERDET.

Cela n'est-il pas clair? Vous êtes ici chez vous.

Elle lui prend les mains.

JANE.

Je vous croirai donc, mais à une condition : c'est que vous ne dînerez pas chez vous aujourd'hui.

MADAME LEVERDET.

Comment voulez-vous que je fasse? Et mes invités?

JANE.

Vous les amènerez dîner chez moi.

MADAME LEVERDET.

Tous?

JANE.

Excepté un, mon mari, bien entendu.

MADAME LEVERDET.

Mais...

JANE.

C'est mon ultimatum.

MADAME LEVERDET.

On fera ce que vous voudrez.

JANE.

Alors, je rentre pour donner les ordres. Voulez-vous me faire rendre mon châle et mon chapeau?

Madame Leverdet sonne.

MADAME LEVERDET, à part.

Elle est plus forte que je ne croyais.

SCÈNE IX

Les Mêmes, DES TARGETTES.

DES TARGETTES, à Jane qui ne le voit pas.

Bonjour, comtesse. Enfin, vous êtes de retour!

JANE.

Vous m'avez fait peur.

DES TARGETTES.

Comment allez-vous?

JANE.

Bien; et vous?

DES TARGETTES.

J'ai été un peu souffrant, mais je vais mieux.

JANE, qui s'est habillée pendant ce temps.

Alors, je pars tranquille. Je compte sur vous ce soir. Madame Leverdet vous expliquera cela. (A madame Leverdet, qui veut l'accompagner.) Ne vous dérangez pas. Mon domestique m'attend.

Elle sort.

SCÈNE X

DES TARGETTES, MADAME LEVERDET.

DES TARGETTES, que madame Leverdet a l'air de ne pas voir.

C'est ainsi que vous recevez les gens?

MADAME LEVERDET.

Vous entrez chez moi, vous ne m'adressez même pas la parole. Vous me devriez bien quelques égards surtout devant une étrangère.

DES TARGETTES.

A ce compte-là, vous me devez bien quelques égards aussi, et, lorsque je suis malade, de ne pas rester huit jours sans envoyer savoir de mes nouvelles.

MADAME LEVERDET.

J'ignorais que vous fussiez malade. Qu'est-ce que vous avez eu?

DES TARGETTES.

J'ai eu ma sciatique.

MADAME LEVERDET.

Avez-vous fait chercher le médecin?

DES TARGETTES.

Évidemment. C'est toujours par cette bêtise-là qu'on commence.

MADAME LEVERDET.

Qu'est-ce qu'il a dit ?

DES TARGETTES.

Il m'a purgé ! Mais tout cela me fatigue énormément. Enfin, je voudrais savoir pourquoi je n'ai pas entendu parler de vous.

MADAME LEVERDET.

Toute la semaine a été prise par des détails de ménage, des lessives, des confitures.

DES TARGETTES.

A la bonne heure, voilà de jolies raisons ! Vous comprenez que cet état de choses ne peut durer.

MADAME LEVERDET.

Faites tout ce que vous croirez devoir faire.

DES TARGETTES.

Je profiterai de la permission.

MADAME LEVERDET.

Vous en avez déjà profité, je crois.

DES TARGETTES.

Peut-être.

MADAME LEVERDET.

Vous venez dîner avec nous ?

DES TARGETTES.

Évidemment.

MADAME LEVERDET.

Nous dînons chez la comtesse, mais vous êtes invité.

DES TARGETTES.

Est-ce que vous avez enfin renvoyé votre cuisinière ?

MADAME LEVERDET.

Non.

DES TARGETTES.

Je vous en avais priée, cependant.

MADAME LEVERDET.

M. Leverdet est habitué à elle.

DES TARGETTES.

M. Leverdet va-t-il rentrer?

MADAME LEVERDET.

Oui.

DES TARGETTES.

Je vais l'attendre. J'ai besoin de lui parler.

MADAME LEVERDET.

A propos de la cuisinière?

DES TARGETTES.

Tout simplement. Je veux voir si c'est un parti pris dans la maison de ne rien faire pour moi. A quelle heure rentrera-t-il?

MADAME LEVERDET.

A cinq heures. Vous permettez que j'aille m'habiller?

DES TARGETTES.

Faites.

MADAME LEVERDET, sortant, avec un soupir.

Ah! que c'est ennuyeux!

DES TARGETTES, seul.

Ah! que c'est assommant! (Il prend un journal et s'étend à la place qu'occupait M. Leverdet. Il regarde l'heure.) Quatre heures; j'ai le temps de faire un petit somme.

ACTE DEUXIÈME

Chez madame de Simerose. Boudoir, serre.

SCÈNE PREMIÈRE

DE RYONS, DES TARGETTES, DE MONTÈGRE.

DE RYONS.

Je ne sais pas comment on dîne chez madame Leverdet, mais j'ai admirablement dîné ici.

DES TARGETTES.

On mange très mal maintenant chez les Leverdet; c'était cependant une des bonnes maisons de Paris; n'est-ce pas, Montègre?

DE MONTÈGRE, distrait.

Oui, je crois.

DE RYONS, à de Montègre.

Voulez-vous un cigare, monsieur de Montègre?

DE MONTÈGRE.

Merci, monsieur.

DE RYONS, l'observant.

Vous ne fumez jamais?

DE MONTÈGRE.

Si, quelquefois, mais pas aujourd'hui.

DES TARGETTES.

Moi, je fume toujours.

DE RYONS.

Oh! mais vous, vous n'avez jamais été si jeune. Je vous regardais, en dînant, vous faisiez votre cour à la comtesse.

En disant cela, il regarde Montègre.

DES TARGETTES.

Si elle voulait! je la trouve charmante! Et vous, Montègre?

DE MONTÈGRE.

Moi aussi; mais je crois que madame de Simerose est et restera une honnête femme. C'est ce qu'on peut lui souhaiter de mieux, surtout chez elle.

DES TARGETTES.

On plaisante, puritain, on plaisante. D'ailleurs, ce n'est pas mon type.

DE RYONS.

Nous y voilà. Laissez trois hommes ensemble après le dîner, vous pouvez être sûr que la conversation tombera sur les femmes, et que ce sera le plus vieux qui commencera. Eh bien, voyons, comment aimez-vous les femmes?

DES TARGETTES.

Je les aime brunes, pas trop grandes, un peu grasses, avec le nez retroussé.

DE RYONS.

Les boulottes!

DES TARGETTES.

Voilà!

DE RYONS.

Avec quoi on faisait les grisettes.

DES TARGETTES.

Justement! Ah! les grisettes! la race en a disparu, c'est malheureux! elles étaient charmantes. En 1832-33, y en avait-il, mon Dieu! vous êtes trop jeunes tous les deux, vous n'avez pas connu ça.

DE RYONS.

Trop jeunes! Mais songez donc que mon premier amour a été Ellénore, en 42. Je filais du collège pour aller la voir et je vendais mes dictionnaires à la mère Mansut, rue Saint-Jacques, pour lui acheter des bouquets de violettes; je lui faisais des vers par dessus le marché. Elle m'a pris ma montre.

DES TARGETTES.

42! oui, on prenait déjà les montres. Cette bonne Ellénore!

DE RYONS.

Vous aussi?

DES TARGETTES.

Moi aussi.

DE RYONS, lui serrant la main.

Comme on se retrouve.

DES TARGETTES.

Qu'est-ce qu'elle est devenue?

DE RYONS.

Il y a deux ans, elle est venue me voir un beau matin.

DES TARGETTES.

Vous appelez ça un beau matin! Elle vous rapportait votre montre?

DE RYONS.

Elle venait me demander quelques louis. Est-ce assez triste, quand, à trente ans, on voit déjà revenir du fond de son passé une créature qu'on a connue belle, élégante rieuse, maintenant ridée, blanchie, vêtue Dieu sait comme, vous parlant de mont-de-piété, de misère et de maladie, et vous demandant avec un vieux sourire confidentiel de quoi dîner pendant deux ou trois jours, elle, et quelquefois un autre avec elle. Ah! mauvaise jeunesse! Et vous, quelles ont été vos premières amours?

ACTE DEUXIÈME

DES TARGETTES.

Celles de Louis XIV : une gouvernante... Et vous, Montègre, avez-vous eu plus de chance que nous?

DE MONTÈGRE.

Moi, messieurs?

DE RYONS.

J'ai idée que oui.

DE MONTÈGRE.

D'où vous vient cette idée, très flatteuse pour moi, monsieur?

DE RYONS.

De ce que vous n'avez pas été élevé comme nous, c'est visible. Je parierais que vous n'avez pas aimé avant l'âge de vingt ou vingt et un ans?

DE MONTÈGRE.

Vingt-deux.

DE RYONS.

C'est admirable! Vous êtes né dans un pays de montagnes?

DE MONTÈGRE.

Dans le Jura.

DES TARGETTES.

« ... Mais un peu tard qu'on ne l'y prendrait plus! »

DE RYONS.

C'est charmant!

DES TARGETTES.

Il faut bien rire un peu. (Un domestique apporte le café.) Enfin, voilà le café.

DE RYONS, à Montègre.

Vous êtes chasseur?

DE MONTÈGRE.

Infatigable.

DE RYONS.

N'avez-vous pas des névralgies?

DE MONTÈGRE.

Atroces.

DE RYONS.

Eh bien, ce doit être joli quand vous êtes amoureux!

DE MONTÈGRE.

Parce que?

DE RYONS.

Parce que vous étiez né pour être cuirassier.

DE MONTÈGRE.

Ce qui veut dire?

DE RYONS.

La nature, grande faiseuse d'embarras, est beaucoup moins prodigue qu'elle ne veut le paraître. Elle a donc deux ou trois moules où elle jette les hommes, peut-être au hasard, et, à quelques nuances près, tous les hommes sortis du même moule se ressemblent.

DE MONTÈGRE.

Alors, moi, monsieur?...

DE RYONS.

Les cheveux abondants, le teint ambré, la voix sonore et métallique, frappant les mots comme des médailles, les yeux bien enchassés dans l'orbite et tenant bien au cerveau, des muscles d'acier, un corps de fer, toujours au service de l'âme, voilà pour le physique; enthousiasmes rapides, découragements immenses, contenus dans une minute, ténacité, colère, jalousie, voilà pour l'âme.

DE MONTÈGRE.

Et c'est pour cela que j'aurais dû être cuirassier?

DE RYONS.

Oui! les hommes de votre constitution ont besoin de se dépenser dans une carrière de luttes. C'est parmi eux que Dieu choisit les grands capitaines, les grands orateurs, les grands artistes. Quand ils restent dans la vie commune, il leur faut reporter leur trop-plein d'activité sur quelque chose, sous peine d'éclater. C'est l'amour alors qui se charge de la besogne, et, comme ces hommes n'ont pas été César, Michel-Ange ou Mirabeau, ils sont Othello, Werther ou Des Grieux. Sincèrement, quand vous avez été amoureux et que tout n'allait pas à votre gré, n'avez-vous jamais pensé aux moyens tragiques, le suicide ou le meurtre ?

DE MONTÈGRE.

Quelquefois.

DE RYONS.

C'était le cuirassier qui portait la main à son sabre. Eh bien, croyez-moi, le jour où vous aurez un grand chagrin, ne touchez pas une carte pour vous distraire, ne buvez pas un verre d'eau-de-vie pour vous étourdir ! Vous deviendriez ivrogne ou joueur. Les hommes comme vous n'ont pas de mesure dans la passion. En attendant, vous n'êtes pas à plaindre, vous serez amoureux jusqu'à quatre-vingts ans, et toujours de la même manière.

DES TARGETTES.

Et toujours de la même femme?

DE RYONS.

Non ; mais, chaque fois que M. de Montègre sera amoureux d'une femme nouvelle, il croira aimer pour la première fois et en avoir pour toute sa vie. Il aimera toujours les femmes et ne les connaîtra jamais.

DE MONTÈGRE.

Vous êtes un physiologiste, monsieur.

DES TARGETTES.

Vous vous connaissez donc aussi en hommes, vous?

DE RYONS.

C'est si facile !

DES TARGETTES.

Qu'est-ce qu'il faut faire pour cela?

DE RYONS.

Il faut fréquenter beaucoup les femmes. Aussi M. de Montègre ne doit-il ni admirer ma science, ni se blesser de ma familiarité. D'abord, nous avons été au collège ensemble, dans la même classe. Vous étiez externe et je vous vois encore arrivant un des premiers, accompagné de votre précepteur, l'abbé Revel.

DE MONTÈGRE.

Je vous demande pardon, monsieur, de ne vous avoir pas reconnu.

DE RYONS.

S'il fallait reconnaître tous ses anciens camarades, on n'en finirait pas, et c'est rarement parmi eux qu'on choisit ses amis. Et puis j'ai beaucoup entendu parler de vous.

DE MONTÈGRE.

Par qui?

DE RYONS.

Par une femme que vous avez aimée.

DES TARGETTES.

Nommez-la, mon cher. Montègre est tellement sournois, que nous n'avons jamais connu aucun de ses amours.

DE MONTÈGRE.

J'espère que M. de Ryons...

DE RYONS.

Je ne nommerai personne, quoiqu'à la rigueur cela ne compromettrait pas beaucoup cette dame, dont le petit nom était Fanny.

DE MONTÈGRE.

Ah! vous l'avez connue?

DE RYONS.

Beaucoup, j'étais son ami.

DE MONTÈGRE.

A quelle époque?

DE RYONS.

Avant, pendant et après vous. (Lui tendant la main.) Comme on se retrouve!

ACTE DEUXIÈME.

DE MONTÈGRE.

Quelle coquine !

DE RYONS.

Que vous voilà bien dans votre caractère ! Vous lui en voulez de ce que vous vous êtes trompé sur elle. Toutes les femmes seraient des coquines, à ce compte-là. Dès que nous aimons une femme, nous voulons qu'elle n'ait jamais regardé personne avant de nous connaître. C'était à elle de prévoir l'honneur que nous lui ferions un jour. Nous ne nous disons pas que, si elle était aussi honnête que nous la voulons, elle nous aurait envoyés promener dès les premiers mots de notre cour. Alors, ce sont du matin au soir les questions les plus saugrenues, à propos d'un passant qu'elle a salué, d'une lettre qu'elle a reçue, d'un bijou qu'elle porte, d'un pays qu'elle se rappelle, questions auxquelles l'infortunée répond de son mieux. Enfin, comme elle ne peut pas être partout, nous finissons par apprendre quelque chose. Nous cassons notre joujou et nous voyons ce qu'il y a dedans. Belle découverte ! Et nous disons « C'était une coquine. » Mais non ! c'était tout simplement une femme, et qui nous aimait peut-être. Seulement, nous lui demandions la seule chose qu'elle ne pût pas nous dire : la vérité.

DE MONTÈGRE.

Soit, mais on n'en est pas moins malheureux !

DE RYONS.

Et c'est justice. Pourquoi demander de la vertu à des femmes qui ne cherchent que le plaisir ou l'amour tout au plus. Aussi, le jour où elles ont assez de nous, comme elles ouvrent tranquillement le tiroir où le remords, l'opinion du monde, la morale, l'avenir des enfants, tous les grands mots enfin, attendent, pliés avec du poivre et du camphre, comme des vêtements d'hiver, la saison où il sera bon de les remettre !

6.

DES TARGETTES.

Ah! que c'est vrai, mon cher.

DE RYONS

Il en sait quelque chose! (A de Montègre.) M'a-t-elle assez parlé de vous!

DE MONTÈGRE.

Où donc? Vous ne veniez pas chez elle?

DE RYONS.

Vous n'y laissiez venir personne; mais elle venait chez moi.

DE MONTÈGRE.

Où demeuriez-vous?

DE RYONS.

Rue de la Paix.

DE MONTÈGRE.

Numéro 9, peut-être?

DE RYONS.

Justement.

DE MONTÈGRE.

Je l'y ai conduite bien des fois...

DE RYONS.

Je vous en remercie.

DE MONTÈGRE.

Elle allait, disait-elle, chez sa couturière.

DE RYONS.

De vingt-cinq à quarante ans, un ami des femmes doit toujours demeurer dans la maison d'une couturière ou d'un dentiste.

DES TARGETTES.

Oh! quel café, messieurs!

DE MONTÈGRE.

Ah! elle m'a fait souffrir. Et que de choses j'ai trouvées dans son passé quand j'y suis descendu!

DE RYONS.

Le passé des femmes, cher monsieur, c'est comme les mines de houille, il ne faut pas y descendre avec une lumière, ou gare l'éboulement! Sans rancune.

DE MONTÈGRE, lui donnant la main.

Je suis guéri.

DE RYONS.

De celle-là, soit, mais il y a des rechutes!

SCÈNE II

Les Mêmes, JANE,
MADEMOISELLE HACKENDORF, BALBINE,
DE CHANTRIN, LEVERDET.

JANE.

Nous permettez-vous d'entrer, messieurs, puisque, à ce qu'il paraît, c'est à nous de venir vous retrouver?

DE RYONS.

Nous avons renouvelé connaissance, M. de Montègre et moi. Nous sommes d'anciens camarades de collège.

JANE.

C'est une raison dont je me contente pour moi, non pour mademoiselle Hackendorf, qui, n'ayant pas trouvé madame Leverdet chez elle, a eu la bonne pensée de venir la trouver chez moi et de rester avec nous.

DE MONTÈGRE, à mademoiselle Hackendorf, après avoir hésité un moment.

Votre santé est bonne, mademoiselle?

MADEMOISELLE HACKENDORF.

Très bonne, monsieur.

DE MONTÈGRE.

Vous arrivez de voyage?

MADEMOISELLE HACKENDORF.

De Bade.

DES TARGETTES.

Et vous allez maintenant?

MADEMOISELLE HACKENDORF.

A.

DE RYONS, l'interrompant.

A Ostende.

MADEMOISELLE HACKENDORF.

Comment le savez-vous, monsieur mon ennemi?

DE RYONS.

Vous faites la même chose tous les ans. Et monsieur votre père, le verrons-nous ce soir?

MADEMOISELLE HACKENDORF.

Il m'a promis de venir me chercher; mais ce n'est pas certain.

LEVERDET.

S'il ne vient pas, je vous reconduirai.

MADEMOISELLE HACKENDORF.

A quoi bon? j'ai ma voiture.

JANE.

Mais il ne faut pas que vous vous en alliez seule.

MADEMOISELLE HACKENDORF.

J'en ai tellement l'habitude!

DE CHANTRIN.

Et cette habitude étonne tout Paris, mademoiselle. Nos jeunes filles françaises...

MADEMOISELLE HACKENDORF.

Vos jeunes filles françaises ont probablement, quand

elles sortent, des diamants plein leurs poches, et elles tremblent d'être dévalisées à tous les coins de rue. Aussi, on ne les quitte pas d'un instant; père à droite, mère à gauche, frère devant, oncle derrière, gouvernante tout autour. Dans notre simple Allemagne, on ne se donne pas tant de peine; on nous confie à nous-même; c'est bien plus commode, et nous nous gardons très bien.

DE CHANTRIN.

Après tout, les Anglaises aussi...

JANE, l'interrompant.

Vous vous êtes dévoué tout à l'heure en nous tenant compagnie, monsieur de Chantrin, nous vous rendons votre liberté. Si vous voulez fumer votre cigare...

DE CHANTRIN.

Vous êtes mille fois trop bonne, madame, je ne fume jamais.

JANE.

Comment avez-vous pu échapper à la contagion du cigare?

DE CHANTRIN.

Mon Dieu, madame, je ne me ferai pas plus fort que je ne le suis : j'ai fumé, j'ai fumé; mais, vous l'avouerai-je? je n'ai pas trouvé la chose aussi agréable qu'on me l'avait dit. Puis, ma mère, qui était essentiellement femme du monde, et, comme telle, vous le comprenez mieux que personne, mesdames, avait le parfum du cigare en horreur, si c'est là un parfum... ma mère m'avait positivement interdit d'entrer chez elle après avoir fumé, car j'avais un désavantage que beaucoup d'hommes n'ont pas : en effet, portant toute ma barbe, je ne pouvais plus me défaire de cette vilaine odeur de tabac et, malgré tous les soins possibles, après avoir fumé de simples cigarettes, — vous savez, mesdames, de ces petits papyros que les dames elles-mêmes fument accidentellement et qui sont plus un plaisir des yeux et un amusement des lèvres qu'une jouissance du goût, — eh bien, une simple cigarette me faisait dire par ma mère, lorsque je venais prendre congé d'elle le soir, comme c'était l'habitude dans notre famille, — et, du reste, dans toutes les vieilles familles où la tradition du respect filial s'est conservée, et il y en encore beaucoup, quoi qu'on en dise, — me faisait dire par ma mère : « Théogène, avouez que vous avez encore fumé, malgré ma défense. » Je l'avouais, et elle me pardonnait, car elle était bonne ; mais je voyais bien que je lui faisais de la peine, et ma mère était tout pour moi. J'ai donc fini par renoncer, je ne dirai pas à une habitude, car ce n'en était pas arrivé là, mais à une distraction qui renfermait tant d'inconvénients, et je n'ai eu qu'à m'en louer, pour ma santé d'abord et pour mes rapports sociaux ensuite ; car je préfère, je l'avoue, la causerie intime avec des femmes d'esprit et de goût, comme celle que nous avons eue tout à l'heure, à tous les autres plaisirs ; aussi, à cause de cela, mes amis se moquent de moi.

DE RYONS, regardant sa montre.

Il a parlé cinq minutes ; on aurait eu le temps d'aller à Asnières.

LEVERDET.

Et dire qu'il a suivi mon cours ; mais n'en disons pas de mal, c'est le fiancé de mademoiselle Hackendorf.

MADEMOISELLE HACKENDORF.

Pas encore.

JANE.

Balbine chante-t-elle toujours ?

LEVERDET.

Toujours.

JANE.

Elle nous chantera son grand morceau ce soir.

DE CHANTRIN.

Ah ! vous chantez, mademoiselle ! Oh ! la musique.

ACTE DEUXIÈME.

LEVERDET.

Le voilà qui chauffe pour un nouveau départ. (A des Targettes). Eh bien, et ce bésigue?

Il s'assoit à une table de jeu.

DES TARGETTES.

Je commence à en avoir assez, du bésigue. Où est donc madame Leverdet?

LEVERDET.

Elle vient de partir; elle avait à causer avec M. de Simerose, qui l'attendait chez elle.

JANE, qui cause dans un coin avec mademoiselle Hackendorf.

Alors, vous n'êtes pas décidée?

MADEMOISELLE HACKENDORF.

Non. Je crois même que je ne me marierai pas. Je ne serai jamais plus heureuse que je ne le suis. Mon père et moi, nous faisons tout ce que je veux.

JANE.

Je croyais que M. de Montègre...

MADEMOISELLE HACKENDORF.

Oui, il m'a fait une espèce de cour, et puis, un beau jour, il a disparu, et l'on n'a plus entendu parler de lui.

JANE.

Et M. de Ryons?

MADEMOISELLE HACKENDORF, avec étonnement.

M. de Ryons?

DE RYONS, qui a entendu.

Vous me faites l'honneur de me parler, mademoiselle?

MADEMOISELLE HACKENDORF.

Nous ne vous parlons pas; mais nous parlons de vous. J'allais répondre à madame, qui me questionnait à ce sujet, que vous êtes le seul, de tous les gens à marier que je connais, qui ne m'ait jamais demandée en mariage.

DE RYONS.

Je sais que votre père ne veut pour gendre qu'un prince.

MADEMOISELLE HACKENDORF.

Ambition de banquier millionnaire, qui rêve toujours un trône pour sa fille. Il en est bien revenu. Il s'en est présenté, des princes. Ils ont tous emprunté une vingtaine de mille francs l'un dans l'autre, et on ne les a plus revus.

DE RYONS.

C'est pour rien. Alors, la petite noblesse est admise?

MADEMOISELLE HACKENDORF.

Parfaitement.

DE RYONS.

Si j'avais su cela!

MADEMOISELLE HACKENDORF.

Qu'est-ce que vous auriez fait?

DE RYONS.

Je vous aurais demandée.

MADEMOISELLE HACKENDORF.

Il est encore temps.

DE RYONS.

Quand partez-vous?

MADEMOISELLE HACKENDORF.

Samedi.

DE RYONS.

A quelle heure fait-on les demandes?

MADEMOISELLE HACKENDORF.

De deux à quatre heures, excepté le dimanche et les jours de fête.

DE RYONS.

Par où les voitures entrent-elles?

MADEMOISELLE HACKENDORF.

Par la caisse.

ACTE DEUXIÈME.

DE RYONS.

Demain, de deux à quatre, je vais demander votre main.

MADEMOISELLE HACKENDORF.

Ne l'oubliez pas.

DE RYONS.

Soyez tranquille. (Voyant que Jane fait mine de s'éloigner.) Je vous quitte. La comtesse me trouve insupportable.

Il s'éloigne.

MADEMOISELLE HACKENDORF, à Jane.

M. de Ryons prétend qu'il vous déplaît.

JANE.

Souverainement. J'ai horreur de ce genre d'esprit.

MADEMOISELLE HACKENDORF.

Je le connais depuis longtemps, et c'est si bon de rire !

DE MONTÈGRE, s'approchant de Jane.

J'ai oublié de vous dire, madame, que j'ai une commission de ma sœur pour vous.

JANE.

Quelle commission ?

Mademoiselle Hackendorf s'éloigne.

DE MONTÈGRE.

Aucune ; mais il faut bien que j'emploie ce moyen pour vous parler à vous seule. Ne m'avez-vous pas promis un entretien ce soir ?

JANE, bas.

Dites que vous l'avez exigé.

DE MONTÈGRE.

Ai-je le droit d'exiger quelque chose de vous ?

JANE.

Quand on écrit aux gens ce que vous m'avez écrit.

DE MONTÈGRE.

Vous étiez libre de ne pas me répondre plus cette fois que les autres.

JANE.

Et vous auriez mis votre menace à exécution?

DE MONTÈGRE, avec fermeté.

Oui.

JANE.

Vous vous seriez tué?

DE MONTÈGRE, haussant le ton malgré lui.

Ce soir.

JANE.

Vous plaisantez?

DE MONTÈGRE, même jeu.

Vous savez bien que non, puisque vous êtes revenue.

JANE.

Parlez moins haut, et faites semblant de parler de choses indifférentes. Enfin, que voulez-vous?

DE MONTÈGRE, bas.

Je veux vous voir.

JANE.

Vous me voyez.

DE MONTÈGRE.

Je veux vous voir seule.

JANE, hésitant.

Venez demain.

DE MONTÈGRE.

Non; ce soir.

JANE.

Impossible.

DE MONTÈGRE.

Je trouverai un moyen.

JANE.

Dites.

DE MONTÈGRE.

Je partirai avec tout le monde, et je reviendrai ensuite.

ACTE DEUXIÈME.

JANE.

La grille du jardin sera fermée.

DE MONTÈGRE.

Je passerai par dessus le mur.

JANE.

Vous êtes fou. Cependant...

DE MONTÈGRE.

Cependant?...

JANE.

Moi aussi, j'ai à vous parler. Eh bien... (Voyant de Ryons, qui les regarde.) Votre ami, M. de Ryons, nous regarde. Éloignez-vous et revenez causer avec moi quand je serai là-bas... sur le canapé.

Elle se lève et s'approche du groupe de Chantrin et Balbine qui regardent dans un stéréoscope.

DE CHANTRIN, montrant les photographies dans un stéréoscope.
A Balbine.

Là est Castellamare et Sorente. Ici le Vésuve, qui fume toujours.

LEVERDET, tout en jouant.

Il n'aura pas été élevé par sa mère.

BALBINE.

Est-ce que vous avez vu une irruption?

LEVERDET, même jeu.

Éruption.

BALBINE.

Oui, papa.

LEVERDET.

Et ne dis pas toujours : « Oui, papa!... » c'est insupportable.

DE CHANTRIN.

Non ; mais il y en a eu une quelques jours après mon départ.

LEVERDET, à mademoiselle Hackendorf.

Renvoyez-le donc ; il nous empêche de jouer.

MADEMOISELLE HACKENDORF, à de Chantrin.

Monsieur de Chantrin, voyez donc si ma voiture est là.

BALBINE, à des Targettes.

Comme elle est jolie, mademoiselle Hackendorf!...

DES TARGETTES, tout en jouant.

Toi aussi, tu es jolie. Excepté le nez ; mais ça se fera.

BALBINE.

Elle est bien familière avec M. de Chantrin ; ne trouves-tu pas ?

DES TARGETTES.

Ils doivent se marier.

BALBINE, étonnée.

Ah!

LEVERDET, à de Ryons, qui se frotte les mains en le regardant jouer et en suivant le manège de Jane, qui est allée s'asseoir peu à peu sur le canapé.

Qu'est-ce que vous avez?

DE RYONS.

Je cherchais quelque chose et je crois que je l'ai trouvé.

Il va causer avec mademoiselle Hackendorf, et continue à surveiller Jane, qui s'est assise et qui a sonné.

JANE, à de Montègre, qui s'est approché d'elle ; bas.

Voici ce que vous allez faire... (Au domestique qu'elle a sonné.) Le thé, dans la serre. (A de Montègre.) Vous allez prendre congé de moi. Au lieu de vous en aller, vous entrerez par l'antichambre, si personne ne vous voit, dans le boudoir qui est là, derrière nous ; vous refermerez à clef la porte par laquelle vous serez entré, et vous gratterez tout doucement à celle-ci (Elle montre la porte derrière elle.), pour me prévenir que vous êtes en sûreté. Je ne quitterai

ACTE DEUXIÈME.

pas la place où nous sommes. Quand tout le monde sera parti, je vous ouvrirai, mais pour cinq minutes seulement. Maintenant, quittez-moi. (Haut.) Si vous écrivez à votre sœur, monsieur, dites-lui que je lui en veux beaucoup de ne pas m'avoir encore répondu.

DE MONTÈGRE, haut.

Elle a été vraiment très souffrante. Adieu, madame.

JANE.

Au revoir, monsieur.

DE RYONS, à Jane, sur le même ton que de Montègre.

Adieu, madame.

JANE, embarrassée, en voyant que de Ryons se dispose à partir avec Montègre.

Vous partez, monsieur?

DE RYONS, avec intention.

Oui, madame; je ferai route avec M. de Montègre. Deux anciens camarades ont tant de choses à se rappeler!

JANE.

Alors, c'est une désertion?

DE RYONS.

Me feriez-vous l'honneur de me retenir, madame?

JANE.

Certainement. Devant qui mademoiselle Leverdet chantera-t-elle sa romance, si tout le monde s'en va? Un juge comme vous est précieux pour elle, et puis j'ai à causer avec vous, monsieur, et très sérieusement. (Au domestique qui, après avoir servi le thé, se dispose à retourner dans l'antichambre.) Attendez...

Pour donner à M. de Montègre le temps de se cacher sans être vu dans la chambre voisine.

DE RYONS.

Je suis à vos ordres, madame. (A de Montègre.) Alors, cher

monsieur, à une autre fois. Nous nous reverrons, je l'espère.

DE MONTÈGRE.

Et moi, je le désire.

Il salue et sort.

SCÈNE III

Les Mêmes, hors DE MONTÈGRE.

JANE, à mademoiselle Hackendorf.

Et vous, chère belle, comme je ne veux pas que vous nous abandonniez, je vous confie le thé.

DE CHANTRIN.

Voulez-vous que je vous aide, mademoiselle?

MADEMOISELLE HACKENDORF.

Si vous voulez, monsieur.

JANE, au domestique, quand elle juge que de Montègre a eu le temps de se cacher.

Qu'est-ce que vous faites là?

LE DOMESTIQUE.

Madame la comtesse m'a dit d'attendre.

JANE.

Je ne sais plus ce que je voulais. Allez!

DE RYONS, à part.

Elle m'a retenu. Elle a fait rester ce domestique ici, elle ne bouge pas de sa place, elle écoute... (Montrant la porte derrière le canapé.) Montègre est là.

JANE, à de Ryons.

Eh bien, monsieur, vous alliez partir sans me donner l'explication que vous me devez, car vous m'en devez une.

DE RYONS.

Sur quoi, madame?

ACTE DEUXIÈME.

JANE.

Mais sur cette phrase anglaise que vous m'avez fait prononcer tantôt, après laquelle vous deviez m'apprendre des choses extraordinaires que vous ne m'avez pas apprises.

DE RYONS.

C'est vrai, madame.

A mesure que la scène s'avance entre de Ryons et Jane, les invités passent dans la serre, où mademoiselle Hackendorf sert le thé, et Jane et de Ryons restent seuls.

JANE.

Je vous écoute.

DE RYONS.

Puisque vous le voulez, madame, il y a un secret entre nous.

JANE.

Entre vous et moi, monsieur?

DE RYONS.

Oui, madame.

JANE.

Voyons ce secret.

DE RYONS.

Permettez-moi de vous dire d'abord, madame, que ce secret vous assure en moi un ami des plus dévoués, le plus dévoué probablement.

JANE.

Vous engagez vite votre amitié.

DE RYONS.

Pour donner son amitié à un homme, il faut le temps; pour la donner à une femme, il ne faut que l'occasion.

JANE.

Et cette occasion?...

DE RYONS.

Elle existe.

JANE.

Malheureusement, une femme ne peut se lier avec un homme qu'elle ne connaît pas, surtout quand il fait gloire de mépriser les femmes.

DE RYONS.

Celles qui sont méprisables, c'est bien assez.

JANE.

Et alors, moi?

Toute cette scène doit être jouée d'un air distrait par Jane, qui ne sait pas où de Ryons la mène et qui ne l'avait retenu que pour donner le temps à de Montègre d'entrer et de s'enfermer dans le boudoir. — Involontairement, elle penche de temps en temps l'oreille vers la porte pour entendre le signal. Rien de tout cela n'échappe à de Ryons, qui non seulement par les mots, mais encore par le ton, ramène toujours la conversation sur le terrain où il veut qu'elle soit.

DE RYONS.

Vous, madame, vous savez bien que vous n'avez rien de commun avec les autres femmes. Aussi, en dehors même de notre secret, aurais-je eu la plus grande sympathie pour vous.

JANE.

Nous y revenons.

DE RYONS, la regardant bien en face.

Et ce n'est pas le moment.

JANE.

Pourquoi?

DE RYONS, *après un temps pendant lequel on entend gratter à la porte, ce qui a fait tousser un peu Jane comme pour éteindre ce bruit.*

Parce que vous écoutez à peine ce que je vous dis; vous pensez à autre chose, vous êtes toute distraite, et pourquoi? O femmes! vous serez toujours les mêmes. On vous parle de dévouement et d'amitié, une souris se met à grignotter le parquet, vous n'écoutez plus que la souris.

JANE.

Il n'y a pas de souris chez moi, monsieur, je vous prie de le croire.

DE RYONS.

C'est peut-être un rat, comme dans *Hamlet*, alors, car on gratte à cette porte. Écoutez, madame.

On entend de nouveau gratter à la porte derrière Jane.

JANE.

C'est vrai ! mon petit chien, sans doute, qui me reconnaît et voudrait entrer. Un ami véritable, celui-là.

DE RYONS, se levant à demi.

Voulez-vous que je lui ouvre ? A tout seigneur tout honneur, vous me présenterez à lui.

JANE.

Non pas ; je ne suis pas encore assez sûre de votre amitié. Prouvez-la-moi d'abord.

DE RYONS.

Ordonnez, madame.

JANE.

Sérieusement, feriez-vous tout ce que je vous demanderais ?

DE RYONS.

Et même, pour vous être utile, tout ce que vous ne me demanderiez pas.

JANE.

Et à l'instant même ?

DE RYONS.

A l'instant même.

JANE.

Eh bien, passez-moi cette assiette de petits gâteaux, je meurs de faim.

DE RYONS, *apportant l'assiette.*

Et après?

JANE, *qui pendant ce temps, a donné un coup d'éventail sur la porte pour répondre à de Montègre et faire cesser le bruit.*

Après? Rien. Voilà tout ce qu'on peut demander, je crois, à l'amitié d'un homme, et surtout à la vôtre.

DE RYONS.

Vous me déclarez la guerre, madame, c'est imprudent.

JANE.

J'en cours les chances.

DE RYONS.

Je vous avertis que tous les moyens me sont bons.

JANE.

Je n'ai pas peur.

DE RYONS.

C'est vous qui l'aurez voulu. Eh bien, madame, ne perdez pas un mot de ce que je vais vous dire, et, avant demain, vous saurez pourquoi.

JANE.

Quel préambule mystérieux!

DE RYONS.

Tout ce que je puis vous dire, madame, c'est qu'en ce moment je vous tends un piége, et que vous y tomberez.

JANE, *s'accommodant à son aise sur son canapé.*

J'écoute.

DE RYONS.

Il y a un an, au mois de juin, je partis tout à coup pour Strasbourg.

JANE.

C'est le secret?

DE RYONS.

Oui, madame. J'avais choisi le train de huit heures du

soir, et l'on allait se mettre en route, lorsqu'une dame très simple et très élégante à la fois monta précipitamment dans le compartiment où j'étais et se jeta dans le premier coin à droite, en baissant d'une main le petit rideau bleu de la portière et en ramenant de l'autre, en deux ou trois plis, son voile sur son visage ; précaution inutile, car ce voile était en grenadine blanche, semblable à de la poussière de marbre tissue, transparent pour celle qui le porte, impénétrable pour celui qui regarde. Cette dame était visiblement agitée. Sa main jouait fiévreusement avec la brassière de la voiture et ses petits pieds impatients, enlacés l'un à l'autre, se penchaient en avant, en arrière, avec des mouvements de personnes naturelles. Ils avaient l'air de se raconter tout bas ce qui se passait dans la maison. C'est si bavard un pied de femme, si indiscret même! Faute de mieux, je me promettais d'écouter ce qu'ils diraient. On partit.

JANE, *du ton d'une femme convaincue qu'on lui raconte une histoire qui ne l'intéresse en rien.*

C'est déjà très intéressant.

DE RYONS.

Vous ne savez pas, madame, ce qui passe par l'esprit d'un homme de mon âge qui se trouve seul dans un wagon avec une femme jeune et jolie. Il commence par se faire à lui-même toute sorte de questions. D'où vient cette femme? Où va-t-elle? Est-elle mariée, veuve ou libre? A-t-elle aimé? Aime-t-elle? Oui ; quelle est la femme voyageant seule qui n'aime pas ou qui n'a pas aimé? Ainsi, il y a de par le monde un homme pour qui ces yeux brillent, pour qui ces mains tremblent, pour qui ce cœur bat. Qu'a-t-il donc de supérieur aux autres hommes? Rien. Il est aimé, voilà tout. Pourquoi n'est-ce pas moi? C'est injuste ; mais rien ne m'empêche d'essayer d'être lui. Et nous voilà amoureux, et sérieusement amoureux. Ne riez pas, madame. L'amour peut être contenu tout entier dans une heure de temps, comme toutes les qualités d'un bon vin dans un seul verre. Quant aux raisons que le cœur exige, la jeunesse, le printemps, l'occasion ne sont-elles pas les meilleures, et cet éternel argument : qui le saura? n'est-il pas toujours prêt à tout remettre en ordre dans les scrupules féminins? Telles sont mes théories, madame, et je cherchais le moyen de les faire connaître à ma compagne de voyage, lorsque, par dessous le fameux voile blanc que soulevait la brise, je vis un menton velouté, une bouche rose, assez entr'ouverte pour laisser la vie entrer et sortir à son aise, et, au milieu de tout cela, deux larmes, deux vraies larmes qui descendaient lentement, et tout étonnées, comme des larmes toutes neuves qui ne savent quel chemin prendre sur des joues de vingt ans.

JANE.

Cette dame avait vingt ans?

DE RYONS.

Les vingt ans de Célimène, et elle pleurait. Il y avait là un roman, l'éternel roman de l'amour malheureux. J'ouvris mon portefeuille, qui est un portefeuille fait exprès pour moi, contenant tout ce dont une femme peut avoir besoin en voyage, depuis les épingles, le miroir et le petit peigne, jusqu'au fil, aux aiguilles et aux boutons de gants. Le hasard ne peut pas tout faire, il faut bien l'aider un peu. Je tirai un flacon de sels, et, sans dire un mot, je le tendis à ma voisine. A ce geste, elle me regarda un moment, puis, prenant le flacon, elle me dit : *Thank you, Sir.*

JANE, commençant à entrevoir une allusion.

Cette dame était Anglaise?

DE RYONS.

Non, madame, mais elle était prévoyante, et elle aimait mieux mettre les événements au compte de l'Angleterre. Ces choses-là se font entre pays amis. Non, c'était une

Française, avec toutes ses finesses, tous ses sous-entendus, toutes ses audaces! Quand elle vit que je parlais l'anglais, elle ne put s'empêcher de sourire, et je ne sais quelle idée rapide, folle, quelle idée-*femme* traversa son esprit, mais j'en vis distinctement le reflet sur son voile comme on voit sur l'eau l'éclair d'une fenêtre qui s'ouvre en plein soleil. Je m'empressai de faire part à ma compagne de mes suppositions et de mes sollicitudes, et je connus la vérité, devinant ce qu'on ne me disait pas. J'avais devant moi une Hermione irritée contre le Pyrrhus traditionnel, qui à cette heure même l'oubliait auprès d'une Andromaque de circonstance. Pour que la tragédie fût complète, il n'y manquait qu'un Oreste. Je savais le rôle avec les variantes que le temps y a introduites, car les mœurs ont changé depuis la prise de Troie. A quoi bon le meurtre et l'assassinat? Ne sera-t-elle pas assez, et mieux vengée, celle qui, en se trouvant avec l'infidèle que se croit sûr du secret et de l'impunité, pourra se dire : « Ah! tu as aimé une autre femme que moi. A outrage secret vengeance secrète, et j'ai dit, moi, à un autre homme que je l'aimais. Je ne le pensais peut-être pas, mais c'était bien le moins, pendant que tu me dérobais une portion de mon bonheur, que je donnasse dans l'ombre une parcelle du tien. Nous sommes quittes, mon adoré. » Voilà comment une femme civilisée punit un infidèle, et voilà comment Pyrrhus fut puni. Deux larmes, un sourire, un mot d'amour dérobé, comme un fruit par dessus un mur dans le jardin d'un absent, un serrement de main, un voile levé pendant une minute, telle est toute cette histoire, et là est le secret de mon indifférence apparente. Depuis un an, moi, l'homme fort, je suis silencieusement amoureux d'une inconnue, car la fille de Ménélas m'a ordonné de ne jamais essayer de la connaître. Jugez donc de ma surprise et de ma joie, madame, lorsque je vous vis apparaître ce matin. Ce visage que je n'ai fait qu'entrevoir, mais dont les traits sont ineffaçablement gravés dans mon esprit, c'est le vôtre. Ressemblance étrange, n'est-ce pas? Je vous ai priée de me dire quelques mots en anglais pour voir si la voix était aussi ressemblante que le visage : même voix. Vous expliquez-vous maintenant, madame, mon amitié subite pour vous? N'est-il pas tout naturel que, jusqu'à ce que j'aie rencontré celle que je cherche, je me dévoue à son image comme à elle-même, et faut-il ajouter qu'il y a des moments où mon cœur se contenterait volontiers du témoignage de mes yeux et où je ne pourrais m'empêcher de tomber à vos pieds et de vous dire que je vous aime depuis un an, si je n'avais fait *à l'autre* le serment de ne pas la reconnaître sans sa permission?

JANE, qui a peine à se modérer et qui s'est levée au dernier mot.

C'est tout, monsieur?

DE RYONS

C'est tout.

JANE.

C'est très curieux, en effet. (Elle appelle.) Balbine!

BALBINE.

Madame?

JANE, avec la plus grande dignité.

Dites-nous, je vous prie, la romance que vous nous avez promise. Voici monsieur qui est très désireux de l'entendre et très pressé de se retirer.

MADEMOISELLE HACKENDORF, à Jane.

Eh bien, êtes-vous un peu revenue sur le compte de M. de Ryons?

JANE.

Beaucoup.

ACTE DEUXIÈME.

BALBINE, une romance à la main, accompagnée au piano par un des invités, tremblant et regardant de temps en temps de Chantrin. Tout le monde est revenu en scène.

> On dit que l'on te marie,
> Tu sais que j'en vais mourir.
> Ton amour, c'est ma folie.
> Hélas! je n'en puis guérir.

(Elle s'interrompt et pousse trois petits cris.) Ah! ah! ah!

Elle se trouve mal.

LEVERDET.

Qu'est-ce qu'il y a? Elle ne va pas, ta musique.

DE CHANTRIN.

Mademoiselle Balbine se trouve mal.

JANE, courant à elle.

Ah! mon Dieu! qu'avez-vous, chère enfant?

BALBINE, de plus en plus fort.

Ah! ah! ah!

DES TARGETTES.

Elle a trop mangé!

MADEMOISELLE HACKENDORF.

Il faut la délacer.

BALBINE.

Maman! maman!

LEVERDET.

Tu peux te vanter d'être une petite personne insupportable. Avez-vous un peu d'eau de mélisse ou de l'éther? (A mademoiselle Hackendorf.) Voyez donc dans le boudoir de la comtesse. Il y a toujours là un assortiment de flacons.

Mademoiselle Hackendorf court vers la porte derrière laquelle est caché de Montègre. Jane, qui est de l'autre côté du théâtre, en voyant le mouvement de mademoiselle Hackendorf, fait un mouvement d'effroi. De Ryons, qui voit ce qui se passe, se place entre mademoiselle Hackendorf et la porte et lui tend un flacon qu'il prend dans le portefeuille dont il a parlé à Jane.

DE RYONS.

Voici un flacon qui suffira. Il guérit tout. (Jane le regarde pour deviner sa pensée. Il prend un air naïf, et, s'appuyant sur le dos du canapé.) Quelles nouvelles?

LEVERDET.

Elle pleure, ce ne sera rien. (A Jane.) Je vous demande pardon.

JANE, encore tremblante.

C'est moi qui suis désolée de ce qui arrive à cette enfant.

BALBINE, se jetant dans les bras de son père.

Ah! papa.

LEVERDET.

Oh! oui, papa! tu es une belle fille.

BALBINE.

Il ne faut pas le dire à maman.

LEVERDET.

Allons, rarrange-toi et débarrassons la comtesse.

DE RYONS, regardant toujours Jane.

Mais cette enfant a la fièvre, et l'air du soir peut lui faire du mal. La comtesse devrait la garder.

JANE, obéissant à de Ryons malgré elle.

En effet... j'aurai grand soin d'elle.

BALBINE.

Oui! je veux rester ici.

JANE.

On va vous faire votre chambre à côté de la mienne; mademoiselle Hackendorf va vous y accompagner. Moi, je vais donner des ordres.

ACTE DEUXIÈME.

LEVERDET.

Sa mère viendra la prendre demain.

JANE.

Je vous la reconduirai, puisque je dîne chez vous.

Leverdet, Balbine, mademoiselle Hackendorf sortent par la gauche.

DE CHANTRIN, saluant.

Madame...

JANE.

Monsieur...

De Chantrin sort.

DES TARGETTES.

Au revoir, comtesse.

JANE.

A bientôt.

Des Targettes sort après avoir baisé la main de Jane, qui reste seule avec de Ryons, lequel remet tranquillement son portefeuille en ordre, sans quitter sa place devant la porte derrière laquelle est de Montègre.

SCÈNE IV

JANE, DE RYONS.

JANE.

Adieu, monsieur.

DE RYONS.

Pas encore.

JANE.

Que voulez-vous donc?

DE RYONS, avec l'autorité d'un ancien ami très homme du monde.

Je veux vous empêcher de commettre une imprudence, du moins aujourd'hui; la maison est pleine de monde, vous ne pouvez ouvrir cette porte à la personne qui est dans cette chambre, sans risquer de vous perdre. Je la congédierais à votre place. Nul ne la verra, pas même moi.

JANE, très agitée.

Vous abusez étrangement de la position, monsieur.

DE RYONS.

Pour votre bien, madame.

JANE.

Faites donc.

DE RYONS

Il n'y a rien à dire?

JANE.

Il y a ce mot à remettre.

Elle écrit.

DE RYONS, en prenant la lettre qu'elle lui remet.

Merci.

JANE, très sincère.

Je vous déteste, monsieur.

DE RYONS.

Ça passera.

Jane sort.

SCÈNE V

DE RYONS, seul.

Allons, me voilà en plein dans mon rôle d'ami.

Il entre dans la chambre où est de Montègre.

ACTE TROISIÈME

Même décor.

SCÈNE PREMIÈRE

DE MONTÈGRE, JOSEPH.

DE MONTÈGRE.

Mademoiselle Leverdet va mieux?

JOSEPH.

Oui, monsieur; mademoiselle a dormi, et elle vient de rentrer, après une promenade en voiture avec madame la comtesse; monsieur peut attendre ici.

SCÈNE II

JANE, DE MONTÈGRE.

DE MONTÈGRE, à Jane qui entre.

Enfin, c'est vous!

JANE.

Je vous avais vu venir.

DE MONTÈGRE.

O Jane!

JANE, craignant qu'on n'entende.

Prenez garde!

DE MONTÈGRE.

Il faut pourtant que je vous dise combien je suis heureux.

JANE.

Dites-le de plus loin.

DE MONTÈGRE.

Soyez sérieuse.

JANE.

Je le suis, et c'est pour cela que je ne veux pas qu'on vous entende. Je suis déjà bien assez inquiète depuis hier au soir.

DE MONTÈGRE.

Et moi ! Vous devinez les folles pensées qui m'ont traversé l'esprit quand cette porte s'est entr'ouverte et que, dans l'ombre, j'ai entendu ces mots : « Monsieur, ne me répondez pas, je ne veux pas plus connaître votre voix que votre visage. Je suis seulement chargé par la comtesse de Simerose de vous dire qu'il lui est impossible de vous recevoir. Je dois vous remettre ce billet et vous aider à sortir d'ici. Suivez-moi ; je monterai dans ma voiture sans me retourner. » Une main m'a tendu une lettre ; j'ai obéi machinalement, et M. de Ryons m'a guidé hors de la maison. Il a sauté dans sa voiture et il est parti. Me connaît-il ? ne me connaît-il réellement pas ? je n'en sais rien. Vous devinez avec quelle ivresse j'ai lu votre lettre ; j'avais peur de rêver. Non ! elle était bien réelle, et je l'ai là comme un autre battement de mon cœur. Est-il possible que tant de bonheur soit contenu dans un aussi petit espace ! Quelques mots sur un morceau de papier et le monde change d'aspect. Comme je vous aime !

JANE, effrayée.

Plus bas !

DE MONTÈGRE.

Mais dites-moi comment M. de Ryons... car, avant la journée d'hier, vous ne le connaissiez pas !

ACTE TROISIÈME.

JANE.

Non.

DE MONTÈGRE.

Vous me le jurez?

JANE.

Comment, je vous le jure? Je vous le dis, cela ne vous suffit-il pas?

DE MONTÈGRE.

C'est que j'ai eu hier au soir avec lui une conversation assez étrange, et il m'avait appris qu'il avait été, sans que je m'en doutasse, l'ami d'une personne...

JANE, avec dignité.

Avec laquelle je n'ai certainement aucun rapport.

DE MONTÈGRE.

Pardon. C'est le reste de mes terreurs d'hier. Enfin, comment est-il devenu notre confident?

JANE.

Par la seule raison qu'il a forcé ma confidence. Il savait, j'ignore comment, que vous étiez là, et il a empêché mademoiselle Hackendorf d'ouvrir cette porte. Sans lui, j'étais perdue.

DE MONTÈGRE.

Qui avait pu lui dire que j'étais là?

JANE.

Ce n'est certainement pas moi. En tout cas, il m'a proposé, il m'a imposé ses services. Que faire? J'ai accepté, mais, prévoyant bien que les seules explications verbales qu'il vous donnerait ne vous suffiraient pas, surtout en l'état où vous étiez, je lui ai remis pour vous cette lettre qui vous rend si heureux, et qui contient peut-être plus que je ne voulais dire. Où est-elle, cette lettre?

DE MONTÈGRE, montrant son cœur.

Elle est là.

JANE.

Donnez-la-moi.

DE MONTÈGRE.

Pour quoi faire?

JANE.

Pour que je la relise.

DE MONTÈGRE.

Vous me la rendrez?

JANE.

Donnez toujours. (De Montègre hésite.) J'attends.

DE MONTÈGRE, donnant la lettre.

La voici.

JANE, lisant.

« Venez demain. Je ne demande qu'à vous croire. JANE. »

DE MONTÈGRE.

Est-ce vrai?

JANE.

Il faut bien que ce soit vrai, puisque c'est écrit.

DE MONTÈGRE.

Il était temps que ce mot d'espoir m'arrivât; j'étais à bout de forces! Si vous saviez quelle existence j'ai menée depuis votre départ! J'ai été fou, j'en suis certain. Combien de fois ne m'est-il pas arrivé de marcher à la rencontre d'un de ces hommes qui passaient dans la rue avec un air joyeux, pour le provoquer et lui dire: « De quel droit ris-tu quand je souffre? » Je changeais brusquement de route pour me dérober à moi-même, et il s'éloignait en se disant: « Voilà un fou! » J'ai voulu aimer d'autres femmes; les plus belles, les plus irrésistibles, m'apparaissaient comme des spectres aussi vides que moi-même. Vous, toujours vous, que je ne savais où retrouver! Alors, je voulais mourir! Je rentrais dans ma solitude, et, penché sur ma fenêtre, je restais des nuits entières à regarder le pavé désert et à me dire: « Va donc, le repos est là; » puis je me sentais retenu par l'espérance, cette éternelle lâcheté de l'homme : je vous écrivais longuement, et j'attendais une réponse qui n'arrivait jamais. Pourquoi êtes-vous partie?

JANE.

Parce que ma mère avait envie de voyager.

DE MONTÈGRE.

Est-ce bien la vraie raison?

JANE.

En connaissez-vous une autre?

DE MONTÈGRE.

Vous n'avez jamais aimé, Jane !

JANE.

C'est à moi que vous parlez? Vous êtes sûr de ne pas me confondre avec une autre personne?

DE MONTÈGRE.

Que voulez-vous dire?

JANE.

Quand j'ai quitté Paris, je vous avais vu trois fois chez votre sœur. Vous ne m'aviez pas adressé la parole, on ne vous avait même pas présenté à moi. Vous ne pouviez donc pas être un obstacle à mon départ, et je ne soupçonnais guère que vous m'aimiez. Vous avez commencé à m'écrire. Je n'ai prêté aucune attention à vos lettres; mais peu à peu, dans le silence de ma vie déserte, j'ai relu ces lettres plus attentivement; je me suis faite à l'idée que quelqu'un m'aimait, et votre nom a pris place dans mes habitudes. Je m'intéressai à vous, je commençai à vous plaindre, et j'éprouvai comme le besoin de me rapprocher de Paris, où vous étiez... J'en étais là quand votre dernière lettre m'est parvenue. Vous étiez, disiez-vous, décidé à mourir si vous ne me revoyiez pas avant huit jours. Mourir ! c'était beaucoup, mais c'était possible ; j'y avais bien pensé quelquefois pour moi-même. J'ai fait ce que vous me demandiez ; je suis revenue, et, depuis mon retour, les événements se sont précipités si vite les uns sur les autres, qu'ils m'ont entraînée avec eux plus loin que je ne voulais. Je ne demande qu'à vous croire, je vous le répète ; guidez-vous là-dessus et tâchez de me convaincre. Je veux aimer, je veux être aimée ; vous êtes le seul homme à qui j'aie parlé avec cette confiance. Mais, ne vous y trompez pas, j'ai une nature rebelle à toute espèce de domination, et l'homme que j'aimerais le plus je ne le reverrais de ma vie s'il me soupçonnait deux fois. Vous voilà prévenu. Tout ce que vous avez dit ne compte pas... Recommençons.

DE MONTÈGRE.

Que voulez-vous que je vous dise ? Je vous aime dans le présent, dans l'avenir et jusque dans le passé. Je suis jaloux non seulement de l'homme dont vous portez le nom, parce qu'il a goûté un bonheur qui aurait dû être à moi, mais encore de tous les autres hommes qui ont le droit de vous parler, de vous regarder. Je suis jaloux de votre mère, de vos pensées, de vos souvenirs, de tout ce qui n'est pas moi, enfin. Qui n'aime pas ainsi n'aime pas.

JANE.

Éternelle profanation de l'amour ! Autant dire à une femme qu'on la méprise que de lui dire qu'on l'aime de la sorte ! Aimer avec la crainte au fond de l'âme ! pourquoi ne pas haïr tout de suite ? Et, quand j'aurai répondu à toutes vos questions, quand je vous aurai prouvé que je suis une honnête femme, alors vous me demanderez de cesser de l'être pour vous prouver que je vous aime. Qu'attendez-vous donc de moi ? Je suis mariée, je ne puis être votre femme ! Quelle espérance vous a déjà donnée cette lettre ? Comptez-vous que nous allons partir ensemble et chercher le bonheur dans la honte, ou vais-je transiger avec ma conscience ? Allez-vous m'apprendre à ne rougir qu'en dedans, à implorer la discrétion de mes amis et la complicité de mes valets; ou dois-je suivre les conseils des femmes expérimentées, comme madame Leverdet, en rouvrant la porte à mon mari, et me faudra-t-il descendre, pour sauvegarder les apparences, à tous les mensonges, à toutes les duplicités, à toutes les impudeurs de l'adultère? N'y a-t-il pas d'autres femmes pour ces sortes d'aventures? Ah! si j'étais un homme, il me semble que je voudrais élever au-dessus de l'humanité tout entière la femme que j'aimerais. Dire à une femme : « Je vous aime! » n'est-ce pas lui dire : « Je vous trouve la plus digne, entre tous les êtres, du sentiment le plus noble entre tous les sentiments? Oublions la terre, supposons le ciel; mettons en commun nos pensées, nos joies, nos douleurs, nos aspirations, nos larmes; que, dans ce commerce immatériel des intelligences et des âmes, le regard soit toujours fier, l'émotion toujours pure, l'expression toujours chaste, la conscience toujours libre! Et, si les hommes devinent cette intimité, la raillent ou la calomnient, laissons dire et pardonnons-leur; ils ne peuvent comprendre ce qui se passe si loin d'eux. » Voilà le rêve que j'ai fait, moi, pendant six mois de solitude et de réflexion, que j'ai fait en vous y associant quelquefois; et, si vous connaissiez ma vie, que je vous dirai un jour, — dans un seul mot, — vous verriez que je n'en puis pas faire un autre, et qu'il faut m'aimer ainsi, ou ne pas m'aimer du tout.

DE MONTÈGRE.

Parlez! parlez encore! La vérité, c'est ce que vous dites avec cette voix d'enfant et ce regard d'ange. Je crois à cet amour, je veux le connaître, et le connaître par vous et pour vous. Vous avez raison. Ces mains, qui ont pressé d'autres mains, sont indignes de toucher les vôtres; cette bouche, qui a proféré jadis, à la hâte et machinalement, tous les mots de l'amour profane, n'est pas digne de prononcer votre nom divin. Je serai le confident de vos pensées, l'amant de vos rêves, l'époux de votre âme. Je me sacrifierai, j'immolerai en moi tout ce qui ne sera pas digne de vous. Le temps, le monde, l'espace pourront se placer entre nous sans nous séparer et sans avilir cet amour, qui n'aura besoin ni de la voix pour se manifester, ni de la forme pour convaincre. Tenez, je vous aime au-dessus de tout, et je ne toucherais pas à un pli de votre robe. Est-ce cela ?

JANE.

Taisez-vous ! Je vous adorerais. (On frappe.) Entrez.

SCÈNE III

Les Mêmes, JOSEPH.

JANE, au domestique.

Pourquoi frappez-vous avant d'entrer ici ?

JOSEPH.

Chez madame Leverdet, je frappais toujours avant d'entrer.

JANE.

C'est une habitude qu'il faudra perdre chez moi. Que voulez-vous ?

JOSEPH.

M. de Ryons demande si madame veut le recevoir.

JANE.

Certainement. (Joseph sort. A de Montègre.) J'ai des excuses à faire à M. de Ryons. Éloignez-vous un instant, vous rentrerez tout à l'heure, et, quand vous serez seul avec lui, vous lui direz ce que vous croirez devoir lui dire : la vérité. C'est ce qu'il y a de mieux. Pourquoi mentir ?

De Montègre sort d'un côté, de Ryons entre de l'autre.

SCÈNE IV

JANE, DE RYONS.

JANE, allant à de Ryons et lui tendant la main.

Pourquoi n'entrez-vous pas, monsieur?

DE RYONS, un petit carton à la main.

Je ne savais, madame, si je pouvais avoir déjà l'honneur de me présenter chez vous.

JANE.

Ne m'avez-vous pas dit que vous étiez mon ami, et ne me l'avez-vous pas prouvé?

DE RYONS.

Alors, vous ne me détestez plus?

JANE.

Je ne déteste plus personne. Je suis heureuse et gaie. Je commence à croire au bonheur. Qu'est-ce que ce petit carton?

DE RYONS.

C'est un présent pour vous. On ne sait pas ce qui peut arriver.

JANE, ouvrant le carton.

Un présent, déjà. Voyons! un voile de grenadine blanche. Cette plaisanterie continue.

DE RYONS.

Ce n'est pas une plaisanterie, c'est un moyen.

JANE.

Quel moyen?

DE RYONS.

Un moyen pour moi d'arriver à ce que je veux.

JANE.

Et que voulez-vous?

DE RYONS.

Si je vous le disais, ça n'arriverait pas.

JANE.

Alors, je dois accepter ce voile.

DE RYONS.

Parce qu'un voile de ce genre est indispensable à une femme qui ne veut pas qu'on la voie.

JANE.

Quand ?

DE RYONS.

Quand elle va où elle ne doit pas aller... à Strasbourg, par exemple.

JANE.

Encore !

DE RYONS.

Ainsi, ce n'était pas vous ?...

JANE.

Vous le savez bien, que ce n'était pas moi.

DE RYONS.

Parions qu'avant deux jours vous me direz le contraire.

JANE.

Avant deux jours je vous dirai que cette dame du chemin de fer, c'était moi ?

DE RYONS.

Il le faudra bien, et sans que je vous le demande.

JANE.

Je serais curieuse de voir ça.

DE RYONS.

Vous le verrez.

JANE.

Au fond, je crois que vous êtes un peu fou.

ACTE TROISIÉME.

DE RYONS.

Non.

JANE.

Tant pis!... ce serait une excuse.

DE RYONS.

Ne cherchez donc pas tant : je suis votre ami, et pas autre chose... Quant à mon voile, vous l'acceptez?

JANE.

Parfaitement.

DE RYONS.

Et, si jamais vous avez une course mystérieuse à faire, vous me promettez de le mettre?

JANE.

Oh! je vous le promets. Mais je n'aurai pas à faire de course mystérieuse. Vous vous trompez sur mon compte, monsieur le sorcier, voilà tout ce que je puis vous dire. Seulement, je vous pardonne aujourd'hui, parce que je suis heureuse.

JOSEPH, annonçant.

M. de Montègre!

DE RYONS, à part.

Il n'est pas malin... Sa voiture était à la porte quand je suis arrivé, et il se fait annoncer maintenant.

SCÈNE V

Les Mêmes, DE MONTÈGRE.

DE MONTÈGRE.

Je me suis permis, madame, de venir savoir des nouvelles de mademoiselle Leverdet.

DE RYONS. à part.

Comme c'est bien trouvé!

JANE.

Elle est mieux, nous venons de faire une promenade ensemble. Je vais lui demander si elle peut vous recevoir. Je vous laisse un moment avec M. de Ryons, dont je vous ai parlé hier, et avec qui vous désirez tant causer.

Elle sort.

SCÈNE VI

DE RYONS, DE MONTÈGRE.

DE MONTÈGRE, tendant la main à de Ryons.

Donnez-moi la main.

DE RYONS.

Avec plaisir.

DE MONTÈGRE.

Il est inutile, n'est-ce pas, de prolonger le mystère d'hier au soir? C'est moi que vous avez fait sortir de chez la comtesse.

DE RYONS, jouant l'étonnement.

Bah! vraiment?

DE MONTÈGRE.

Vous ne vous en doutiez pas?

DE RYONS.

Je savais parfaitement à quoi m'en tenir; mais, jusqu'à ce que vous m'en eussiez parlé vous-même, j'aimais mieux avoir l'air de l'ignorer, et je pensais bien que vous m'en parleriez.

DE MONTÈGRE.

Je vous dois une explication.

DE RYONS.

A quoi bon? Ces choses-là s'expliquent toutes seules.

DE MONTÈGRE.

Non, lorsque l'honneur d'une femme est en jeu. Sachez

ACTE TROISIÈME.

donc, et je vous en donne ma parole d'honneur, que je n'ai jamais été l'amant de madame de Simerose, que je ne le suis pas et que je ne le serai jamais.

DE RYONS.

Ah! vous m'enchantez.

DE MONTÈGRE.

Parce que?

DE RYONS, le regardant de côté.

Parce qu'alors je puis lui faire ma cour.

DE MONTÈGRE, malgré lui.

Non, car cela ne m'empêche pas de l'aimer de toute mon âme; au contraire.

DE RYONS.

Et d'être aimé d'elle?

DE MONTÈGRE.

Peut-être.

DE RYONS.

L'amour pur, alors, l'amour platonique, la quintessence de l'amour; j'y suis.

DE MONTÈGRE.

Moquez-vous tant que vous voudrez; c'est ainsi, et je suis heureux.

DE RYONS.

Mauvais plaisant!

DE MONTÈGRE.

Je vous jure!

DE RYONS.

Êtes-vous sincère?

DE MONTÈGRE.

Oui.

DE RYONS.

En ce cas, partez pour la Chine, sans perdre une minute.

DE MONTÈGRE.

Dieu m'en garde!

DE RYONS.

Alors, avant huit jours, vous déshonorerez celle que vous aimez.

DE MONTÈGRE.

Parce que?

DE RYONS.

Parce qu'on n'attelle pas un cheval de course à une charrue; parce qu'au quart du sillon, vous donnerez des coups de pied dans les brancards et que vous casserez tout; parce qu'enfin il y a des lois invariables que nous ne changerons ni vous ni moi, qui n'ai pas envie de les changer, du reste, et ces lois, les voici : l'homme a une âme, un esprit et un corps. S'il n'aime qu'avec son âme, qu'il ne s'adresse pas à une créature terrestre, qu'il aille droit à Dieu, source de toute pureté et de toute vérité; qu'il soit saint Augustin ou saint Vincent de Paul, et qu'il donne aux hommes un grand exemple à suivre. S'il n'aime qu'avec son imagination, qu'il soit Dante ou Pétrarque; qu'il évoque une créature imaginaire et irréalisable, comme Laure ou Béatrix; qu'il mette son amour en rimes et qu'il laisse à la postérité un chef-d'œuvre éternel. S'il n'aime qu'avec le corps, qu'il soit Casanova ou Richelieu; qu'il fasse éclater l'amour païen sur les joues des belles filles, comme ces feuilles de rose en forme de bulles que les enfants font éclater sur le dos de leurs mains. Cela fait un joli bruit, et il n'y a rien dedans! Mais, pour le commun des hommes, dont vous êtes et moi aussi, il faut l'harmonie entre le corps, l'esprit et l'âme; il faut l'amour enfin, tel que Dieu l'a voulu. — Ne venez donc pas, avec votre nature et à votre âge, nous raconter que vous allez passer votre vie dans l'adoration perpétuellement respectueuse d'une femme en chair et en os comme vous. C'est bon pour commencer, mais ça ne va pas loin, et je n'ai qu'un mot à vous dire pour vous rejeter sur la terre et vous faire trembler de la tête aux pieds, vous et votre amour pur.

DE MONTÈGRE.

Quel mot?

DE RYONS.

Vous aimez la comtesse en dehors de toute pensée matérielle.

DE MONTÈGRE.

Oui.

DE RYONS.

Eh bien, fermez les yeux un moment; voyez-vous cette ombre qui passe entre elle et vous, en vous riant au nez? c'est l'ombre du mari.

DE MONTÈGRE, avec colère.

Ne parlez pas de cela.

DE RYONS.

Vous êtes jaloux d'un fait matériel... Vous le voyez bien. Partez pour la Chine! Non? Eh bien, faites la cour à madame Leverdet, qui a une passion pour vous; j'ai vu ça, moi. Non plus? Alors, puisque vous le voulez absolument, donnez-nous la comédie, et... (A part.), comme c'est moi maintenant qui tiens les ficelles, je crois qu'elle va être drôle.

SCÈNE VII

Les Mêmes, DE SIMEROSE.

DE SIMEROSE, entrant.

Pardon, messieurs, madame de Simerose, je vous prie?

DE RYONS.

Vous êtes ici chez elle, monsieur.

DE SIMEROSE.

Je n'ai trouvé personne qu'un domestique qui tenait en

main un fort beau cheval de selle, et qui est à l'un de vous deux, sans doute, messieurs?

DE RYONS.

A moi, monsieur.

DE SIMEROSE.

Recevez mon compliment, monsieur, c'est une bête admirable; mais ce domestique, qui ne pouvait venir m'annoncer avec son cheval en main, m'a dit que je trouverais la comtesse dans ce salon.

DE RYONS.

La comtesse est dans la salle à manger avec mademoiselle Leverdet. J'allais prendre congé d'elle; je puis la prévenir.

DE SIMEROSE.

Si vous le voulez bien, monsieur...

DE RYONS.

Qui annoncerai-je?

DE SIMEROSE.

M. d'Issomère. Je viens pour une propriété que madame la comtesse veut vendre; je vous demande pardon, monsieur.

De Ryons salue.

DE RYONS, à De Montègre.

Venez-vous?

DE MONTÈGRE.

Non, je reste encore un moment.

De Ryons sort.

SCÈNE VIII

DE MONTÈGRE, DE SIMEROSE.

DE SIMEROSE.

Ce monsieur a un beau cheval.

DE MONTÈGRE, intrigué par ce nouveau venu.

Vous êtes amateur, monsieur?

DE SIMEROSE.

Oui, très amateur. Et vous, monsieur?

DE MONTÈGRE.

Comme tout le monde.

Jane entre et marche vers de Simerose.

SCÈNE IX

LES MÊMES, JANE.

JANE, reconnaissant de Simerose.

Vous, monsieur!

DE SIMEROSE.

Moi-même, madame!

JANE, à demi-voix.

Pourquoi vous faites-vous annoncer chez moi sous un faux nom ?

DE SIMEROSE, même jeu.

Parce que vous ne m'auriez probablement pas reçu sous mon nom véritable, et qu'il était inutile de mêler des domestiques ou des étrangers à l'affront que vous m'auriez fait.

JANE, présentant M. de Montègre.

M. de Montègre. (Présentant M. de Simerose.) M. de Simerose, mon mari.

DE MONTÈGRE.

Je prends congé de vous, madame.

JANE.

J'espère vous revoir bientôt.

DE SIMEROSE, regardant de Montègre, qui s'éloigne. A part.

Hum! hum!

SCÈNE X

JANE, DE SIMEROSE

JANE.

Je vous écoute, monsieur.

DE SIMEROSE, très homme du monde et très cérémonieux.

D'abord, je me présente chez vous pour vous faire mes excuses. Je vous ai causé un moment d'ennui en acceptant le dîner de madame Leverdet. J'ignorais que nous dussions nous trouver ensemble. Je ne connaissais pas cette dame; elle n'a pas eu de cesse que je lui fusse présenté, et, dès notre première rencontre, elle m'a parlé de vous comme si elle était votre plus intime amie. Elle promettait de mener à bonne fin des événements qui me souriaient fort. Elle n'a pas réussi. Je n'ai pas besoin de vous dire combien je le regrette.

JANE.

Je désire, monsieur, que nous ne revenions pas sur le passé, qui m'est probablement encore plus pénible qu'à vous, et, si vous voulez bien me faire connaître...

DE SIMEROSE.

Le but de ma visite? Je viens vous informer d'une résolution que j'ai prise et vous demander un service. La résolution est de quitter l'Europe.

JANE.

Pour longtemps?

DE SIMEROSE.

Pour toujours. Il faut absolument que ma vie soit employée à quelque chose. J'ai résolu de partir avec un de mes amis. Nous allons tenter dans le nouveau monde des voyages et des aventures qui rendront peut-être bientôt la situation plus claire pour vous. Quels que soient les accidents auxquels je m'expose, pour me distraire un peu, je tâcherai que vous soyez informée le plus tôt possible de votre liberté complète. Cependant, si depuis deux ans vos idées sur le mariage ne se sont pas modifiées, en cas de veuvage, ne faites pas une nouvelle tentative, elle ne réussirait pas mieux que la première. Si elles sont autres, soyez heureuse, je le souhaite et vous le méritez.

JANE.

Monsieur!...

DE SIMEROSE.

Rassurez-vous; je ne viens pas essayer de vous émouvoir sur ma destinée probable, et je passe tout de suite au service dont j'ai besoin, et qui ne peut m'être rendu que par une personne que j'estime et que j'aime. Puis-je compter sur vous?

JANE.

Oui.

DE SIMEROSE.

Cependant, si des motifs que ne je connais pas veulent que vous ne puissiez rien faire sans l'avis de quelqu'un, parent ou ami, veuillez me le dire. Ma visite s'arrêterait là, ce que j'ai à vous demander ne devant être connu de personne.

JANE.

Pas même de ma mère?

DE SIMEROSE.

Pas même de votre mère, qui ne m'aime pas, qui vous aime un peu en égoïste, sans quoi elle vous eût mieux conseillée dans d'autres circonstances.

JANE.

Je vous écoute.

DE SIMEROSE.

Ce mot me suffit. Vous êtes de celles à qui l'on n'a

besoin de demander ni protestations ni serments. Voici ce dont il s'agit : je m'intéresse beaucoup et je m'intéressais déjà avant de vous connaître, à un enfant qui est encore trop jeune pour que je l'emmène avec moi; je suis sa seule famille, il n'a plus de mère et n'a pas de père. Il est âgé de quatre ans. C'est un petit garçon plein d'intelligence et de grâce. Voulez-vous vous occuper de lui à votre tour, en mon absence, l'aller voir de temps en temps et devenir sa protectrice?

JANE.

Volontiers...

DE SIMEROSE.

Si, plus tard, il vous plaît, s'il se rend digne d'une affection sérieuse et suivie, qui vous empêcherait de le prendre auprès de vous? il vous faudra un jour aimer quelqu'un, vous ne sauriez traverser la vie sans un attachement quelconque; autant celui-là qu'un autre, et ce sera une bonne action. Si je reviens de mes excursions d'ici à cinq ou six ans (en cinq ou six ans, il se passe bien des choses!), nous nous entendrons ensemble sur la manière d'élever cet enfant à nous deux, même séparément, et d'en faire un homme. Si je ne reviens pas et que vous ne soyez pas remariée, adoptez-le quand vous serez en âge de le faire. En tous cas, moi, je lui donne mon nom par ce testament, par ce même testament que je vous prie de garder. (Il lui remet son testament.) Je vous laisse toute ma fortune, à titre de dépôt, rassurez-vous, et vous la transmettrez, quand vous le jugerez convenable, à cet orphelin. Il est à la campagne, chez des gens dont voici l'adresse sur cette lettre, par laquelle je vous donne pleins pouvoirs sur lui. Cette lettre est signée du nom que j'ai pris tout à l'heure, sous lequel je suis connu de ses nourriciers et qui est l'anagramme de mon nom véritable. Ce n'est donc pas tout à fait un mensonge. Ces gens sont prévenus qu'une dame viendra peut-être voir le petit et le prendre. Vous les récompenserez de leurs soins, et tout sera dit. Est-ce convenu?

JANE.

Oui, et je vous remercie de votre confiance.

DE SIMEROSE.

Je pars demain; si, d'ici là, vous avez quelque chose à me faire dire, j'habite mon ancien appartement de garçon. Je me permettrai de vous écrire quelquefois et de vous demander des nouvelles de Richard. C'est le nom de l'enfant.

JANE.

Le même nom que vous?

DE SIMEROSE.

Le même.

JANE.

Vous recevrez régulièrement de ses nouvelles.

DE SIMEROSE.

Merci. Au revoir, comtesse; adieu, veux-je dire.

JANE.

Adieu.

De Simerose sort

SCÈNE XI

JANE, DE MONTÈGRE; il est entré, presque aussitôt que le comte a été sorti, par la porte derrière laquelle il était caché au deuxième acte.

DE MONTÈGRE.

Eh bien?

JANE, qui ne l'avait pas vu.

Vous étiez là?

DE MONTÈGRE.

Oui.

JANE.

Dans cette chambre, alors?

Elle montre la chambre dans laquelle il s'est caché à l'acte précédent.

DE MONTÈGRE.

Oui, puisque vous m'avez autorisé hier...

JANE.

Mais non aujourd'hui.

DE MONTÈGRE.

Pardon!... je ne croyais pas vous contrarier. J'étais impatient de savoir ce que le comte est venu faire ici.

JANE.

Il est venu me parler d'affaires,... me remettre des papiers d'intérêt.

DE MONTÈGRE.

A quel propos?

JANE.

Il part.

DE MONTÈGRE.

Pour longtemps?

JANE.

Pour toujours.

DE MONTÈGRE, avec joie.

Alors, pourquoi êtes-vous si troublée?

JANE.

Je ne m'attendais pas à cette visite, elle m'a fait mal.

DE MONTÈGRE.

Et à moi donc! Quand je pense que vous avez aimé cet homme!

JANE.

Oh! jamais...

Elle va pour parler et s'arrête.

DE MONTÈGRE.

Qu'alliez-vous dire?

JANE.

Rien, plus tard. Adieu.

DE MONTÈGRE.

Vous me congédiez ?

JANE.

J'ai besoin d'un peu de repos et de solitude, après toutes ces émotions.

DE MONTÈGRE.

Dites-moi que vous m'aimez, Jane.

JANE, sans le regarder.

Quelle femme serais-je donc si je ne vous aimais pas ?

DE MONTÈGRE.

A demain.

Jane fait signe que oui ; de Montègre sort.

SCÈNE XII

JANE, seule.

Elle va à la fenêtre et regarde de Montègre s'éloigner. Elle fait un mouvement de tête qu'il peut croire affectueux. Il est visible cependant qu'elle ne pense pas à lui en ce moment. Elle revient à la table où sont les papiers que lui a remis le comte. Elle les parcourt machinalement et les laisse retomber. Elle réfléchit un instant, puis elle prend une résolution subite, marche vers la sonnette et sonne. La femme de chambre paraît.

SCÈNE XIII

JANE, La Femme de chambre.

JANE.

Mon châle, mon chapeau.

La femme de chambre va chercher les objets demandés.
Pendant ce temps, Jane prend les papiers du comte et les met dans sa poche.

LA FEMME DE CHAMBRE.

Madame ne sort pas dans sa voiture?

JANE.

Non.

LA FEMME DE CHAMBRE.

Madame ne met pas de voile?

JANE.

Si. (Montrant le voile de grenadine sur la table.) Donnez-moi celui-là. (A part.) Allons, M. de Ryons est prophète!

ACTE QUATRIÈME

Même décor.

SCÈNE PREMIÈRE

MADAME LEVERDET, JOSEPH.

MADAME LEVERDET.

Et la comtesse est sortie?

JOSEPH.

Oui, madame.

MADAME LEVERDET.

Va-t-elle rentrer?

JOSEPH.

Je le pense. Madame est sortie à midi, et il est quatre heures.

MADAME LEVERDET.

Et ma fille?

JOSEPH.

Mademoiselle Balbine est dans le jardin.

MADAME LEVERDET.

Seule?

JOSEPH.

Seule.

MADAME LEVERDET.

La comtesse est peut-être allée au devant de sa mère?

JOSEPH.

Peut-être, madame.

MADAME LEVERDET.

Car madame de Tussac doit revenir ces jours-ci, n'est-ce pas?

JOSEPH.

C'est bien possible.

MADAME LEVERDET.

Et l'oncle de la comtesse, est-il arrivé?

JOSEPH.

Non, madame.

MADAME LEVERDET.

Mais on l'attend?

JOSEPH.

Son appartement est prêt.

MADAME LEVERDET.

Il a accompagné la comtesse pendant son voyage en Italie?

JOSEPH.

Madame la comtesse a donc été en Italie?

MADAME LEVERDET.

La femme de chambre était du voyage ; elle a dû vous le dire.

JOSEPH.

Non, madame.

MADAME LEVERDET.

De quoi parlez-vous donc à l'office?

JOSEPH.

Des autres maisons.

MADAME LEVERDET.

Est-ce que vous avez de l'esprit, monsieur Joseph?

ACTE QUATRIÈME.

JOSEPH.

Madame le sait bien; c'est pour cela qu'elle m'a renvoyé.

MADAME LEVERDET, à part.

Impertinent!

JOSEPH, à part.

Curieuse!

Il sort.

SCÈNE II

MADAME LEVERDET, DE MONTÈGRE.

DE MONTÈGRE, très agité.

Vous êtes seule ici?

MADAME LEVERDET.

Qu'avez-vous?

DE MONTÈGRE.

Vous êtes mon amie, n'est-ce pas?

MADAME LEVERDET.

Est-ce à vous d'en douter?

Elle lui tend la main; il la lui serre en homme qui pense à autre chose.

DE MONTÈGRE.

Il s'agit de me dire tout ce que vous savez.

MADAME LEVERDET.

Sur qui?

DE MONTÈGRE.

Sur madame de Simerose.

MADAME LEVERDET.

Ah! ça commence. Je vous ai cependant prévenu, quand vous m'avez fait la confidence de ce nouvel amour; je vous ai dit que je ne savais pas à quoi m'en tenir sur cette femme-là. Je ne la connais pas, moi. Elle est ma voisine de campagne, voilà tout. Elle va, elle vient, elle voyage, elle s'enferme. Personne ne sait ce qu'elle fait et elle ne rend de comptes à personne. Où en êtes-vous avec elle?

DE MONTÈGRE.

Vous ne trahirez jamais ce secret?

MADAME LEVERDET.

En ai-je jamais trahi un? Et vous m'avez confié tous vos secrets; car, sans reproche, c'est à moi que vous venez conter toutes vos peines d'amour, sans vous inquiéter...

DE MONTÈGRE, l'interrompant.

Eh bien, j'ai eu une entrevue avec la comtesse, ce matin ici; je lui ai dit ce que je lui avais écrit si souvent, que je l'aime.

MADAME LEVERDET.

Et elle?

DE MONTÈGRE.

Elle m'a laissé entendre qu'elle pourrait m'aimer.

MADAME LEVERDET.

Pour une première entrevue, c'est suffisant, si ce n'est que ça.

DE MONTÈGRE, avec amertume.

Mais elle ne s'engageait pas à grand'chose. Il n'était question que d'amour platonique.

MADAME LEVERDET.

Il faut bien varier un peu.

DE MONTÈGRE.

M. de Ryons est venu nous interrompre, et j'étais avec lui quand M. de Simerose est venu.

MADAME LEVERDET.

Il a vu sa femme?

DE MONTÈGRE.

Oui.

ACTE QUATRIÈME.

MADAME LEVERDET.

Vous assistiez à l'entrevue?

DE MONTÈGRE.

Non; mais, dès que le comte a eu pris congé d'elle, je suis rentré.

MADAME LEVERDET.

Êtes-vous sûr que c'était le comte?

DE MONTÈGRE.

Elle nous a présentés l'un à l'autre; vous la croiriez capable...?

MADAME LEVERDET.

Grand, beau garçon, élégant, l'air un peu insolent?

DE MONTÈGRE.

Oui.

MADAME LEVERDET.

C'est lui. Il sera venu lui annoncer son départ et faire une dernière tentative. Il quitte Paris demain. Il doit même venir ce soir demander des renseignements à M. Leverdet, pour son voyage. Continuez.

DE MONTÈGRE.

Quand elle m'a revu, elle m'a dit que son mari était venu lui parler d'affaires d'intérêt; qu'en effet, il allait partir; que cette visite l'avait troublée, qu'elle avait besoin de solitude et de repos. Je l'ai laissée, alors; mais je ne sais quel pressentiment me disait de ne pas m'éloigner de cette maison, et je me suis mis à rôder dans le voisinage.

MADAME LEVERDET.

Vous ne changerez jamais.

DE MONTÈGRE.

Au bout d'un quart d'heure, la comtesse sortait, le visage couvert d'un voile blanc, méconnaissable pour tout le monde, excepté pour moi. Évidemment, elle se cachait. De plus, elle était à pied, sans sa voiture et sans ses gens. Elle a pris le chemin de fer. J'ai monté dans un autre compartiment qu'elle. Arrivée à Paris, elle a pris une voiture de place et s'est fait conduire à l'avenue de Wagram.

MADAME LEVERDET.

Dans les nouveaux quartiers?

DE MONTÈGRE.

Oui. Elle s'est fait arrêter devant un hôtel portant le n° 67. Elle a payé sa voiture, et elle est entrée dans cette maison. Cinq minutes après, j'y entrais à mon tour; je donnais cinq louis au concierge, et je lui demandais chez qui était allée cette dame, entrée cinq minutes avant moi. Cette dame, que le concierge connaissait pour l'avoir vue quelquefois venir visiter sa maîtresse, absente de Paris à cette heure, cette dame n'avait fait que traverser la cour, et elle était sortie par l'autre porte, donnant sur la rue des Dames. La maison avait deux issues. La comtesse le savait, et elle en usait pour faire perdre sa trace, si elle était suivie.

MADAME LEVERDET.

Pas mal.

DE MONTÈGRE.

Je suis sorti par la même porte qu'elle. Personne. Rien. Envolée! Je suis revenu ici. J'ai questionné adroitement...

MADAME LEVERDET.

Je me fie à vous.

DE MONTÈGRE.

Elle n'était pas rentrée. On ne savait rien. Alors, j'ai couru chez vous; on m'a dit que vous étiez chez elle, et me voilà. Il ne s'agit plus de me cacher la vérité; vous devez la savoir, comme vous la savez sur toutes les personnes que vous recevez; au nom du ciel, dites-la-moi!

MADAME LEVERDET.

Je ne puis faire que des suppositions.

DE MONTÈGRE.

Voyons-les.

MADAME LEVERDET.

Vous savez ce que je vous ai répondu quand vous m'avez fait la confidence de votre amour pour la comtesse. Je vous ai conseillé d'en guérir le plus vite possible. Je la croyais en toute conscience la plus honnête femme du monde, la plus inattaquable et la plus invincible. Je craignais donc pour vous un chagrin sans remède. Vous avez persisté; vous avez trouvé le moyen de la faire revenir, ce qui a commencé à modifier mes idées sur son compte; et, quand je lui ai parlé de vous hier, et qu'elle m'a répondu tranquillement, comme si vous étiez pour elle le premier venu : « Oui, je l'ai vu deux ou trois fois chez sa sœur; » quand je l'ai vue exiger de moi que je lui menasse tous mes invités, parce que vous étiez du nombre, car il ne pouvait y avoir d'autres raisons à cette inconvenance; enfin, quand je vous ai présenté à elle et que je l'ai vue vous accueillir comme elle eût fait d'un véritable inconnu, j'avoue que j'ai été émerveillée de son aplomb, et que j'ai continué à croire qu'elle n'en était pas à son premier coup d'essai. Ce que vous venez de me raconter ne me laisse plus aucun doute. Cette petite comtesse nous a tous mis dedans, comme on dit. Maintenant, vous ne m'avez parlé qu'incidemment de M. de Ryons : quel rôle joue-t-il dans toute cette histoire?

DE MONTÈGRE.

Hier soir, elle m'avait permis d'attendre dans cette chambre qui est là, avec promesse de me recevoir quand tout le monde serait parti.

MADAME LEVERDET.

De mieux en mieux!

DE MONTÈGRE.

Votre fille s'étant trouvée mal, elle n'a pu rester seule. C'est M. de Ryons qu'elle a chargé de me faire sortir et de me remettre un billet.

MADAME LEVERDET.

Parfait! Eh bien, c'est M. de Ryons qu'il faut faire parler. Ce ne sera pas facile, parce qu'il ne dit que ce qu'il veut dire, excepté hier cependant, où, pour prouver son mérite, il a fait allusion, en causant avec madame de Simerose, à je ne sais quel voyage à Strasbourg, compliqué de phrases anglaises. Il y a là un mystère dont il est le confident ou l'auteur. Ils se connaissaient certainement avant de se rencontrer chez moi. Ils sont plus malins que vous, mais je suis aussi maligne qu'eux.

DE MONTÈGRE.

Merci.

Il fait mine de s'éloigner.

MADAME LEVERDET.

Où allez-vous?

DE MONTÈGRE.

Je vais trouver M. de Ryons, et, s'il se moque de moi, malheur à lui! Et, si elle s'entend avec lui, malheur à elle! Ah! c'est Fanny qui recommence! mais, cette fois, je suis prévenu.

Il va prendre son chapeau.

MADAME LEVERDET, à part.

Tant pis pour vous, petite comtesse! Pourquoi vous jetez-vous dans les amours des autres?

Mademoiselle Hackendorf entre.

DE MONTÈGRE, à mademoiselle Hackendorf.

J'ai été bien coupable envers vous, mademoiselle; mais si vous saviez!...

Il sort.

SCÈNE III

MADEMOISELLE HACKENDORF,
MADAME LEVERDET.

MADEMOISELLE HACKENDORF.

Il est fou!

MADAME LEVERDET.

Il ne s'en faut guère.

MADEMOISELLE HACKENDORF.

C'est une épidémie, alors. Balbine, avec qui je suis depuis un quart d'heure, refuse de me parler. J'ai cru qu'elle allait me battre.

MADAME LEVERDET.

Qu'est-ce que cela signifie ? Et la comtesse n'est pas rentrée ?

MADEMOISELLE HACKENDORF.

Non.

De Ryons entre.

SCÈNE IV

Les Mêmes, DE RYONS.

DE RYONS, saluant.

Mesdames...

MADAME LEVERDET.

Vous n'avez pas rencontré M. de Montègre ? Il sort d'ici.

DE RYONS.

Il aura peut-être pris à droite pendant que j'arrivais à gauche.

MADAME LEVERDET.

Il allait chez vous.

DE RYONS.

Il ne m'y trouvera probablement pas ; mais cette petite course ne peut lui faire que du bien. C'est un homme qui a le sang à la tête. Il faut qu'il marche ! il faut qu'il marche ! Savez-vous ce qu'il avait à me dire ?

MADAME LEVERDET.

Peut-être, mais je veux vous laisser le plaisir de le deviner, puisque vous devinez. Et, à ce propos, maintenant que vous l'avez vue à table, qu'est-ce que vous pensez de la comtesse, définitivement? Quel est l'état de son cœur? Je serais très curieuse de le savoir.

DE RYONS.

Voulez-vous que je sois franc?

MADAME LEVERDET.

Si ce n'est pas trop vous demander.

DE RYONS.

Eh bien, je crois que c'est la plus honnête femme du monde.

MADAME LEVERDET.

Ah! vraiment?

DE RYONS.

Oui.

MADAME LEVERDET.

Vous êtes son ami! cela se voit.

DE RYONS.

Je suis de la maison, maintenant. C'est la seconde visite que je lui fais de la journée.

MADAME LEVERDET.

Vous les rend-elles, vos visites?

DE RYONS.

Pas encore.

MADAME LEVERDET.

Où demeurez-vous?

DE RYONS.

Est-ce que vous comptez l'accompagner quand elle viendra? Prévenez-moi, j'illuminerai.

ACTE QUATRIÈME.

MADAME LEVERDET.

Vous ferez bien, si vous habitez les quartiers déserts, l'avenue de Wagram, par exemple.

DE RYONS.

Je ne comprends plus.

MADAME LEVERDET.

Comment ! votre nouvelle amie ne vous a pas dit qu'elle y était allée aujourd'hui ? Elle a des secrets pour vous. Vous êtes bien fin, monsieur de Ryons ; mais on peut être aussi fin que vous. Vous ne m'aviez jamais fait l'honneur de venir chez moi. Vous me faites cet honneur tout à coup, juste le jour où la comtesse revient de voyage et me rend visite. Oh ! quel hasard ! Je vous présente naïvement à elle, comme si vous ne la connaissiez pas, parce que vous me dites qu'elle vous est inconnue. Vous surprenez ma bonne foi, c'est très ingénieux, mais ce n'était pas difficile. Comment pouvais-je supposer que vous feriez servir ma maison à de pareilles rencontres ? Je sais ce qu'il me reste à faire.

DE RYONS, à mademoiselle Hackendorf.

Elle est folle.

MADEMOISELLE HACKENDORF.

Elle aussi !

DE RYONS, à madame Leverdet.

A ce soir tout de même, chère madame.

MADAME LEVERDET, à mademoiselle Hackendorf.

Vous n'avez pas compris grand'chose à ce que nous avons dit. Tant mieux pour vous ! — Oui, à ce soir.

Elle embrasse mademoiselle Hackendorf, et sort.

SCÈNE V

DE RYONS, MADEMOISELLE HACKENDORF.

MADEMOISELLE HACKENDORF.

Qu'est-ce qu'elle a ?

DE RYONS.

Bonne femme pour les myopes, et honnête femme pour les aveugles !

MADEMOISELLE HACKENDORF, le regardant.

Eh bien ?

DE RYONS, d'un air naïf.

Eh bien ?

MADEMOISELLE HACKENDORF.

Quelle heure est-il ?

DE RYONS, regardant la pendule.

Cinq heures.

MADEMOISELLE HACKENDORF.

Qu'est-ce que vous deviez faire aujourd'hui de deux à quatre ?

DE RYONS.

Aujourd'hui ? (Elle fait signe que oui.) De deux à quatre
Il a l'air de chercher à se rappeler.

MADEMOISELLE HACKENDORF.

Vous êtes aimable !

DE RYONS.

Je ne me rappelle pas du tout.

MADEMOISELLE HACKENDORF.

Je vais aider votre mémoire. Vous deviez venir demander ma main à mon père.

ACTE QUATRIÈME.

DE RYONS, se frappant le front.

C'est pourtant vrai! Je vous fais mes excuses. Comment ai-je pu oublier ça? Mais monsieur votre père?

MADEMOISELLE HACKENDORF.

Mon père était prévenu, il vous attendait avec tous ses livres de caisse.

DE RYONS.

Il consentait, alors?

MADEMOISELLE HACKENDORF.

Certainement!

DE RYONS.

Oh! quel jeu jouons-nous, mademoiselle?

MADEMOISELLE HACKENDORF.

Aucun jeu.

DE RYONS.

Vous n'aviez pas considéré mes paroles d'hier comme une plaisanterie, de mauvais goût peut-être, mais enfin comme une plaisanterie?

MADEMOISELLE HACKENDORF.

Non.

DE RYONS.

Et vous avez cru réellement que j'irais aujourd'hui vous demander à votre père?

MADEMOISELLE HACKENDORF.

Oui.

DE RYONS.

Et vous auriez accepté d'être ma femme?

MADEMOISELLE HACKENDORF.

Parfaitement.

DE RYONS.

Enfant gâtée! Il y a un homme, un seul parmi tous ceux qui vous entourent, qui n'a pas l'idée de vous épouser, qui n'a pas envie de vos millions, qui vous dit quelquefois des vérités au lieu de vous faire des compliments, et vous n'avez pas de cesse que cet homme n'ait fait ce que font les autres; cela vous taquine qu'un mortel échappe à votre empire; il faut absolument qu'il se soumette, qu'il fasse la démarche convenue, et que vous puissiez enfin dire de lui : « Encore un que j'ai refusé! » Belle victoire! Eh bien, on vous la donnera, cette satisfaction, s'il ne faut que cela pour vous amuser un moment, parce qu'on doit faire tout ce qu'on peut pour amuser une jolie femme.

MADEMOISELLE HACKENDORF.

Monsieur l'homme qui sait tout, vous ne savez pas ce que vous dites. Mes millions m'ennuient assez pour me donner un avantage sur les autres jeunes filles, celui de dire ce que je pense, sans pouvoir être accusée de calcul; et, toutes les fois que j'ai parlé de vous, j'ai dit que vous étiez le seul homme que je consentirais à épouser.

DE RYONS.

Alors, c'est bien vous que me proposait madame Leverdet?

MADEMOISELLE HACKENDORF.

Probablement.

DE RYONS.

Et d'où me venait cet honneur?

MADEMOISELLE HACKENDORF.

Tout bonnement de ce que vous ne ressemblez pas aux autres hommes. Voilà la vérité, puisque vous voulez la connaître.

DE RYONS.

Malheureusement...

MADEMOISELLE HACKENDORF.

Malheureusement, votre indifférence est sincère, et un

homme supérieur aux autres n'epouse pas une fille comme moi. Il faut être pour cela un vaniteux, un spéculateur ou un sot, voilà ce que vous voulez dire, n'est-ce pas? « Ah ça! qu'est-ce que cette jeune fille qu'on promène tous les jours d'hiver et de printemps au bois de Boulogne, dans une calèche découverte, à côté d'un vieux monsieur qui a l'air de dire à tout le monde : « Regardez donc ma fille, comme elle est bien mise! » qu'on rentre dès qu'il fait nuit, parce qu'on ne la verrait plus, et pour qu'elle ne s'abîme pas; qu'on habille ensuite un peu plus ou un peu moins, et qu'on transporte dans ses éternelles loges de l'Opéra ou des Italiens, d'où elle entend *il Trovatore* ou *le Trouvère*, et qu'on retrouve l'été à Bade ou à Biarritz, où elle balance la renommée de *Vermouth* ou de *Gladiateur?* — Comment! vous ne la connaissez pas? c'est la belle mademoiselle Hackendorf, un des plus riches partis de l'Europe. — Pourquoi ne se marie-t-elle pas? Elle n'est plus toute jeune! elle a bien vingt-deux ans. Quel est donc ce mystère? Est-elle aussi riche qu'on le dit? Est-ce que son père n'a pas fait faillite dans son pays? — On prétend qu'elle a eu une passion pour un grand personnage qui ne pouvait pas l'épouser. — Qu'elle y prenne garde! Elle commence à devenir un peu ridicule avec ses toilettes excentriques, son attelage à quatre et ses deux millions de dot. Savez-vous à qui elle ressemble? A cette belle poupée mécanique qui est en montre dans un magasin du boulevard, avec cette annonce : « Je dis *papa*, je dis *maman*, et je ne coûte que cinq cents francs. » Tout le monde l'admire, personne ne l'achète. Joli joujou, mais trop connu. » (Un silence.) C'est bien cela, n'est-ce pas? c'est bien ainsi que vous avez parlé de moi? On me l'a répété, et je n'en oublie rien. En effet, un homme qui a tenu ce discours sur une femme ne peut plus, ne doit plus lui donner son nom. Et pourtant ce serait une bonne action, car cette fille est une honnête fille, et ce n'est pas sa faute si elle est belle, si elle est riche et si elle a de la fortune et de la beauté. Elle fait du bien avec l'une et ne fait pas de mal avec l'autre. Elle sera une honnête femme, si elle trouve un mari intelligent qui la comprenne et la domine. Ce mari, elle l'a trouvé. Elle profite de ce qu'il est plus intelligent que les autres hommes et de ce qu'elle a les moyens de dire ce qu'elle pense, pour lui dire : « Je n'ai encore vu que des hommes inférieurs à moi, et c'est un maître qu'il me faut. Sacrifiez-vous; épousez-moi. »

DE RYONS, après l'avoir regardée un moment.

Vous êtes trop jolie.

MADEMOISELLE HACKENDORF.

C'est si facile de vieillir!

DE RYONS.

Vous êtes trop riche.

MADEMOISELLE HACKENDORF.

C'est si facile de se ruiner!

DE RYONS.

Quand M. de Chantrin doit-il demander votre main?

MADEMOISELLE HACKENDORF.

Ce soir.

DE RYONS.

On demande donc aussi le soir?

MADEMOISELLE HACKENDORF.

Oui, on a été forcé...

DE RYONS.

De mettre une allonge.

MADEMOISELLE HACKENDORF.

Justement.

DE RYONS.

Eh bien, vous direz à M. de Chantrin que vous voulez d'abord savoir s'il vous aime; et, pour cela, vous exigerez qu'il coupe sa barbe.

MADEMOISELLE HACKENDORF.

Ah! et s'il la coupe?

DE RYONS.

C'est tout ce que je veux.

MADEMOISELLE HACKENDORF.

Et qu'est-ce que je lui dirai, quand il viendra, désireux de me plaire, sa barbe dans sa main, réclamer son salaire?

DE RYONS.

Vous lui direz que vous avez réfléchi et que vous voulez attendre que sa barbe soit repoussée pour comparer.

MADEMOISELLE HACKENDORF.

Tout cela sera fait.

DE RYONS.

Et vous ne me demandez pas pourquoi je vous dis de le faire?

MADEMOISELLE HACKENDORF.

Vous me dites évidemment de le faire parce qu'il y a une raison pour que cela soit fait.

DE RYONS.

Un bon point. Je commence à croire qu'on fera quelque chose de vous.

MADEMOISELLE HACKENDORF.

Et moi aussi.

Jane entre.

SCÈNE VI

Les Mêmes, JANE.

JANE, à mademoiselle Hackendorf.

Vous avez l'air heureux, chère belle.

MADEMOISELLE HACKENDORF.

Je suis très heureuse, en effet; mais vous, madame, vous paraissez toute triste.

JANE.

Un petit ennui.

MADEMOISELLE HACKENDORF.

Contez-le à M. de Ryons. Il a des remèdes pour tout et c'est le meilleur des amis.

Elle sort.

SCÈNE VII

JANE, DE RYONS

DE RYONS.

Qu'y a-t-il?

JANE.

N'avez-vous parlé de moi à personne? A madame Leverdet, par exemple?

DE RYONS.

Nous venons, de parler de vous, mais je n'ai dit que ce que je devais dire.

JANE.

Et de M. de Montègre, il n'a pas été question entre elle et vous?

DE RYONS.

Jamais.

JANE.

Alors, ce qu'elle sait de lui et de moi...

DE RYONS.

Elle le tient de lui, qui n'a pas de secrets pour elle. Il la croit une bonne femme. Telle que vous la voyez, elle lui fait la cour depuis six ans sans qu'il s'en aperçoive. Il ne voit pas le fauteuil de des Targettes qu'on lui pousse dans les jambes. Elle est jalouse de vous, — et les femmes de quarante ans, quand c'est jaloux, c'est féroce!

JANE.

Je viens d'avoir avec elle la scène la plus ridicule et la plus inattendue. Elle m'a interrogée, accusée même, sur un ton qui ne me convenait pas, et elle a fini par me dire que sa maison ne pouvait recevoir que des femmes irréprochables.

DE RYONS.

Comment va-t-elle faire pour rentrer chez elle?

JOSEPH, annonçant.

M. de Montègre!

DE RYONS, à part.

Eh bien, ça aura été plus vite que je ne croyais.

SCÈNE VIII

LES MÊMES, DE MONTÈGRE.

DE MONTÈGRE salue, en se contenant à peine.

Je sors de chez vous, mon cher monsieur de Ryons; je voulais vous entretenir un moment.

DE RYONS.

Je vais vous attendre où vous voudrez.

DE MONTÈGRE.

Mais cette explication peut avoir lieu ici. Madame n'est pas de trop, car il sera question d'elle.

JANE.

De moi?

DE MONTÈGRE.

Oui, madame, et, puisque vous avez initié M. de Ryons à vos secrets, autant que nous nous expliquions franchement les uns devant les autres.

JANE.

Soit.

DE MONTÈGRE.

Permettez que je m'adresse d'abord à M. de Ryons. Entre hommes, les explications sont plus courtes.

JANE.

Qu'est-ce que c'est que ce langage?

DE MONTÈGRE.

Monsieur de Ryons, voulez-vous me donner votre parole d'honneur qu'avant de rencontrer madame de Simerose chez madame Leverdet, vous ne la connaissiez ni de nom ni de vue?

JANE.

Je prie M. de Ryons de ne pas répondre.

DE MONTÈGRE.

Parce que?

JANE.

Parce que je trouve la demande insultante pour moi.

DE MONTÈGRE.

Aussi, madame, n'est-ce pas à vous que je fais cette demande.

JANE.

Mais M. de Ryons est chez moi; il s'agit de moi, et je crois qu'en effet le moment est venu d'une explication définitive, mais dont moi seule ai le droit de poser les termes. Veuillez donc me demander à moi, devant M. de Ryons, qui est mon ami, ce que vous voulez savoir, et je verrai ce que je dois et si je dois vous répondre.

DE MONTÈGRE, à demi-voix.

Vous rappelez-vous ce que vous me disiez tantôt, à cette même place?

JANE.

Vous pouvez parler à haute voix. Je vous disais comment je comprenais l'amour, et que j'adorerais l'homme qui le comprendrait de même. Vous m'avez dit que vous seriez cet homme. J'ai voulu vous croire ; vous me trompiez, je ne vous crois plus.

DE MONTÈGRE.

Pourquoi m'avez-vous trompé, en me disant que vous vouliez être seule, et en sortant dès que je vous ai eu quittée ?

JANE.

Il m'a plu d'être seule, après quoi il m'a plu de sortir. Je suis absolument maîtresse de mes actions.

DE MONTÈGRE.

Où êtes-vous allée ?

JANE.

Vous le savez, puisque vous m'avez suivie.

DE MONTÈGRE.

Vous m'avez donc vu ?

JANE.

Parfaitement.

DE MONTÈGRE.

Et c'est pour cela sans doute que vous vous êtes fait conduire dans cette maison à deux issues ?

JANE.

Il n'y avait pas d'autre moyen d'échapper à une poursuite indigne de vous et de moi.

DE MONTÈGRE.

Et de me cacher où vous alliez ?

JANE.

Et de vous cacher où j'allais.

DE MONTÈGRE.

Je le sais, cependant.

JANE.

Cela m'étonne.

DE MONTÈGRE.

Ne vous raillez pas de moi ; vous ne savez pas qui je suis.

JANE.

Je commence à le savoir. — Et j'allais ?...

DE MONTÈGRE.

Où peut aller une femme qui se cache sous un voile impénétrable et qui prend toutes les précautions que vous avez prises, sinon...?

JANE.

Sinon ?...

DE MONTÈGRE.

Sinon... chez un amant ?

JANE a un moment d'émotion en recevant ce mot en face, puis elle s'éloigne de Montègre en chiffonnant son gant avec colère, et, le jetant sur le tapis, elle dit entre ses dents. — Imbécile ! (Haut.) Monsieur de Ryons, voulez-vous sonner, je vous prie ? (M. de Ryons sonne.)

DE MONTÈGRE.

Que faites-vous ?

JANE, devant le domestique qui est entré, congédiant Montègre.

Vous m'excuserez, monsieur de Montègre ; il faut que je sorte. (A Joseph.) Dites qu'on attelle.

DE MONTÈGRE, à de Ryons pendant que Joseph attend qu'il sorte.

Venez-vous avec moi, monsieur de Ryons ?

JANE.

Restez, monsieur de Ryons, je vous prie.

DE MONTÈGRE.

Adieu, madame.

JANE.

Adieu, monsieur

Il sort.

SCÈNE IX

DE RYONS, JANE.

DE RYONS, près de la cheminée.

Voilà le grand moment. Ou je suis un imbécile, moi-même, ou nous allons voir quelque chose de curieux.

JANE, qui a marché fiévreuse pendant que de Ryons parlait et sans l'entendre, s'arrête tout à coup, et, le regardant d'un bout à l'autre du théâtre.

Alors, c'est ça l'amour sérieux, l'amour pur, l'amour éternel?

DE RYONS, très calme.

Mon Dieu, oui.

JANE, de plus en plus agitée.

L'homme qu'on épouse vous trompe, et l'homme...

DE RYONS, toujours calme.

Qu'on aime vous insulte.

JANE, perdant peu à peu la tête.

Et l'on ne se vengerait pas!

DE RYONS.

Au contraire, c'est dans ces occasions-là qu'on se venge.

JANE, se montant encore plus.

Comme la dame au voile blanc.

DE RYONS, se rapprochant.

Comme la dame au voile blanc... (A part.) Nous brûlons!

JANE.

Si vous la retrouviez, que feriez-vous pour elle?

DE RYONS.

Tout ce qu'elle exigerait.

JANE.

Consentiriez-vous à partir avec elle, à l'emmener au bout du monde, à lui donner toute votre vie en échange de son honneur?

DE RYONS, se rapprochant peu à peu et paraissant ému.

Tout, pourvu que je la retrouve.

JANE.

Ramassez-moi mon gant, je vous prie. (De Ryons se baisse et, moitié à genoux, lui tend son gant sans la quitter des yeux, pour ne rien perdre de ce quelle va dire — Jane, le regardant en face.) *Thank you, Sir*.

DE RYONS.

C'était donc vous?

JANE.

Eh bien, oui, c'était moi!

DE RYONS, étendant les mains vers elle, avec passion.

Jane! (Il lui prend la main. — Elle se recule avec un mouvement instinctif de pudeur et d'effroi, mais sans que de Ryons lâche la main. — De Ryons, changeant de ton, et lui parlant comme à un enfant.) C'est joli, madame, de mentir comme ça! L'histoire que je vous ai racontée n'est pas vraie. Je ne suis jamais allé à Strasbourg.

En disant cela, de Ryons a quitté la main de Jane; il est resté sur ses deux genoux, il a croisé ses mains en se laissant aller un peu en arrière.

JANE, cachant son visage dans ses deux mains, et se laissant tomber sur une chaise.

Malheureuse!

DE RYONS, se relevant gaiement.

Que vous avais-je prédit? que vous me diriez vous-même... Ne pleurez pas. Tout cela n'était qu'une ruse pour vous sauver. Voyons, essuyons nos larmes et répondons à notre ami.

JANE, pleurant.

Oh! mon Dieu! mon Dieu!

DE RYONS, doucement.

Voulons-nous répondre?

JANE.

Interrogez.

DE RYONS.

Il faut tout me dire. (Jane fait signe que oui, tout en essuyant ses yeux. — De Ryons paternellement.) Accusée, nous allons reprendre les choses de loin. Qui vous a élevée?

JANE.

Ma mère.

DE RYONS.

Elle vous aimait?

JANE.

Elle m'adorait.

DE RYONS.

Vous avez fait un mariage d'amour?

JANE, avec un soupir.

Oui.

DE RYONS.

Pourquoi avez-vous quitté votre mari?

JANE.

Parce qu'il me trompait.

DE RYONS.

Pour qui?

JANE, après un effort.

Je ne sais pas le nom de cette personne.

DE RYONS.

Je vois d'ici ce que c'était. Après combien de temps de mariage vous trompait-il?

JANE.

Après un mois.

DE RYONS.

C'est tôt! Quelle excuse avait-il?

JANE, avec fierté, se redressant.

Aucune.

DE RYONS.

On croit toujours avoir une excuse dans toutes les erreurs de la vie. Quelle était la sienne?

JANE, d'un ton de reproche.

C'est donc bien amusant de lire jusqu'au fond dans le cœur d'une femme?

DE RYONS.

Ce n'est pas de la curiosité, c'est de l'intérêt. Il y a un secret dans votre vie, je le sens; je veux le connaître pour vous sauver, si c'est encore possible.

JANE.

Eh bien, soit! Avez-vous une sœur?

DE RYONS.

Non.

JANE.

Alors, vous ne me comprendrez pas; car vous ne pouvez pas savoir ce que c'est qu'une jeune fille élevée comme je l'étais. Elle entend parler du mariage sans se faire la moindre idée de sa signification véritable. Elle ne voit que l'union de deux personnes qui, s'aimant bien, veulent passer leur vie ensemble comme font son père et sa mère, qui se disent vous, et ne s'embrassent même pas devant elle. Elle associe à cette union la campagne, les voyages, le plaisir d'être élégante, l'orgueil d'être appelée madame. Un jour, elle rencontre un homme jeune qui s'occupe d'elle plus que des autres jeunes filles, qui lui révèle ainsi qu'elle est une femme, en âge d'être aimée. C'est le premier dont elle n'a pas envie de rire. Son cœur bat. Cet homme la demande à sa mère; il est agréé; il peut faire sa cour. La nature, la poésie, la musique, les fleurs deviennent leurs intermédiaires. De temps en temps, un sourire, un serrement de main; le soir, une rêverie douce; la nuit, un songe chaste, l'idéal, toujours l'idéal. Enfin, après une cérémonie religieuse, où les anges eux-mêmes semblent lui faire fête, l'enfant pieuse, romanesque, ignorante, se trouve livrée à cet homme qui sait ce que c'est que l'amour, lui! Que vont devenir les pudeurs, les rêves, les chastetés de la jeune fille, en retombant du ciel sur la terre? Beaucoup de femmes ferment les yeux et se réfugient dans la maternité. Celles-là sont les fortes âmes, trempées aux sources de la nature, et qui ne discutent pas l'œuvre de Dieu; mais il en est qui s'épouvantent, se révoltent, et tous les sentiments dont on les a fortifiées jusqu'alors viennent se grouper autour d'elles et demandent un sursis à la réalité. Alors, le mari, orgueilleux et impatient, en sa qualité d'homme, va porter à la première créature venue cet amour que l'épouse avait jugé indigne d'elle, et dont elle devient jalouse cependant, parce qu'elle n'est qu'une femme. Elle retourne à sa mère; sa vie est brisée, et le monde la regarde avec étonnement, la suit avec doute, la calomnie peu à peu et la repousse enfin, car nulle femme n'a le droit de ne pas être semblable aux autres.

   DE RYONS, qui a écouté avec étonnement, puis avec émotion.

Mais, alors...? (A part.) Ah! bonté divine, moi qui croyais avoir tout prévu avec les femmes, je n'avais pas prévu celle-là. Je puis me marier maintenant. (Haut.) Et... depuis votre séparation?...

   JANE.

J'ai voyagé, j'ai étudié, j'ai prié, j'ai souffert, puis je me suis découragée; j'ai voulu mourir, puis j'ai voulu aimer.

DE RYONS.

Et vous avez cru que M. de Montègre vous comprendrait?

JANE.

Oui.

DE RYONS.

Et le visiteur de ce matin?

JANE.

C'était M. de Simerose. Il est venu m'annoncer son départ et me demander un service.

DE RYONS.

C'est pour lui rendre ce service que vous êtes sortie?

JANE.

Oui, et comme il m'avait fait promettre que nul ne connaîtrait la démarche qu'il me priait de faire, me voyant suivie et surveillée par M. de Montègre, je me suis fait conduire chez une de mes amies dont la maison a deux portes, et j'ai rempli ma mission.

DE RYONS.

En revenant, vous avez trouvé madame Leverdet, qui a fait la vertueuse avec vous, M. de Montègre, qui vous a insultée, et moi, que mes pressentiments ramenaient ici. Vous avez douté du bien, vous avez perdu la tête, et vous vous êtes jetée dans mes bras, sans m'aimer, avec un vilain mensonge, pour en finir.

JANE.

Oui, comme vous devez me mépriser!

DE RYONS.

Vous mépriser! mais c'est du respect, c'est de la vénération que j'ai pour vous; c'est à genoux que je vous demande pardon des moyens que j'ai employés pour vous connaître, et qui vous sauvent, car sans moi vous étiez perdue à tout jamais. Mais, malheureuse enfant,

ACTE QUATRIÈME.

vous aimez votre mari, vous n'avez jamais aimé que lui, et vous n'avez pas l'air de vous en douter.

JANE.

Je crois que vous avez raison. J'en ai eu comme un soupçon tantôt. Est-il trop tard? Sauvez-moi!

DE RYONS.

Certainement, je vais vous sauver, mais ça ne va pas aller tout seul.

JANE.

C'est pourtant bien facile.

DE RYONS.

Voyons, qu'est-ce qu'il faut faire?

JANE.

Il faut seulement empêcher M. de Simerose de partir demain. Je n'ai plus d'orgueil, je vais aller le trouver.

DE RYONS.

Et l'autre?

JANE.

Quel autre?

DE RYONS.

Toute la femme est là! Elle ne se le rappelle déjà plus! M. de Montègre, l'homme de la montagne, l'homme à l'amour pur, qu'est-ce que nous allons en faire?

JANE.

Je ne l'aime pas; je ne l'ai jamais aimé. Je ne savais pas ce que je faisais. Que m'importe M. de Montègre?

DE RYONS.

Excellent! Mais lui, il vous aime à sa manière, qui n'est pas gaie. Pour vous le prouver hier, il se serait tué; pour vous le prouver demain, il tuera votre mari, s'il le sait aimé de vous.

JANE.

Ah! mon Dieu!

DE RYONS.

Ah! vous croyez que ça se passe comme ça avec les hommes; qu'on leur dit le matin qu'on les aime, le soir qu'on ne les aime plus, et qu'ils s'en vont sans rien dire? C'est bon avec moi, ces choses-là, mais pas avec les Montègre. Heureusement, je suis plus fort que lui, ce qui n'est pas difficile, et j'utiliserai tout, même sa colère. Combien de lettres lui avez-vous écrites?

JANE.

Une seule! Celle que vous lui avez remise.

DE RYONS.

Et qui contient?

JANE.

Ces seuls mots : « Venez demain; je ne demande qu'à vous croire. »

DE RYONS.

Admirable! Elle est signée?

JANE.

Signée *Jane*.

DE RYONS.

Cette seule lettre suffit pour vous perdre. Si jamais j'ai une fille, elle parlera toutes les langues, mais elle n'en écrira aucune. Il faut que cette lettre vous soit rendue. Il ne doit pas rester la moindre trace de votre imprudence. Vous m'autorisez à la redemander?

JANE.

Je vous autorise; mais je commence à comprendre, il ne la rendra pas.

DE RYONS.

Laissez-moi faire! J'en ai vu bien d'autres. Vous dînez ce soir chez madame Leverdet?

JANE.

Je comptais ne pas y aller, après la scène ridicule qu'elle m'a faite.

DE RYONS.

Allez-y plus que jamais; et ne vous étonnez de rien de ce que vous dira M. de Montègre; vous entendez, de rien. Il faudra peut-être mentir. Ce sera votre punition. Acceptez de lui tous les soupçons, toutes les accusations. Contentez-vous de faire aller la tête comme ça. (Il fait un mouvement de tête de haut en bas.) Ça veut dire oui. D'ailleurs, je serai là.

JANE.

Voilà que je recommence à ne plus comprendre, mais je me fie aveuglément à vous.

DE RYONS.

Et vous avez raison. Voulez-vous me donner la main? (Il lui baise la main avec le plus grand respect.) On vous sauvera, mademoiselle!

Elle se cache ses yeux dans sa main, en rougissant de ce dernier mot et en souriant. — Il sort.

ACTE CINQUIÈME

Chez Leverdet.

SCÈNE PREMIÈRE

LEVERDET, MADAME LEVERDET, puis BALBINE.

LEVERDET, entrant.

Voilà qui est fait!... Je lis mon rapport demain à l'Académie. (A madame Leverdet qui entre.) L'enfant est-elle revenue?

MADAME LEVERDET.

Oui, j'ai été la reprendre.

LEVERDET.

Elle va tout à fait bien?

MADAME LEVERDET.

L'esprit est malade. Lisez.

Elle lui tend une lettre.

LEVERDET.

De qui est cette lettre?

MADAME LEVERDET.

De votre fille.

LEVERDET.

A qui écrit-elle?

MADAME LEVERDET.

A nous.

LEVERDET.

Elle ne sait donc plus parler? Est-ce que notre fille serait muette comme dans le Médecin malgré lui?

MADAME LEVERDET.

Lisez.

LEVERDET, lisant.

« Mes chers parents, pardonnez à votre fille le chagrin qu'elle va vous causé... « Causer sans *r*, je la reconnais bien là. « Mais elle ne peut vous cacher plus longtemps la résolution qu'elle a prise... Je suis lasse du monde et de ses vains plaisirs : j'en ai fait encore hier la douloureuse expériance. » Avec un *a*. Si elle est jamais en état de passer ses examens, mademoiselle Balbine, cela m'étonnera fort. « Je veux consacrer ma vie à la retraite et au soulagement de mes semblables et des autres. Je vous prierai donc de me permettre d'entrer dans un couvent. C'est sœur de charité que je veux être. Je vous serai reconnaissante de m'y faire conduire le plus tôt possible, afin que je puisse prier Dieu pour vous, mes bons parents, et qu'il vous réunisse au paradis avec votre fille respectueuse. — BALBINE. » Eh bien, qu'est-ce que vous lui avez dit?

MADAME LEVERDET.

Je lui ai dit qu'elle était folle.

LEVERDET.

Pourquoi cela?

MADAME LEVERDET.

Alors, vous consentez à ce qu'elle veut?

LEVERDET.

Parfaitement.

MADAME LEVERDET.

Mais, moi, je m'y oppose.

LEVERDET.

De quel droit, chère amie?

MADAME LEVERDET.

Du droit que je suis sa mère.

LEVERDET.

Et moi, suis-je son père, dites-le?

MADAME LEVERDET.

Oui.

LEVERDET.

Je voulais vous le faire dire. Eh bien, le bonheur qu'on donne à ses enfants est la seule excuse que l'on ait de les avoir mis au monde, puisqu'ils n'ont pas demandé à y venir. Le bonheur de Balbine consiste à entrer dans un couvent; faisons son bonheur et surtout faisons-le vite, parce que je ne suis plus jeune et que j'ai beaucoup à travailler. Le jour où elle changera d'avis, nous la ramènerons à la maison paternelle; si elle n'en change pas, elle sera religieuse. Il y a des religieuses; donc, il y a des femmes qui ont voulu l'être. C'est peut-être encore la meilleure idée qu'elles ont pu avoir dans un temps comme le nôtre. Attendez jusqu'à demain, puisque vous avez du monde à dîner aujourd'hui, et, d'ailleurs, il faut qu'elle dise adieu à son parrain.

MADAME LEVERDET.

M. des Targettes ne viendra sans doute pas.

LEVERDET.

Oui, au fait, il s'est plaint à moi que l'on mange mal ici; il a raison. Pourquoi vous obstinez-vous à garder cette cuisinière, puisqu'il nous prie de la changer et d'en prendre une qu'il connaît? Il m'a parlé de ça hier. Quand on a des amis de vingt ans, on peut bien faire quelque chose pour eux.

MADAME LEVERDET.

Je ne puis pourtant pas bouleverser ma maison pour M. des Targettes; — du reste, qu'il garde pour lui sa cuisinière, puisqu'il va se marier; il en aura besoin.

ACTE CINQUIÈME.

LEVERDET.

C'est encore vous qui lui avez mis en tête l'idée du mariage! Quelle manie vous avez de marier les gens! Il fallait le marier quand il était jeune; aujourd'hui, c'est trop tard. J'ai un ami, un excellent ami qui me fait mon bésigue le soir, et vous voulez me le marier! Il lui faut une famille. Eh bien, soyons sa famille. Qu'il vienne demeurer avec nous. Qu'il prenne ses repas ici, et, au moins, s'il est malade, nous serons là pour le soigner. Nous lui devons bien ça, moi surtout. Je le verrai aujourd'hui, nous disposerons tout ensemble. Avez-vous bien remercié la comtesse?

MADAME LEVERDET.

Oui.

LEVERDET.

Elle a été excellente pour Balbine. C'est une charmante petite femme; je l'adore.

MADAME LEVERDET.

Je n'ai pas de bonheur avec vous, aujourd'hu

LEVERDET.

Vous n'êtes pas de mon avis sur la comtesse?

MADAME LEVERDET.

Il s'en faut!

LEVERDET.

Qu'est-ce qu'elle vous a fait?

MADAME LEVERDET.

Sachez seulement que la comtesse n'a pas la conduite qu'elle doit avoir. Mon avis est qu'elle eût dû se rapprocher de son mari.

LEVERDET.

Vous faites des mariages neufs et vous raccommodez les anciens. Qu'est-ce que tout ça vous fait? Aime-t-elle quelqu'un, cela ne vous regarde pas. Vous êtes une honnête femme, n'est-ce pas? vous n'avez rien à vous reprocher, raison de plus pour être indulgente aux autres. Pour moi, j'aime la jeunesse, et je trouve que le vent de l'amour lui donne bon visage, de quelque côté qu'il souffle.

MADAME LEVERDET.

On sait que vous avez des prétentions à la philosophie.

LEVERDET.

Je m'y exerce depuis longtemps et je pardonne facilement les erreurs humaines dont je puis souffrir, à plus forte raison celles dont je ne souffre pas. Quand il y a déjà soixante ans qu'on vit parmi les hommes et quarante ans qu'on les étudie, quand on se voit approcher tous les jours d'un dénouement inévitable, on devient moins sévère. L'expérience et la philosophie qui n'aboutissent pas à l'indulgence et à la charité sont deux acquisitions qui ne valent pas ce qu'elles coûtent.

LE DOMESTIQUE, entrant.

Mademoiselle demande si elle peut entrer.

LEVERDET.

Certainement! — Entre, ma fille, entre.

Balbine entre avec une démarche lente et recueillie.

SCÈNE II

Les Mêmes, BALBINE, puis LE DOMESTIQUE.

LEVERDET.

Ta mère m'a communiqué ta lettre, pleine de fautes d'orthographe. Nous accédons à tes désirs.

BALBINE.

Oh! papa, oh! maman, oh! mes chers parents!

LEVERDET.

Tu es bien décidée?

ACTE CINQUIÈME.

BALBINE.

Oui, papa.

LEVERDET.

Tu n'auras pas de regrets?

BALBINE.

Non, papa.

LEVERDET.

Tu ne préférerais pas faire un voyage?

BALBINE.

Mais non, papa.

LEVERDET.

Ou aller deux ou trois fois au spectacle?

BALBINE, choquée.

Oh! papa! (Avec exaltation.) Non! je le sens, Dieu m'appelle.

LEVERDET.

Eh bien, il ne faut pas le faire attendre: Prépare toutes tes petites affaires ce soir, et, demain matin, ta mère te conduira au couvent.

BALBINE.

Merci, papa.

LEVERDET.

C'est bien sœur de charité que tu veux être?

BALBINE.

Oui, papa, celles qui ont de grands bonnets.

LEVERDET.

C'est convenu. Tu dîneras à table aujourd'hui pour la dernière fois; va te recueillir.

LE DOMESTIQUE.

M. de Ryons.

LEVERDET, à Balbine.

Tu prieras pour lui. (A de Ryons.) Elle entre au couvent demain, elle va être religieuse.

DE RYONS.

C'est une bonne idée, mademoiselle. Je me recommande à vos prières, puisque monsieur votre père le permet. (A madame Leverdet.) Excusez-moi, chère madame, d'arriver de si bonne heure pour dîner chez vous, mais j'ai absolument besoin de causer avec M. Leverdet.

MADAME LEVERDET.

Nous vous laissons.

Elle sort avec Balbine.

SCÈNE III

LEVERDET, DE RYONS.

LEVERDET.

De quoi s'agit-il ?

DE RYONS.

De madame de Simerose.

LEVERDET.

A qui vous avez fait votre cour hier au soir, mauvais sujet !

DE RYONS.

Il est bien question de ma cour, et elle s'en soucie bien !

LEVERDET.

C'est une honnête femme, n'est-ce pas ?

DE RYONS.

C'est pis que ça ! Ce qui ne l'empêche pas de courir un danger. Je suis sûr qu'elle peut compter sur vous.

LEVERDET.

Allez, allez...

DE RYONS.

Madame Leverdet est aussi une femme excellente, mais elle a déjà pris parti dans la question et nous manquerions de temps pour la convaincre. En deux mots, madame de Simerose, qui ne s'en doutait pas il y a deux heures, aime son mari et ne demande qu'à rentrer sous le toit conjugal; elle est digne de toute l'estime et de tout l'amour du comte.

LEVERDET.

Mais...

DE RYONS.

Justement, il y a un mais ; il y a toujours un mais avec les femmes. Mais..., mais elle s'ennuyait, elle a cru qu'elle aimait un autre homme.

LEVERDET.

Et...?

DE RYONS.

Et... elle a écrit une lettre compromettante à cet autre homme.

LEVERDET.

Ce n'est pas là une grande affaire...

DE RYONS.

Aussi n'est-ce pas l'affaire qui m'inquiète, c'est l'homme.

LEVERDET.

Qu'est-ce qu'il a donc de particulier, ce gaillard-là?

DE RYONS.

C'est un monsieur organisé de telle façon, que, quand la passion le domine, et elle le domine toujours, il n'y a pas moyen de lui faire entendre raison. Il est perpétuellement amoureux, tantôt de l'une, tantôt de l'autre, mais toujours au même degré.

LEVERDET.

C'est un alcool ; il ne gèle jamais.

DE RYONS.

Voilà. Il n'avait ni la jeunesse, ni la beauté, ni l'esprit, ni l'élégance de M. de Simerose; mais...

LEVERDET.
Mais... il n'était pas le mari.

DE RYONS.
Puissamment raisonné. Il appartient, en outre, à cette race d'hommes qui ont la faculté d'arpenter les routes, de passer des nuits sous des fenêtres, de vivre sans manger, d'être toujours prêts à se tuer et à tuer les autres.

LEVERDET.
Tempérament bilieux, le foie trop gros. Vichy leur est très bon, à ces gens-là.

DE RYONS.
C'est sur un de ces hommes que madame de Simerose est tombée.

LEVERDET.
M. de Montègre!

DE RYONS.
Vous le saviez?

LEVERDET.
Madame Leverdet m'en a touché deux mots; mais vous, comment savez-vous toute cette histoire?

DE RYONS.
Madame de Simerose vient de me la raconter.

LEVERDET.
A vous?

DE RYONS.
A moi! Il est vrai qu'elle ne pourrait pas faire autrement. Nous parlions hier des conséquences, des erreurs, de l'illogisme des femmes. Jamais, au grand jamais, je n'en ai eu une preuve aussi flagrante. Se marier par amour, se refuser à son époux par pudeur, se séparer de lui par jalousie, donner, de guerre lasse, son âme à un monsieur qu'elle connaît à peine, s'offrir par dépit, deux heures après, à un individu qu'elle ne connaît pas, se compromettre avec deux hommes tout en adorant et

n'ayant jamais adoré que son mari, avoir les chastetés d'une sainte, les allures d'une coquette, les audaces d'une courtisane, et revenir à son époux, calomniée, innocente, amoureuse et vierge, voilà des tours de force qu'une femme seule est capable d'accomplir. Cherchez un atome de logique là dedans, bien fin si vous le trouvez. Cela est cependant, et il y a des milliers de femmes qui font les mêmes bêtises à l'heure où je parle, toujours au nom de l'amour et de l'idéal. J'ai vu des choses bien curieuses dans mes voyages à travers les folies féminines, mais je n'ai encore rien vu de pareil à ça. Je veux rester sur cette dernière aventure, je ne trouverai rien de mieux. En attendant, il faut tirer cette femme du mauvais pas où elle est. Il serait trop malheureux que tout fût perdu maintenant pour un mauvais morceau de papier dont cet Othello du Jura est capable, dans un accès de fureur, de faire le plus mauvais usage. Qui dit amour dit vengeance. Ceci est un problème qui vous regarde, mon maître, puisque vous êtes un savant. Étant donné un mari qui aime sa femme, une femme qui aime son mari, séparés l'un de l'autre, un amant éconduit, furieux, qui cherche le moyen de se venger et qui a des armes dans les mains, comment réunir le mari et la femme à la satisfaction de l'amant, qui se désarmera tout seul et qui ne pourra plus jamais rien dire? Le tout en deux heures.

LEVERDET.

C'est une règle de trois.

DE RYONS.

Composée. Eh bien, nous allons chercher la solution à nous deux. Il me faut d'abord M. de Simerose.

LEVERDET.

Il va venir ici me demander des renseignements pour son voyage.

DE RYONS.

Une heure de gagnée! Il ne faut pas qu'il se rencontre avec de Montègre.

LEVERDET.

Naturellement.

DE RYONS.

Vous me garderez donc M. de Simerose dans votre cabinet jusqu'à ce qu'on vienne lui apporter une lettre de la part de sa femme.

LEVERDET.

Bien.

DE RYONS.

Quand la comtesse arrivera, qu'elle ignore la présence de son mari dans la maison, et qu'on la fasse entrer ici quand même.

LEVERDET.

J'ai envie d'écrire tout ça.

DE RYONS.

Quand même M. de Montègre serait avec moi, car, dès qu'il paraîtra, je le veux dans cette chambre pour moi tout seul.

LEVERDET.

Carter et son lion !

DE RYONS.

Voilà ! et, pour vous récompenser de toutes vos peines, je vous dirai pourquoi votre fille veut entrer au couvent.

LEVERDET.

Pourquoi ?

DE RYONS.

Parce qu'elle est amoureuse.

LEVERDET, très tranquillement.

De qui ?

DE RYONS.

De qui voulez-vous que ce soit, à son âge, si ce n'est d'un imbécile ?

LEVERDET.

Chantrin ?

DE RYONS.

Vous y êtes.

LEVERDET.

Ah! la petite dinde!

DE RYONS.

Dans une heure, elle sera guérie. J'ai préparé une petite combinaison, en passant, tout en arrangeant mon mariage.

LEVERDET.

Vous vous mariez?

DE RYONS.

Oui, je me retire des affaires des autres.

LEVERDET.

Et toute votre science?

DE RYONS.

Elle me servira dans mon ménage, on n'en a jamais trop. Ah! j'aurai bien travaillé depuis hier.

Il s'essuie le front.

LE DOMESTIQUE.

M. de Montègre.

DE RYONS, à Leverdet

Passez par ici et ne perdez pas de temps.

LEVERDET.

Balbine amoureuse de ce gandin, c'est bien nature!

Il sort.

SCÈNE IV

DE RYONS, DE MONTÈGRE.

DE MONTÈGRE.

Monsieur de Ryons, est-ce en ami que je dois vous aborder?

DE RYONS.

En ami de la veille, mais nous avons l'avenir pour nous.

DE MONTÈGRE.

Alors, jusqu'à nouvel ordre, de cette amitié, si récente qu'elle soit, je suis autorisé à vous demander la preuve que je vous demandais il y a deux heures chez madame de Simerose et qu'elle vous a empêché de me donner.

DE RYONS.

Parfaitement; et je puis vous donner ma parole d'honneur qu'avant d'être présenté à madame de Simerose, hier, ici, je ne la connaissais même pas de nom.

DE MONTÈGRE.

Mais, maintenant, vous avez fait plus ample connaissance, puisqu'elle vous appelle son ami. Vous avez reçu ses confidences.

DE RYONS.

J'ai eu cet honneur, et elle m'a même chargé d'une mission auprès de vous.

DE MONTÈGRE.

Qui est?

DE RYONS.

Qui est de vous redemander la lettre que je vous ai remise de sa part.

DE MONTÈGRE.

Ainsi elle ne m'aime pas?

DE RYONS.

Il paraît.

DE MONTÈGRE.

Cela n'aura pas été long.

DE RYONS.

Shakspeare a dit : — « Court comme l'amour d'une femme ! » Entre nous, nous sommes des hommes, nous savons bien ce que c'est, je crois qu'elle ne vous a jamais aimé.

DE MONTÈGRE.

Qu'est-ce que c'était donc?

ACTE CINQUIÈME.

DE RYONS.

Du dépit. Une femme qui ne donne que son âme, il faut s'en défier, elle a ses raisons.

DE MONTÈGRE.

Et elle en aime un autre?

DE RYONS.

Tout bonnement.

DE MONTÈGRE.

Et celui-là, elle l'aimait sans doute bien avant de me connaître.

DE RYONS.

Bien avant.

DE MONTÈGRE.

C'est à cause de lui qu'elle a quitté la France?

DE RYONS.

Comment le savez-vous? elle ne vous l'a pas dit.

DE MONTÈGRE.

Elle s'en est bien gardée. Et alors, moi?

DE RYONS.

Vous êtes ce qu'on appelle, en thérapeutique, un dérivatif. Nous avons tous servi à ça.

DE MONTÈGRE.

Et vous connaissez cet homme?

DE RYONS.

De vue.

DE MONTÈGRE.

Et de nom?

DE RYONS.

Et de nom.

DE MONTÈGRE.

Vous êtes son ami, sans doute?

DE RYONS.

Son ami... du lendemain.

DE MONTÈGRE.

Vous ne pouvez pas le nommer?

DE RYONS.

Cela m'est interdit.

DE MONTÈGRE.

Par...?

DE RYONS.

Par les convenances d'abord, par la prudence ensuite.

DE MONTÈGRE.

Soit, je le connaîtrai.

DE RYONS.

Cela ne vous sera pas facile.

DE MONTÈGRE.

Je m'attacherai aux pas de la comtesse, je la suivrai comme son ombre.

DE RYONS.

Elle en sera quitte pour ne pas aller chez lui.

DE MONTÈGRE.

Il viendra chez elle, je le devinerai.

DE RYONS.

Il ne viendra pas davantage.

DE MONTÈGRE.

Ils ne se verront pas; alors, cela me suffit.

DE RYONS.

Ils s'écriront. Il y a des gens qui se contentent de lettres.

DE MONTÈGRE.

Comme moi.

DE RYONS.

Et un jour...

DE MONTÈGRE.

Un jour?...

DE RYONS.

La mère de la comtesse trouvera moyen de les réunir.

DE MONTÈGRE.

Sa mère prêterait les mains?

DE RYONS.

Elle aime sa fille, et, quand il lui sera démontré que le bonheur de sa fille est dans cette réunion, elle y aidera. En somme, vous n'avez pas de droits sur la comtesse, et lui, c'est autre chose.

DE MONTÈGRE.

Vous êtes sûr qu'il en a?

DE RYONS.

Tout ce qu'il y a de plus sûr! Voyons, faites tout ce qu'il y a à faire, laissez ces gens-là tranquilles, et rendez-moi cette lettre, puisque la comtesse la redemande.

DE MONTÈGRE.

Je la garde.

DE RYONS, avec intention

A quoi peut-elle vous servir?

DE MONTÈGRE.

A me prouver qu'elle a menti.

DE RYONS.

Belle avance! Mais vous me promettez au moins de ne pas faire un mauvais usage de cette lettre?

DE MONTÈGRE.

Pour qui me prenez-vous? D'ailleurs, ce qu'elle contient n'a de signification que pour moi.

DE RYONS.

Eh! eh! je ne suis pas de votre avis : « Venez demain, je ne demande qu'à vous croire. » avec la signature. Je connais quelqu'un qui donnerait une jolie somme pour recevoir cette lettre-là.

DE MONTÈGRE.

Qui donc?

DE RYONS.

Le mari! le mari qui est venu faire une dernière tentative de rapprochement aujourd'hui, le mari qui adore sa femme et qui part ce soir pour l'Amérique. Si le mari, avant de monter en wagon, recevait cette seule ligne, que vous trouvez insignifiante, il reviendrait chez sa femme, il ne la quitterait plus, et il faudrait bien que *l'autre* cédât la place. Ah! *l'autre* serait dans de mauvaises affaires. Ce serait une bonne pièce à lui jouer, à *l'autre*. C'est là que la comtesse serait bien gardée par ce mari qui l'adore et qu'elle déteste. Mais le mari ne recevra pas cette lettre.

DE MONTÈGRE, qui a écouté attentivement et à qui la pensée de la vengeance est venue à mesure que de Ryons parlait, riant d'un rire nerveux.

Ah! ah! quand part le mari?

DE RYONS.

Ce soir.

DE MONTÈGRE.

Vous en êtes sûr?

DE RYONS.

M. Leverdet me l'a dit tout à l'heure, en ajoutant même que M. de Simerose allait venir lui dire adieu.

DE MONTÈGRE.

M. de Simerose va venir ici?

DE RYONS.

Il doit être là.

DE MONTÈGRE.

Ah! ah!

DE RYONS.

Que vous arrive-t-il?

DE MONTÈGRE.

La comtesse désire ravoir sa lettre?

DE RYONS.

Oui.

DE MONTÈGRE.

Eh bien, elle lui sera rendue; vous pouvez le lui dire.

DE RYONS.

Par qui?

DE MONTÈGRE.

Elle le verra. Et, quant à l'*autre*, il ne sera plus à craindre. Ah! ah!

DE RYONS, à part.

Allons donc! Je voulais te le faire dire. (Haut.) Où allez-vous?

DE MONTÈGRE.

Je reviens.

LE DOMESTIQUE.

Madame la comtesse de Simerose.

DE MONTÈGRE.

Elle!

DE RYONS, à de Montègre.

N'oubliez pas que c'est une femme.

SCÈNE V

Les Mêmes, JANE

DE MONTÈGRE, à Jane.

Vous savez tout ce que M. de Ryons vient de me dire, madame?

JANE, sur un signe que lui fait de Ryons.

Oui.

DE MONTÈGRE.

Vous n'en rétractez rien?

JANE, même jeu

Non.

DE MONTÈGRE.

Vous aimez un autre homme que moi?

JANE, même jeu.

Oui.

DE MONTÈGRE.

Eh bien, je veux que vous soyez une honnête femme, moi. Ce sera ma vengeance. Ne vous en prenez qu'à vous de ce qui va arriver.

DE RYONS, avec une terreur jouée, destinée à exciter encore plus de Montègre.

Qu'allez-vous faire?

DE MONTÈGRE.

Vous le verrez.

Il sort.

SCÈNE VI

JANE, DE RYONS.

JANE.

Où va-t-il?

DE RYONS, se frottant les mains.

Tra déri déra! j'ai envie de danser, moi. Il va vous faire du mal, puisqu'il vous aime. Vous allez voir ce qu'il y a au fond de toutes ces grandes passions qui poursuivent une femme mariée. En attendant, il va nous tirer tous d'affaire.

JANE.

Comment?

DE RYONS.

En brûlant ses vaisseaux.

JANE.

On ouvre cette porte. (Se rapprochant de de Ryons.) Je tremble.

DE RYONS.

Ne craignez rien. Je suis là.

SCÈNE VII

Les Mêmes, DES TARGETTES,
BALBINE, puis LEVERDET, DE CHANTRIN,
MADAME LEVERDET, DE SIMEROSE
et DE MONTÈGRE.

DES TARGETTES, entrant avec Balbine, à Jane.

Vous paraissez souffrante, comtesse?

JANE.

Non, je vais bien, je vous remercie.

DES TARGETTES, à de Ryons.

Mon cher, je crois qu'à partir de demain, vous dînerez mieux ici. J'ai parlé à Leverdet, il y aura une nouvelle cuisinière que je connais. Je ne vous dis que ça.

DE RYONS, à part.

Cette pauvre madame Leverdet, elle ne s'en débarrassera pas. (Leverdet entre. — A Leverdet.) Eh bien, quoi de nouveau?

LEVERDET.

On vient d'apporter une lettre à M. de Simerose.

DE RYONS.

Qui l'a apportée?

LEVERDET.

Mon jardinier.

DE RYONS.

De la part de la comtesse?

LEVERDET.

Oui.

JANE.

De ma part?

DE RYONS.

Vous ne vous doutiez pas que vous veniez d'écrire ? — Qu'a dit le comte ?

LEVERDET.

Il a paru fort surpris. Il a donné tout ce qu'il avait d'argent sur lui au jardinier, et il a pris congé de moi à la hâte.

DE RYONS.

Bravo! Ce Montègre est charmant. Il ne demande qu'à aller. On ne saura jamais combien l'homme est bête, surtout quand il est amoureux.

LEVERDET, voyant de Chantrin qui entre sans barbe ni moustaches.

Quel est ce monsieur?

JANE, portant la main à son cœur.

Chaque fois que cette porte s'ouvre...

DE RYONS.

Décidément, vous n'étiez pas faite pour les aventures. Profitez de la leçon.

DE CHANTRIN, à Leverdet.

Mon cher maître!

LEVERDET.

Comment, c'est vous?

DE CHANTRIN, à Jane.

Comtesse!

ACTE CINQUIÈME.

LEVERDET.

Qu'est-ce que c'est que cette figure-là?

DE CHANTRIN.

C'est un sacrifice à l'amour. Je sors de chez mademoiselle Hackendorf; je me suis déclaré, je me suis déclaré à elle-même. Elle m'a demandé si je l'aimais réellement et quel sacrifice je serais prêt à lui faire. « Tout, lui ai-je dit. — Me sacrifierez-vous votre barbe? — Oui! — Eh bien, sacrifiez-la-moi d'abord, nous verrons après. » Je suis allé chez mon coiffeur et je lui ai dit de me raser. Il ne voulait pas. Il pleurait presque, cet homme, et sa main tremblait tellement, qu'il a failli me couper le cou. Ensuite, j'ai couru chez mademoiselle Hackendorf, vous l'avouerai-je? sans oser me regarder.

DE RYONS.

Et elle vous a accordé sa main?

DE CHANTRIN.

Non. Elle m'a dit qu'elle voulait attendre six mois pour me revoir avec ma barbe, — parce qu'elle ne se rappelait déjà plus comment j'étais et qu'elle voulait comparer.

DE RYONS, à Jane.

Riez donc un peu!

JANE.

Je n'ai pas envie de rire.

DE RYONS.

Le grotesque à côté du sérieux, c'est pourtant là toute la vie.

MADAME LEVERDET, entrant, à Jane.

Enfin, vous avez suivi mes conseils, ma chère comtesse, je vous en félicite. Il n'y avait plus que cela à faire.

JANE.

Comment?

De Simerose entre.

DE RYONS.

Votre mari !

JANE, manquant de s'évanouir.

Mon mari !

DE SIMEROSE, s'approchant de Jane.

Fallait-il absolument attendre à demain ?

JANE, d'une voix tremblante.

Pourquoi ?

DE SIMEROSE, lui tendant une lettre.

Vous m'avez écrit : « Venez demain, je ne demande qu'à vous croire. »

JANE, regardant de Ryons.

Ma lettre !

DE SIMEROSE.

Pouvais-je résister au désir de vous revoir vingt-quatre heures plus tôt ? Votre main.

JANE.

La voici !

DE RYONS, à de Montègre, qui est entré un peu après de Simerose, et qui se tient à l'autre bout du théâtre.

Vous avez envoyé la lettre au mari ?

DE MONTÈGRE.

Oui.

DE RYONS.

Comme si elle lui était adressée ?

DE MONTÈGRE.

Oui.

DE RYONS.

Oh ! vous êtes cruel.

DE MONTÈGRE.

Elle ne sera pas à moi, soit ! mais elle ne sera pas à l'autre.

Il sort.

ACTE CINQUIÈME.

DE RYONS, le regardant s'éloigner.

Coup double! Il se venge et il la sauve. Oh! mon Dieu! que vous êtes bon d'avoir fait les hommes si amusants!

BALBINE, à de Ryons, en lui montrant de Chantrin.

Qu'est-ce que c'est que ce monsieur

DE RYONS.

C'est M. de Chantrin.

BALBINE, presque tristement.

Lui? (Éclatant de rire tout à coup.) Ah! ah! qu'il est drôle!
Elle s'en va dans le jardin, où son rire se perd.

LEVERDET, à de Ryons

Qu'est-ce que c'est?

DE RYONS.

Ne faites pas attention. C'est l'amour de votre fille qui s'envole.

MADAME LEVERDET, à des Targettes.

Vous en êtes arrivé à vos fins, je renvoie demain cette cuisinière.

DES TARGETTES.

Vous êtes un ange.

JANE, au comte en lui présentant de Ryons.

M. de Ryons.

DE SIMEROSE.

Qui m'a introduit hier chez vous.

JANE, serrant la main de de Ryons.

Et qui vous y a fait rester.

DE SIMEROSE.

Comment?

JANE.

Je vous conterai cela. Nous avons tant de choses à nous dire.

LE DOMESTIQUE.

Madame est servie.

MADAME LEVERDET, à part, et regardant la comtesse,
tout en prenant le bras de de Ryons.

C'est égal, il y a eu quelque chose. (A de Ryons, tout en se rendant dans la salle à manger.) Laissons les nouveaux époux ensemble. Ce tableau ne vous décide pas à vous marier, mauvais sujet?

DE RYONS.

Peut-être. Cette jeune fille dont vous m'avez parlé hier, est-elle encore libre?

MADAME LEVERDET.

C'est mademoiselle...

DE RYONS, l'interrompant.

Ne me la nommez pas encore. — Je veux tâcher de deviner.

JANE, qui est restée exprès un peu en arrière avec son mari.

J'ai été à Ville-d'Avray. Demain, l'enfant sera près de vous et nous quitterons la France.

DE SIMEROSE.

Que vous êtes bonne! Allons, maintenant que nous sommes seuls, dites-moi le dernier mot du pardon.

JANE, s'assurant que personne ne peut la voir et se jetant à son cou avec passion.

Je t'aime!

LES IDÉES

DE

MADAME AUBRAY

COMÉDIE EN QUATRE ACTES

Représentée pour la première fois, à Paris,
sur le théâtre du Gymnase-Dramatique, le 16 mars 1867.

A

CHÉRI MONTIGNY

Je veux, mon cher enfant, te dédier cette comédie. Elle te revient de droit. Madame Aubray, c'est la foi, le dévouement et le sacrifice. C'est ce que fut ta mère.

Je t'embrasse.

A. DUMAS FILS.

PRÉFACE

« Comment la foi entre-t-elle dans notre âme ?
» La foi entre dans notre âme par quatre portiques : ils s'appellent la mère, le père, le prêtre et Dieu.
» Et d'abord la mère.
» L'Écriture appelle l'homme l'être qui est né de la femme, *homo natus de muliere*. Quand on réfléchit sur cette parole, que le Saint-Esprit a mise sur les lèvres de Job, on découvre qu'elle a une double signification. L'homme naît de la femme dans l'ordre de la nature, mais il en naît aussi dans l'ordre de la grâce.
» L'homme naît de la femme dans l'ordre de la nature, puisque la femme lui donne la vie du corps ; mais il en naît également dans l'ordre de la grâce, puisque la mère, si elle est chrétienne, lui donne, après lui avoir donné la vie du corps, la vie de l'âme. Car la vie de l'âme, c'est la foi. Or, Dieu, par un conseil admirable de sa sagesse et par une délicatesse infinie de son amour, a voulu expressément que l'être appelé à nous donner la vie dans l'ordre naturel fût l'instrument prédestiné à nous donner presque incontinent la vie dans l'ordre surnaturel. Il y a entre Dieu et la femme, entre la Divinité et la maternité, entre Jésus-Christ et la chrétienne appelée à la qualité éminente de mère, un traité tacite, vieux comme

le christianisme, doux et sacré comme l'amour. Ce traité semble dire : « Moi, le Dieu fait homme, le fils de la » Vierge, je t'accorderai de devenir mère d'un fils, à la » condition que toi, devenue mère, tu me rendras le père » de son âme en y versant, dès la première aurore de la » raison, par l'onction de tes larmes et par le sacre de » tes baisers, mon nom, ma foi et mon amour. »

. . . .

Ainsi parlait Mgr Bauer, le 24 mars 1867, le troisième dimanche de carême, aux Tuileries, devant l'empereur, l'impératrice, le prince impérial et l'auguste assemblée qui avait entendu la messe avec Leurs Majestés.

Si je cite une partie de ce sermon, prêché huit jours après la première représentation des *Idées de madame Aubray*, c'est d'abord parce que ce fragment donne en quelques mots, et mieux que je ne saurais faire, l'âme même de ce dernier ouvrage, et ensuite parce que cette rencontre, à huit jours de distance, sur deux terrains tout à fait différents, entre un dramaturge et un prédicateur, prouve une fois de plus que le théâtre, quoi qu'en dise mon ami et adversaire Francisque Sarcey, peut se préoccuper et se mêler des questions les plus hautes non seulement du cœur, mais de l'âme.

Voilà donc qui est convenu; ce n'est pas moi qui ai mal compris ou mal interprété le texte; voilà qui est bien dans l'esprit de l'Écriture et dans la tradition de l'Église : Jésus accorde à la femme de devenir mère d'un fils, à la condition que cette femme, devenue mère, versera dans l'âme de son fils le nom, la foi, l'amour, en un mot, la Loi révélée par le Rédempteur.

Où se trouve écrite la Loi du Christ?

Dans l'Évangile. C'est donc tout ce qui est écrit dans l'Évangile que toute mère qui se prétend chrétienne doit verser, maintenir et fortifier dans l'âme de son fils, et que son fils doit mettre en pratique. Ils ne seront chrétiens l'un et l'autre qu'à cette condition.

Que dit l'Évangile?

« Et l'un d'eux qui était docteur de la Loi vint lui faire

cette question pour le tenter : « Maître, quel est le plus
» grand commandement de la Loi? »

» Jésus lui répondit : « Vous aimerez le Seigneur votre
» Dieu de tout votre cœur, de toute votre âme et de tout
» votre esprit. C'est là le plus grand et le premier com-
» mandement. »

Qu'ordonne le Christ, fils du Dieu que l'on doit aimer de toute son âme et de tout son esprit?

« Si quelqu'un vient à moi et ne hait pas son père et sa mère, sa femme et ses enfants, ses frères et ses sœurs, et même sa propre vie, il ne peut être mon disciple, et quiconque ne porte pas sa croix ne peut être mon disciple. Quiconque me renoncera devant les hommes, je le renoncerai aussi moi-même devant mon Père qui est dans les cieux.

» Celui qui aime son père ou sa mère plus que moi n'est pas digne de moi; et celui qui aime son fils ou sa fille plus que moi n'est pas digne de moi. »

Enfin, il est dit autre part :

« Qui d'entre vous, possédant cent brebis et en ayant perdu une, ne laisse dans le désert les quatre-vingt-dix-neuf autres pour aller chercher celle qui est perdue, jusqu'à ce qu'il la trouve?

» Lorsqu'il l'a retrouvée, il la met avec joie sur ses épaules.

» Et, étant retourné en sa maison, il rassemble ses amis et ses voisins et leur dit : « Réjouissez-vous avec
» moi parce que j'ai retrouvé ma brebis qui était égarée. »

» Je vous dis qu'il y aura plus de joie dans le ciel pour un seul pécheur qui aura fait pénitence que pour quatre-vingt-dix-neuf justes qui n'ont pas besoin de pénitence. »

Il résulte nécessairement de la Loi qu'une mère comme madame Aubray ayant un fils comme Camille, se déclarant chrétienne et l'ayant voulu chrétien, si elle rencontre cette brebis égarée qu'on nomme Jeannine, devra la recueillir et la ramener au bercail.

Et, s'il arrive que son fils chrétien aime cette pécheresse repentante, cette mère doit encore, sous peine de renoncer son Dieu et que son Dieu la renonce, unir par le mariage la repentante et le chrétien, puisque ce Dieu ne permet l'amour que dans le mariage.

Et, si c'est un sacrifice pour elle, elle doit d'autant plus l'accomplir, puisque quiconque ne porte pas sa croix ne peut se dire disciple de Jésus.

Et, si cette chrétienne n'agit pas de la sorte, elle sera au-dessous de cette pécheresse, puisqu'elle doit non seulement abandonner toutes les autres brebis pour celle qui est perdue, mais encore son père, sa mère, ses frères, ses sœurs, ses enfants, pour suivre son Dieu, qui proclame le pardon au-dessus de la justice et le repentir au-dessus de la vertu.

Les gens qui nous chicanent quand même ou qui ne comprennent pas grand'chose à ce qu'on leur dit ne s'en sont pas moins écriés : « Cet auteur est fou : il veut que nous fassions épouser à nos fils des filles qui auront préalablement fait un enfant avec un autre monsieur; c'est à mourir de rire. »

Quand Shakspeare fait tuer Desdémone par Othello, conseille-t-il à tout homme qui soupçonnera sa femme d'étouffer cette femme sans autre forme de procès, et de se poignarder ensuite? Non; il vous montre jusqu'où peut, jusqu'où doit aller la passion qu'on nomme jalousie, quand on est véritablement en proie à cette passion; et c'est parce qu'il en déduit implacablement les conséquences qu'il crée un type définitif et qu'il laisse un chef-d'œuvre. Tout homme qui sera aussi jaloux qu'Othello se conduira comme Othello, et terminera les choses tragiquement pour la femme et pour lui-même; celui qui sera moins jaloux s'arrêtera au chagrin, à la colère, au désespoir sentimental et larmoyant; celui qui ne sera pas jaloux se préoccupera des rapports de Iago et du mouchoir perdu comme du temps qu'il fait en Chine.

Je n'ai pas autre chose à répondre : j'ai procédé comme Shakspeare, puisqu'il a bien voulu venir au monde avant moi et montrer la route. Au lieu de peindre un homme en proie à la jalousie, j'ai montré une femme en proie à une autre passion, tout aussi vive, tout aussi puissante, seulement généreuse et féconde au lieu d'être égoïste et meurtrière, la passion du Bien. Cette passion a produit logiquement la *catastrophe* finale, et, par rapport au milieu social qu'elle traverse et où elle affecte peu de personnes, elle a paru à de certaines gens aussi dangereuse, plus dangereuse peut-être que la jalousie d'Othello. Ceci ne me regarde pas, 2 et 2 font 4 ; 4 et 4 font 8. Le théâtre est aussi impitoyable que l'arithmétique. C'était à moi, si je ne voulais pas en arriver à ce dénouement, ou plutôt à cette preuve, de ne pas traiter ce sujet ; mais j'ai justement traité ce sujet pour arriver à ce dénouement, trop heureux de montrer la logique du théâtre en accord parfait, cette fois, avec celle de l'Évangile.

Je pourrais, à propos des *Idées de madame Aubray*, toucher aux plus graves questions de la religion et de la philosophie, répéter sous une forme nouvelle tout ce qui a été dit à ce sujet et croire que j'aurais dit quelque chose de nouveau. Je ne ferais en cela que répondre aux questions que m'ont posées, à l'apparition de cette pièce, mes partisans, mes critiques et mes adversaires, car cette comédie a eu la bonne fortune de soulever, parmi ceux de la tradition, comme parmi ceux de la libre pensée, les discussions les plus contradictoires. Je m'abstiendrai. Ce sont là sujets trop sérieux pour moi ; je suis résolu à ne parler que de ce dont je suis sûr. Ici, nous serions dans des hypothèses sentimentales ou ingénieuses, et mon sentiment personnel ne les résoudrait pas. D'ailleurs, je ne veux pas toucher à la conscience des gens. Je crois en Dieu, moi, mais cela ne prouve rien. J'ai eu beau faire, j'ai eu beau chercher, c'est toujours là que j'en suis revenu, en me disant : « Si je ne crois pas en Dieu, il faut que je croie en moi, et, me connaissant comme je me connais, j'aime mieux croire en Dieu. » Cela ne m'empêche pas de suivre avec le plus grand intérêt les travaux de ceux qui ne sont pas de mon avis et qui, au lieu de croire, veulent voir ; seulement, je les suis de ma place et du coin de mon feu. Quand ils auront trouvé mieux que ce que j'ai, j'irai les rejoindre; ils peuvent en être bien certains, car je n'ai pas le moindre entêtement; mais je me figure qu'ils en reviendront où je suis resté, et que, de même que tout chemin mène à Rome, il n'est pas de chemin qui ne ramène à Dieu. S'ils ne l'admettent pas au principe, ils le constateront au résultat; s'ils ne sont pas avec lui au départ, ils le trouveront à l'arrivée. Il en est de la science et de la philosophie à la recherche de la grande vérité, comme des convois de chemins de fer qui traversent un tunnel en plein jour. L'obscurité est au milieu, mais le jour est aux deux bouts. Quel que soit le côté par lequel on sort, c'est toujours dans la même lumière qu'on rentre. C'est le même Dieu qui est au commencement de la foi et à la fin de la science. Telle est ma conviction personnelle, mais je n'essaye de l'imposer à personne, — et voilà pourquoi je ne la dis pas.

Je m'en tiens tout bonnement à la logique étroite mais infaillible de l'auteur dramatique qui a pris son sujet où il l'a trouvé, comme l'y autorise le grand prophète du théâtre, et je me résume ainsi, pour en finir :

Toute mère de famille qui se déclare chrétienne ne peut pas ignorer, l'Évangile étant là, à quoi cette déclaration l'engage, et, l'heure du sacrifice ayant sonné, elle devra, coûte que coûte, se conduire comme madame Aubray. Si elle n'est pas prête à l'imiter, elle n'est pas chrétienne, voilà tout, ou elle ne l'est que de nom, c'est-à-dire qu'elle appartient à la catégorie des bonnes dames de sacristie, de ces chrétiennes *amateurs* qui font de la propagande et de la tapisserie pour les évêques, qui dansent et se décollètent pour les pauvres, qui se confessent et communient pour leurs garanties extérieures, mais qui, au fond, se soucient autant de la grande morale et de la grande charité du Christ que des mystères d'Éleusis ou de la doctrine des Védas.

Elles se montrent sur les degrés des églises avec un livre de messe dans les mains, pour faire croire à leur intimité avec Dieu, comme ces vaniteux, qui ont dîné dans une table d'hôte obscure, et qui mâchonnent un cure-dent le soir, devant la porte de la Maison-d'Or, pour faire croire qu'ils ont l'habitude et les moyens de dîner là. Ces aimables femmes ne sont pas élues, elles ne sont pas appelées, elles ne sont même pas invitées ; ce sont les pique-assiettes de la sainte table. Elles descendent d'Elmire et de Tartuffe, car Molière n'a pas osé tout vous dire en son temps : Orgon ne s'est pas montré assez vite, Elmire a eu un enfant de son hôte, et ce sont les petits-fils et les petites filles de ce bâtard d'une bourgeoise et d'un faux dévôt qui encombrent aujourd'hui les abords du Temple et qui invoquent, exploitent et compromettent le nom de Celui qui les chasserait de nouveau s'il revenait sur la terre.

Janvier 1870.

PERSONNAGES

                                        Acteurs
                          qui ont créé les rôles.

BARANTIN.................................. MM. ARNAL.
CAMILLE................................... PIERRE BERTON.
VALMOREAU............................ POREL.
TELLIER................................... NERTANN.
UN DOMESTIQUE....................... ALPHONSE.
JEANNINE................................. Mmes DELAPORTE.
MADAME AUBRAY..................... PASCA.
LUCIENNE................................ BARATAUD.
GASTON................................... DEROUET.
MARGUERITE........................... ALEXANDRE.

A Saint-Valery-en-Caux, de nos jours.

LES IDÉES DE MADAME AUBRAY

ACTE PREMIER

Salon de musique, dans un casino de bains de mer.

SCÈNE PREMIÈRE

BARANTIN, VALMOREAU.

VALMOREAU, gaiement.

Je ne me trompe pas, comme on dit dans les comédies, c'est bien à M. Barantin que j'ai l'honneur de parler.

BARANTIN.

A lui-même, mauvais sujet.

VALMOREAU.

Vous arrivez?

BARANTIN.

Et vous?

VALMOREAU.

Moi, je suis ici depuis trois jours.

BARANTIN.

Moi, depuis quinze.

VALMOREAU.

Comment ne vous ai-je pas rencontré une seule fois?

BARANTIN.

J'habite sur la hauteur, à côté d'Étennemare, en pleine campagne, auprès d'un petit bois ravissant, et je ne suis presque pas sorti depuis mon arrivée. Je travaille beaucoup.

VALMOREAU.

Vous venez aux bains de mer pour travailler?

BARANTIN.

Non, mais je travaille partout où je vais.

VALMOREAU.

Il faut bien se reposer, cependant.

BARANTIN.

Si je me repose maintenant, qu'est-ce que je ferai quand je serai mort?

VALMOREAU.

Toujours des livres sérieux concernant l'industrie, le travail, le progrès, l'économie politique?

BARANTIN.

Toujours.

VALMOREAU.

Je vois ça de temps en temps sur les murs. De grandes affiches bleues : « Chez Didier, quai des Augustins, un gros volume ; sept francs ; » c'est raide. Et vous êtes seul ici?

BARANTIN.

Je suis avec des amis et avec ma fille.

VALMOREAU.

Vous avez une fille?

ACTE PREMIER.

BARANTIN.

De quinze ans.

VALMOREAU.

Tiens, tiens, tiens! je vous croyais garçon.

BARANTIN.

Je suis père, ne vous déplaise.

VALMOREAU.

Vous êtes père! j'en suis fort aise! Madame Barantin est avec vous?

BARANTIN.

Madame Barantin est morte depuis plusieurs années déjà. Ma fille est ici avec une excellente amie qui a bien voulu se charger de l'élever et qui l'élève bien.

VALMOREAU, d'un air indifférent.

Ah!

BARANTIN.

Pourquoi ce *ah!*

VALMOREAU.

Je dis : « Ah! » tout bonnement.

BARANTIN.

Et vous, coureur de coulisses, de clubs, de courses, lion, dandy?

VALMOREAU.

Cocodès! c'est comme ça que les gens qui s'ennuient appellent maintenant les gens qui s'amusent.

BARANTIN.

Eh bien, cocodès, qu'est-ce que vous êtes devenu, depuis la mort de votre tante?

VALMOREAU.

Je suis devenu plus riche.

BARANTIN.

Voilà tout?

VALMOREAU.

Malheureusement, c'était ma dernière parente.

BARANTIN.

Ainsi, vous êtes seul au monde?

VALMOREAU.

Tout seul.

BARANTIN.

Et vous ne faites rien?

VALMOREAU.

Rien.

BARANTIN.

Votre père travaillait, cependant.

VALMOREAU.

Justement, pour que je ne travaille pas; sans ça, à quoi servirait l'héritage?

BARANTIN.

C'est juste. Et aucune idée de mariage?

VALMOREAU.

Aucune! aucune! aucune! j'en suis même bien loin. Tel que vous me voyez, je suis amoureux.

BARANTIN.

D'une personne qui est ici?

VALMOREAU.

D'une personne qui est ici.

BARANTIN.

Soyez tranquille, je n'aurai pas l'air de vous voir quand je vous rencontrerai avec elle.

VALMOREAU.

Mais vous ne nous rencontrerez pas ensemble, je ne la connais que de vue. Tiens! je vais même compter sur vous maintenant pour me renseigner.

ACTE PREMIER.

BARANTIN.

Sur moi?

VALMOREAU.

Ou sur vos amis; mais ce sont des gens sérieux, vos amis?

BARANTIN.

Je leur ai confié ma fille.

VALMOREAU.

Ils ne doivent pas connaître cela. On appelle les gens sérieux, n'est-ce pas, les gens qui ne comprennent rien à l'amour?

BARANTIN.

Tandis que vous...

VALMOREAU.

Tandis que, moi, je suis toujours amoureux, c'est mon unique occupation.

BARANTIN.

Et depuis quand avez-vous embrassé cette carrière?

VALMOREAU.

Depuis que j'ai l'âge de raison.

BARANTIN.

Il n'y a pas longtemps, alors?

VALMOREAU.

J'ai commencé à dix-huit ans et j'en ai vingt-huit.

BARANTIN.

Et ça vous amuse encore?

VALMOREAU.

Plus que jamais! Franchement, connaissez-vous une plus noble occupation que l'amour, et plus digne de la grande destinée de l'homme? Qu'y a-t-il de mieux à faire de vingt à trente ans, et de trente ans à cinquante, et...?

BARANTIN.

Et de cinquante à cent, et ainsi de suite.

VALMOREAU.

Je me soucie de l'ambition et de la gloire comme de ce que pense le Grand Turc quand il est tout seul ; mais une belle personne, jeune, souriante, blonde...

BARANTIN.

Blonde ?

VALMOREAU.

C'est indispensable ; dans cette musique de l'amour une blonde vaut deux noires ; une belle personne dont on ne soupçonnait pas l'existence, la veille, qu'on rencontre tout à coup, qu'on aime spontanément, parce que vous savez ou vous ne savez pas que l'amour est spontané ; les gens qui croient qu'il vient peu à peu, comme la goutte ou la calvitie, sont dans une erreur profonde. On voit, on aime. Eh bien, rencontrer cette femme, lui dire qu'on l'adore, la convaincre, la voir sourire, et entendre enfin ces mots : « Trouvez-vous tel jour, à telle heure, à tel endroit ; » ce jour, qui est ordinairement le soir même, la voir venir, cachée au fond d'une voiture, avec deux voiles sur le visage, et se dire : « Là est une sensation nouvelle ; » ce n'est donc pas intéressant ? Ça ne vaut donc pas mieux que la guerre, la politique ou le whist avec un mort ?

BARANTIN.

Et vous appelez ça l'amour ?

VALMOREAU.

Le vrai, le seul, l'unique amour ; celui qui ne laisse ni regret ni remords.

BARANTIN.

Et après ?

VALMOREAU.

Après? on recommence avec une autre. Du nouveau, du nouveau, et toujours du nouveau!

BARANTIN.

Et quand on est vieux, malade, tout seul?

VALMOREAU.

On geint et on se repent. Moi, je suis sûr que je me repentirai, c'est si commode!

BARANTIN.

Et enfin?

VALMOREAU.

Et enfin, on meurt après une vie gaie, au lieu de mourir après une vie triste comme font ceux qui donnent à ce monde plus d'importance qu'il n'en a.

BARANTIN.

Et quand on est mort?

VALMOREAU.

C'est pour longtemps, dit la chanson.

BARANTIN.

En attendant, vous voilà amoureux pour la cinq cent vingtième fois, à une fois par semaine depuis dix ans.

VALMOREAU.

Oh! il y a des mortes-saisons, et puis il y a des non-valeurs.

BARANTIN.

Et vous avez le doux espoir que la personne dont il s'agit est de celles à qui on peut dire, au bout de huit jours...?

VALMOREAU.

J'ai ce doux espoir.

BARANTIN.

Et il vous vient...?

VALMOREAU.

De certaines indications auxquelles un Parisien se trompe rarement.

BARANTIN.

Et qui sont?

VALMOREAU.

Cela vous intéresse, homme sérieux?

BARANTIN.

Vous verrez pourquoi, plus tard.

VALMOREAU.

Eh bien, voici mon histoire avec miss Capulet.

BARANTIN.

Miss Capulet! est-ce qu'elle descend de la bien-aimée de Roméo?

VALMOREAU.

Par le balcon peut-être... Non, je l'appelle ainsi, ne connaissant pas son nom véritable, à cause d'un petit capulet bleu qu'elle porte presque toujours, et qui fait d'elle la plus gentille personne qu'on puisse imaginer. D'abord, elle a la ligne.

BARANTIN.

Vous dites?

VALMOREAU.

Je dis : elle a la ligne. Vous ne savez pas ce que c'est que la ligne? Vous n'avez donc jamais aimé, à votre âge?

BARANTIN.

Quel âge me donnez-vous?

VALMOREAU.

Soixante ans.

BARANTIN.

J'en ai quarante-neuf. Un homme de quarante-neuf ans qui en paraît soixante a plus aimé que vous n'aimerez jamais, jeune homme; seulement, il n'a aimé qu'une fois.

ACTE PREMIER.

VALMOREAU.

Juste punition d'une fausse théorie.

BARANTIN.

Qu'est-ce que c'est que la ligne?

VALMOREAU.

Quand, même sans être peintre, en voyant passer une femme, il vous semble que, d'un seul coup de crayon, vous pourriez tracer sa silhouette, depuis le pompon de son chapeau jusqu'à la queue de sa robe, cette femme a la ligne. Qu'elle marche, qu'elle s'arrête, qu'elle rie, qu'elle pleure, qu'elle mange, qu'elle dorme, elle est toujours, sans y tâcher, dans les exigences du dessin. Surgit-il un coup de vent violent comme nous en avons ici sur la plage, tandis que les autres femmes se sauvent, s'assoient, se serrent les unes contre les autres, mettent leurs mains tout autour d'elles avec des mouvements ridicules et dans des attitudes grotesques, — elle — continue son chemin sans faire un pas plus vite qu'un autre. Le vent furieux l'enveloppe, l'enlace, fait flotter sa jupe en avant, en arrière, à droite, à gauche, elle va toujours, elle se connaît, elle n'a rien à craindre. Ce qui est choc pour les autres est caresse pour elle, ce qui était plat devient rond, ce qui était douteux devient positif; on est certain que les pieds sont petits et que les jambes sont belles, voilà tout; ce sont des femmes dont on peut devenir amoureux fou à cent pas de distance, d'un bout à l'autre d'une rue, sans avoir vu leur visage. Terribles créatures pour le commun des hommes, car elles savent leur puissance, et, si vous laissez tomber votre cœur sur leur chemin, elles marchent tranquillement dessus, pour ne pas déranger la ligne.

BARANTIN.

Alors, cette fois, vous êtes en danger?

VALMOREAU.

Presque! Si elle résiste, j'en ai pour quinze jours.

BARANTIN.

Une non-valeur! Et depuis quand êtes-vous amoureux?

VALMOREAU.

Amoureux sérieusement?

BARANTIN.

Oui.

VALMOREAU.

Depuis avant-hier, dix heures trois quarts.

BARANTIN.

Du matin?

VALMOREAU.

Du matin; et voici comment la chose est arrivée. Il faut vous dire que les chemins de fer entrent pour beaucoup dans mes combinaisons. Quand le printemps est venu, je prends mon sac de nuit ou ma malle, selon la distance à parcourir, et je me rends à la gare à l'heure du train express, tantôt à la gare de l'Ouest, tantôt à celle du Nord, tantôt à celle de l'Est...

BARANTIN.

Tantôt à celle du Midi?

VALMOREAU.

Non, je garde le Midi pour l'hiver.

BARANTIN.

C'est juste, pardon.

VALMOREAU.

Je ne sais jamais en sortant de chez moi où je serai le soir, cela dépend d'une voyageuse que je ne connais pas. Au milieu de toutes ces femmes qui s'envolent vers une autre patrie, j'en avise une; les jeunes filles exceptées bien entendu, elles sont sacrées, celles-là!

BARANTIN.

Il faut les épouser.

VALMOREAU.

Comme vous dites. Si mon inconnue est seule, c'est rare mais cela n'en vaut que mieux; si elle a un mari, j'étudie le mari. La destinée d'une femme est dans les traits de son mari. Si le mari me va, je la regarde, tranchons le mot, je lui fais l'œil, vieux moyen, éternellement bon pour commencer. Elle voit bien vite l'impression qu'elle me cause, et où va la belle, je vais. Dès que je puis lui parler, je lui apprends que sa seule vue m'a détourné de ma route, que ma famille ne va pas savoir ce que je suis devenu, que ma vie... C'est bête comme un tour de cartes, mais ça réussit dix-neuf fois sur vingt, et ça me fournit d'avance un prétexte pour m'en aller après.

BARANTIN.

C'est ingénieux, très ingénieux.

VALMOREAU.

Or, l'autre jour, à la gare de l'Ouest, j'aperçois une dame toute seule, avec une femme de chambre et un enfant.

BARANTIN.

Oh! un enfant!

VALMOREAU, continuant.

J'adore les enfants en ces circonstances : ça jase, ça fait les commissions, ça va se coucher de bonne heure. Les femmes disent que ça garantit; les maris croient que ça surveille; c'est excellent.

BARANTIN.

C'est excellent, les enfants!

VALMOREAU.

Je vois mon inconnue qui prend ses billets au guichet du Havre : je prends ma première pour le Havre, vingt-cinq francs.

BARANTIN.

C'est raide.

VALMOREAU.

Oui, tout cela est assez cher comme mise de fonds.

BARANTIN.

Sans compter les faux frais.

VALMOREAU.

Elle monte dans le compartiment des dames, je monte dans le compartiment à côté, me voilà bien tranquille. J'arrive au Havre...

BARANTIN.

Nous allons rentrer dans nos petits débours.

VALMOREAU.

Personne! elle était descendue à je ne sais quelle station, comprenez-vous? Alors, me voilà faisant tout le littoral.

BARANTIN.

Autre non-valeur.

VALMOREAU.

Autre non-valeur. Enfin j'arrive ici, et, avant-hier, à dix heures trois quarts, je vois mon inconnue qui sort de cette salle où nous sommes, où elle vient tous les jours jouer du piano, pas très bien, pendant que les autres baigneurs déjeunent.

BARANTIN.

Et où en êtes-vous?

VALMOREAU.

Je ne puis pas dire que je sois très avancé; elle n'a même pas eu l'air de me voir. L'aborder devant tout le monde, c'est difficile et un peu trop commis voyageur. Je me suis adressé à l'enfant pendant qu'il jouait avec d'autres bambins, et je lui ai demandé comment on l'appelle. Il m'a répondu: « Le prince Bleu. — Et votre maman? — La princesse Blanche. — Et le mari de votre maman? — Le prince Noir. »

BARANTIN.

L'enfant s'est moqué de vous.

VALMOREAU.

Galamment; ce sont des réponses faites d'avance à des questions prévues. Alors, j'ai interrogé la femme de chambre.

BARANTIN.

C'est tout neuf, ça.

VALMOREAU.

La femme de chambre m'a dit : — *Ich verstehe nicht. Sprechen sie Deutsch?*

BARANTIN.

Traduction : « Je ne comprends pas. Parlez-vous allemand? »

VALMOREAU.

Je lui ai répondu : *Ja.*

BARANTIN.

Voilà la conversation engagée.

VALMOREAU.

Attendez; elle s'est levée et elle m'a dit: « Vous êtes bien heureux, monsieur, de parler allemand; moi, je n'en comprends pas une syllabe; » et elle m'a planté là.

BARANTIN.

Et de deux! Restait le propriétaire de la maison qu'elle habite.

VALMOREAU.

C'est Roussel, le baigneur. Elle est déjà descendue chez lui l'année dernière; elle le paye d'avance, il ne lui demande pas autre chose. On l'appelle ici la dame de chez Roussel, elle ne reçoit pas de lettres et elle ne parle à personne. Mystère! mystère!

BARANTIN.

C'est là toute votre histoire?

VALMOREAU.

Jusqu'à présent.

BARANTIN.

Vous n'avez plus rien à me conter?

VALMOREAU.

Non.

BARANTIN.

Avez-vous cent francs sur vous?

VALMOREAU.

Cent francs, oui.

BARANTIN.

Donnez-les-moi.

VALMOREAU, lui donnant les cent francs.

Tenez.

BARANTIN.

Cela ne vous gêne pas?

VALMOREAU.

Non... Mais vous n'avez pas besoin de cent francs.

BARANTIN.

Aussi n'est-ce pas pour moi que je vous les demande; voici ce que c'est. Nous fondons en ce moment des écoles pour les enfants pauvres, orphelins ou abandonnés, et nous avons besoin de souscripteurs. Où les trouverons-nous, si ce n'est parmi les gaillards comme vous, qui s'amusent tant et à qui l'argent vient tout seul, pendant qu'ils suivent les femmes dans les gares? Elle est charmante, votre histoire! Ce n'est pas pour en dire du mal, mais elle vaut bien cent francs, surtout pour des pauvres diables qui n'en auront jamais de pareilles à conter.

VALMOREAU.

On souscrit une fois pour toutes?

BARANTIN.

Oui, rassurez-vous.

VALMOREAU.

Alors, ce n'est pas assez, mon maître; inscrivez-moi pour cinq cents francs.

BARANTIN.

Pardieu! voilà qui est bien parlé. Décidément, il est rare qu'un homme d'esprit ne soit pas un homme de cœur. Et dire que, si les hommes dépensaient pour faire du bien aux autres le quart de ce qu'ils dépensent pour se faire du mal à eux-mêmes, la misère disparaîtrait du monde!

VALMOREAU.

Où demeurez-vous ici, que je vous porte le reste de ma souscription?

BARANTIN, voyant entrer madame Aubray.

Vous remettrez ce reste à madame.

SCÈNE II

Les Mêmes, MADAME AUBRAY.

BARANTIN.

Chère amie, je vous présente un de nos nouveaux souscripteurs, M. Valmoreau, un souscripteur de cinq cents francs.

MADAME AUBRAY.

Voilà qui est magnifique, monsieur.

Elle lui tend la main.

VALMOREAU.

Madame, c'est moi qui maintenant suis votre débiteur.

BARANTIN.

J'oubliais de vous prévenir qu'il va vous faire la cour.

MADAME AUBRAY.

Je ne demande pas mieux; il y a si longtemps qu'on ne me la fait plus.

####### BARANTIN.

Mais je dois le prévenir aussi des dangers qu'il va courir. Mon cher garçon, vous avez devant les yeux madame Aubray.

####### VALMOREAU, s'inclinant.

Ah!

####### BARANTIN.

Ça ne vous apprend pas grand'chose. Madame Aubray est une honnête femme dans la plus grande et la plus noble acception du mot.

####### VALMOREAU.

Ah! madame, laissez-moi vous regarder, vous contempler, vous admirer. J'adore les honnêtes femmes, parce que...

####### MADAME AUBRAY.

Il y a une raison?

####### VALMOREAU.

Il y en a même deux. La première, c'est qu'on doit les adorer, et la seconde, c'est qu'on peut dire tout ce qu'on veut devant elles, elles rougissent bien moins que les autres.

####### MADAME AUBRAY.

C'est qu'elles ne comprennent peut-être pas tout ce qu'on dit.

####### BARANTIN.

Il y a douze ans, je sortais d'une grande épreuve; je ne rêvais que vengeance, meurtre, suicide. J'ai rencontré madame; elle m'a appris la patience, le courage, le travail quand même. De ma fille, qui n'avait plus de mère et que son père détestait par moments, elle a fait sa fille à elle. Si je suis bon à quelque chose, si je suis utile à quelqu'un, si je ris encore de temps en temps, si j'ai pu plaisanter tout à l'heure avec vous, c'est à elle que je le dois. Ce n'est pas une femme, c'est un ange.

MADAME AUBRAY.

Voyez comme Barantin résume simplement les choses!... Quelle définition claire! Un ange! Ce n'est qu'un mot et ça dit tout.

BARANTIN.

Oui, un ange... dont vous avez les qualités et les défauts.

VALMOREAU.

Quels sont les défauts des anges?

BARANTIN.

De ne pas être assez de ce monde. Madame Aubray croit trop au bien.

VALMOREAU.

C'est abominable!

MADAME AUBRAY.

Vous déjeunez avec nous, monsieur; je veux vous expliquer ce que vos cinq cents francs vont devenir.

VALMOREAU.

Je suis à vos ordres, madame.

BARANTIN.

Du reste, il est dans un bon moment pour exploiter sa bienfaisance, il est amoureux.

MADAME AUBRAY.

Bravo!

BARANTIN.

Et il compte sur vous pour avoir des renseignements.

MADAME AUBRAY.

Sur moi?

VALMOREAU.

Oh! madame.

MADAME AUBRAY.

Est-ce que je connais la personne?

BARANTIN.

Elle habite Saint-Valery. Il faut vous dire que ce garçon, qui est un charmant garçon, du reste, est un des plus mauvais sujets qui existent. Il aime toutes les femmes.

MADAME AUBRAY.

Tant mieux! il faut aimer n'importe qui, n'importe quoi, n'importe comment, pourvu qu'on aime.

VALMOREAU.

Parfait! Alors, madame, connaissez-vous une petite dame blonde, qui a un enfant, une femme de chambre et un capulet bleu?

MADAME AUBRAY.

Et qui vient jouer du piano ici tous les jours?

BARANTIN.

Pas très bien.

MADAME AUBRAY.

Entre dix et onze heures.

VALMOREAU.

Justement.

MADAME AUBRAY.

Je vais la connaître probablement aujourd'hui; j'ai à la remercier d'une gracieuseté qu'elle vient de me faire. Elle jouait hier un air tout à fait original, mon fils désirait avoir cet air, j'ai prié le directeur du Casino de demander à cette dame où je pourrais me le procurer; elle lui a répondu qu'il n'était pas gravé, et elle vient de m'en faire remettre le manuscrit à l'instant. Je vais causer avec elle quand elle va venir, je me renseignerai, et, si vous l'aimez...

VALMOREAU.

J'en suis fou.

BARANTIN.

Depuis hier, onze heures moins le quart.

MADAME AUBRAY.

L'heure n'y fait rien; n'est-ce pas, monsieur?

VALMOREAU.

Rien du tout.

MADAME AUBRAY.

Eh bien, puisque vous l'aimez, si elle est veuve, je vous présenterai à elle, et, si elle veut se remarier, vous l'épouserez.

VALMOREAU.

Oh! c'est beaucoup, tout ça.

MADAME AUBRAY.

Je ne puis pourtant pas faire moins. (A Camille et à Lucienne qui entrent.) D'où venez-vous?

SCÈNE III

Les Mêmes, CAMILLE, LUCIENNE.

CAMILLE, embrassant madame Aubray d'un côté pendant que Lucienne embrasse Barantin.

Nous venons de nous baigner.

LUCIENNE, à son père.

J'ai été jusqu'au radeau.

BARANTIN, présentant Lucienne à Valmoreau.

Mademoiselle ma fille.

LUCIENNE, saluant.

Monsieur! — Bon! j'ai oublié mon bouvreuil dans ma cabine.

CAMILLE.

Tu le feras mourir, ton oiseau, à le promener toujours avec toi.

LUCIENNE.

Il faut bien qu'il prenne l'air de la mer, ce pauvre mignon. Il est très bien dans sa petite cage.

Elle sort.

SCÈNE IV

Les Mêmes, hors LUCIENNE.

MADAME AUBRAY, présentant Camille à Valmoreau.

Mon fils, monsieur.

VALMOREAU.

Votre fils... d'adoption, madame?

MADAME AUBRAY.

Non pas : mon fils à moi, mon vrai fils... Cela vous étonne?

VALMOREAU.

Mais oui, madame; monsieur a au moins vingt ans.

CAMILLE.

Vingt-quatre.

VALMOREAU.

Mais alors.... vous, madame?

MADAME AUBRAY.

Moi, j'en ai quarante-deux.

VALMOREAU.

Vous en paraissez bien vingt-cinq.

BARANTIN.

Voilà comme nous sommes ici, personne ne paraît son âge.

CAMILLE.

C'est que les âmes toujours pures font les visages toujours jeunes; c'est que la vertu triomphe même du temps. J'aime à entendre ce que vous venez de dire, monsieur, et je l'entends souvent; je suis si fier de cette mère-là!

On nous prend partout pour le frère et la sœur, et, si, ça continue, dans quelques années on nous prendra pour le père et la fille. J'ai déjà l'air plus vieux que toi. (Il lui baise les mains.) Tu vas bientôt me devoir le respect.

MADAME AUBRAY.

Mais je te respecte. N'es-tu pas le chef de la famille?

CAMILLE.

Et elle a si grand'peur d'être accusée de coquetterie, qu'elle fait tout ce qu'elle peut pour paraître vieille, cette vilaine maman. Comme elle se coiffe! Est-ce qu'une femme se coiffe ainsi, même quand ses cheveux sont à elle?(Il lui ébouriffe les cheveux.) Quelle différence tout de suite! Quand on nous rencontre bras dessus, bras dessous dans la rue, on dit : « Oh! le joli petit ménage! » — Oh! l'adorable maman!

Il l'embrasse.

VALMOREAU.

En voilà une famille!

BARANTIN.

Vous n'y êtes pas encore, vous en verrez bien d'autres.

VALMOREAU, à Barantin.

La voici.

BARANTIN.

Qui?

VALMOREAU.

Miss Capulet.

SCÈNE V

Les Mêmes, JEANNINE, GASTON.

JEANNINE, à la porte se penchant vers son fils et l'embrassant.

Tu aimes mieux aller jouer sur le galet avec Marguerite?

GASTON.

Oui, maman.

JEANNINE, lui donnant ses joujoux.

Eh bien, va. Attends que je t'arrange un peu, et prends garde de tomber. Ne cours pas. — Marguerite, ne le quittez pas surtout.

Elle se retourne, et, voyant du monde, elle se dispose à s'éloigner.

MADAME AUBRAY.

Ne vous éloignez pas à cause de nous, madame. C'est l'heure où d'ordinaire cette salle est déserte et où vous pouvez étudier à votre aise : nous allons nous retirer; mais je vous attendais pour vous remercier de ce manuscrit que vous m'avez si gracieusement fait remettre. J'en prendrai copie, si vous le permettez.

JEANNINE.

Certainement, madame.

MADAME AUBRAY.

Et j'irai vous le reporter.

JEANNINE.

Ne prenez pas cette peine, madame. Quand vous n'en aurez plus besoin, remettez-le tout simplement au directeur du Casino, qui me le rendra à la première occasion. Du reste, madame, si ces airs vous plaisent, j'en ai plusieurs, complètement inconnus en France, que je vous prêterai avec le plus grand plaisir.

MADAME AUBRAY.

Ce sont des airs espagnols?

JEANNINE.

Ce sont des airs basques.

VALMOREAU.

En connaissez-vous l'auteur, madame?

JEANNINE.

Non, monsieur.

VALMOREAU.

Ce n'est pas le prince Noir?

ACTE PREMIER

JEANNINE.

Non, monsieur; le prince Noir n'aime pas la musique.

MADAME AUBRAY.

Qu'est-ce que le prince Noir, sans indiscrétion?

JEANNINE.

C'est une plaisanterie de mon petit garçon, à qui l'on demande quelquefois, sans raison, comment nous nous appelons, lui, son père et moi, et qui nous a baptisés, moi la princesse Blanche, lui le prince Bleu, et son père le prince Noir.

VALMOREAU.

Il a de l'esprit pour son âge.

JEANNINE.

On l'aide un peu.

MADAME AUBRAY.

Il a cinq ans.

JEANNINE.

A peine.

MADAME AUBRAY.

Vous n'avez que cet enfant?

JEANNINE.

Oui, madame.

MADAME AUBRAY.

Vous l'avez eu bien jeune?

JEANNINE.

A dix-sept ans.

Camille s'éloigne.

MADAME AUBRAY.

Comment vos parents vous ont-ils mariée si tôt?

JEANNINE.

Nous n'avions pas de fortune.

MADAME AUBRAY.

Vous avez fait ce qu'on appelle un beau mariage?

JEANNINE.

Oui, madame, justement.

MADAME AUBRAY.

Le petit commence-t-il à travailler?

JEANNINE.

Il lit un peu.

MADAME AUBRAY.

C'est son père qui fera son éducation.

JEANNINE.

Il n'a plus son père.

MADAME AUBRAY.

Vous êtes veuve?

JEANNINE.

Oui, madame.

BARANTIN, sortant avec Valmoreau.

Elle a la ligne.

MADAME AUBRAY.

Veuve! Pas depuis longtemps?

JEANNINE.

Depuis deux ans.

MADAME AUBRAY.

Comme moi.

JEANNINE.

Comme vous, madame?

MADAME AUBRAY.

Je veux dire comme je l'ai été moi-même. Je suis restée veuve à l'âge que vous avez, dans les mêmes conditions que vous, avec un fils. Cette similitude dans nos situations vous expliquerait ma sympathie et ma curiosité, si cette sympathie et cette curiosité n'avaient pour excuse l'intérêt que les enfants doivent toujours inspirer à toute femme qui est mère. La maternité est une mission si difficile, surtout quand le père n'est plus là, que nous nous devons appui et conseil les unes aux autres. Avez-vous de la famille, au moins?

JEANNINE.

Non, madame, mes parents sont morts.

MADAME AUBRAY.

Et du côté de votre mari?

JEANNINE.

Personne.

MADAME AUBRAY.

Toute seule, alors?

JEANNINE.

Toute seule.

MADAME AUBRAY.

C'est triste.

JEANNINE.

Mon enfant m'occupe beaucoup.

MADAME AUBRAY.

Vous ne songez pas à vous remarier?

JEANNINE.

Non, madame.

MADAME AUBRAY.

Vous vous consacrerez entièrement à votre fils?

JEANNINE.

C'est mon intention.

MADAME AUBRAY.

Voilà qui est bien.

JEANNINE.

Vous ne vous êtes pas remariée non plus, vous, madame?

MADAME AUBRAY.

Non; mais, moi, j'ai à ce sujet des idées un peu absolues et que je n'impose à personne. A mon sens, il n'y a pas de place dans la vie d'une femme pour deux amours. Ce qu'une femme qui se respecte a dit à un homme qu'elle aimait, dans l'intimité de son cœur, elle ne doit plus jamais le dire à un autre. Si l'homme qu'elle aimait, et qu'elle avait juré d'aimer toujours, meurt, elle doit tenir son serment encore, en partageant cet amour à tous ceux qui souffrent et qui ont besoin d'être aimés; ceux-là ne manquent pas et les morts n'en sont pas jaloux.

JEANNINE.

Remplacer l'amour par la charité?

MADAME AUBRAY.

Oui.

JEANNINE.

Être une sainte, autrement dit. Ce n'est facile qu'à vous, madame, que tout le monde admire, aime et vénère.

MADAME AUBRAY.

Qui vous a parlé de moi ainsi?

JEANNINE.

Tout le monde. Aussi, je suis très heureuse et très fière de l'intérêt que vous voulez bien prendre à moi.

MADAME AUBRAY.

Et que vous méritez, j'en suis convaincue. Acceptez-le donc, comme je vous l'offre. D'abord, je serais votre mère, puisque j'ai un fils de deux ans plus âgé que vous. Ensuite, la situation où vous vous trouvez et qui est identique à celle où je me trouvais il y a vingt ans; enfin l'expérience que m'a donnée l'éducation de mon fils, faite par moi seule, tout cela me met en droit, me fait un devoir de vous questionner et de vous conseiller, puisque le hasard nous rapproche. Oh! je sais quels dangers, quelles luttes, quelles défaillances, quelles suppositions attendent une jeune femme, restée seule au milieu de notre société moderne. Aussi me suis-je promis de faire, en toute circonstance, profiter notre pauvre sexe de ce que la vie m'a appris, de ce que m'a révélé le meilleur et le plus juste des hommes, qui avait mille fois plus que moi l'amour du bien et l'intelligence pour l'accomplir.

JEANNINE.

Sa mort a dû être pour vous, madame, une bien grande douleur !

MADAME AUBRAY.

Très grande ; mais le malheur, en doublant les devoirs, double les forces. Et puis nous nous étions souvent entretenus de la mort comme du fait le plus probable, le plus certain de la vie. Il m'avait fortifiée d'avance contre ce fait qu'il pressentait devoir être prochain, et il m'avait là-dessus, comme sur toute chose, fait partager ses idées. Il y a, dans les légendes et les contes de fées, des personnages, invisibles pour tout le monde, visibles pour une seule personne qui possède un certain talisman. Rien de surnaturel dans ces légendes, ou plutôt dans ces symboles. Ce talisman, c'est l'amour, sur lequel la mort elle-même n'a pas de prise. Oui, matériellement, mon époux a disparu de ce monde ; je ne puis plus voir son visage, je ne puis plus toucher sa main, mais son âme a passé dans tout ce qui m'entoure, dans tout ce que j'aime, dans tout ce qui est bien. Il assiste à toutes mes actions, il commande à toutes mes pensées. C'est lui qui vous parle en ce moment, il est assis à côté de moi, je le vois, je l'entends, je le sens, et, si jamais mon esprit venait à douter de cette présence incessante, je n'aurais besoin pour y croire que de regarder son fils, sa vivante image.

JEANNINE.

Oh ! madame, vous ne sauriez croire comme c'est doux et facile de causer avec vous ! (Après un petit temps.) Alors, monsieur votre fils ressemble à son père ?

MADAME AUBRAY.

C'est lui-même.

14.

JEANNINE.

Vous devez bien vous aimer tous les deux?

MADAME AUBRAY.

Il croit aveuglément en moi, je crois aveuglément en lui, nous n'avons pas de secrets l'un pour l'autre.

JEANNINE.

Les jeunes gens ne sont-ils pas forcés d'avoir certains secrets pour leur mère?

MADAME AUBRAY.

C'est selon comment ils ont été élevés. C'est de l'amour que vous voulez parler; il entend sérieusement l'amour. Il ne donnera son cœur qu'une fois et ne le reprendra plus.

JEANNINE.

Vous êtes une mère bien heureuse.

MADAME AUBRAY.

Oui, mais toutes les mères pourraient être aussi heureuses que moi. C'est bien simple; vous verrez. Vous me plaisez beaucoup, je vous ai observée souvent sur la plage sans que vous pussiez soupçonner que je vous regardais; vous contempliez la mer pendant des heures, suivant une même pensée que le flot berçait pour ainsi dire sous vos yeux; puis vous embrassiez tout à coup votre enfant, et vous vous mettiez à courir avec lui, comme si vous étiez une enfant vous-même, ou comme si vous vouliez vous étourdir, oublier un chagrin.

JEANNINE.

C'est vrai.

MADAME AUBRAY.

Êtes-vous encore pour longtemps aux bains de mer?

JEANNINE.

Tant qu'il fera l eau.

ACTE PREMIER.

MADAME AUBRAY.

Nous nous reverrons, alors. — Qu'est-ce que vous faites ce soir?

JEANNINE.

Rien, madame.

MADAME AUBRAY.

Le temps est superbe, venez passer la soirée avec nous, au pavillon d'Étennemare, là, sur la hauteur. J'aurai quelques personnes, on fera de la musique, vous ne vous ennuierez pas trop.

JEANNINE.

Chez vous, madame? Mais je craindrais...

MADAME AUBRAY.

Quoi?

JEANNINE.

De laisser mon petit garçon aux soins d'une femme de chambre.

MADAME AUBRAY.

Amenez-le, il jouera avec Lucienne; elle a quinze ans, mais elle joue volontiers à la poupée.

JEANNINE.

Il s'endort de très bonne heure...

MADAME AUBRAY.

Nous le laisserons s'endormir, et quelqu'un de ces messieurs vous le rapportera tout endormi.

JEANNINE.

Merci, madame.

MADAME AUBRAY.

Merci oui?

JEANNINE.

Merci oui.

MADAME AUBRAY, voyant entrer Gaston qui court à sa mère.

Voici notre petit invité.

SCENE VI

Les Mêmes, GASTON.

MADAME AUBRAY.

N'est-ce pas, monsieur, que vous voulez bien venir passer la soirée chez moi, avec votre maman?

JEANNINE.

Dis « Oui, madame ».

GASTON.

Oui, madame.

JEANNINE.

Embrasse madame.

Gaston embrasse madame Aubray sans cesser de regarder sa mère, à laquelle il revient tout de suite.

MADAME AUBRAY.

A huit heures.

GASTON.

Est-ce qu'il y aura des enfants?

MADAME AUBRAY.

Oui.

GASTON.

Des petits garçons ou des petites filles?

MADAME AUBRAY.

Des petites filles.

GASTON.

Tant mieux! je n'aime pas les petits garçons.

MADAME AUBRAY.

Il est charmant.

Elle sort.

SCÈNE VII

JEANNINE, GASTON.

GASTON, à Jeannine, qui se dirige vers le piano.

C'est ça, jouons du piano.

JEANNINE.

Ça t'amuse ?

GASTON.

Beaucoup.

Jeannine commence à jouer du piano.

SCÈNE VIII

LES MÊMES, CAMILLE.

CAMILLE.

Pardon, madame, je viens chercher la musique que vous avez bien voulu prêter à ma mère et qu'elle a oubliée ici.

JEANNINE, retrouvant la musique sur le piano.

La voici, monsieur.

CAMILLE.

Ma mère m'a dit que vous nous feriez l'honneur de venir passer la soirée avec nous.

JEANNINE.

En effet.

CAMILLE.

Votre maison est un peu éloignée de la nôtre, les jours commencent à diminuer, voulez-vous me permettre de venir vous chercher, madame ?

JEANNINE.

Merci, monsieur, je ne suis pas peureuse de si bonne heure.

CAMILLE.

Alors, madame, laissez-moi embrasser cet enfant; car je suis si content, que j'ai besoin d'embrasser quelqu'un.

JEANNINE.

Et pourquoi êtes-vous si content, monsieur?

CAMILLE, tenant Gaston dans ses bras.

Parce que je viens d'apprendre une bonne nouvelle de la bouche de ma mère, qui ne saurait mentir, et à qui on ne ment pas; parce que, depuis un an, j'avais un secret que je ne pouvais dire à personne, et que, grâce à cette nouvelle, je vais pouvoir le dire.

JEANNINE.

Prenez garde, monsieur, il ne faut pas trop se hâter de dire ses secrets.

CAMILLE.

C'est selon à qui. (Il dépose l'enfant à terre.) A ce soir, madame.

JEANNINE.

A ce soir, monsieur.

Camille sort.

SCÈNE IX

GASTON, JEANNINE.

JEANNINE, en jouant du piano.

« Il donnera son cœur et ne le reprendra plus. — Il n'a pas de secrets pour moi... » Toutes les mères sont les mêmes. « J'ai un secret depuis un an... » Si elle avait entendu!... On le connaît, votre secret, monsieur Camille. — Il est revenu. Moi aussi! Qu'est-ce que je veux? Tout cela est absurde, mais c'est charmant, et cela ne fait de mal à personne. — Ah! que cette femme m'a émue!

A ce soir!... Non, madame, je n'irai pas chez vous. Ah!

Elle secoue la tête et joue un air gai.

GASTON.

Veux-tu que nous dansions, maman?

SCÈNE X

Les Mêmes, TELLIER.

TELLIER, adossé extérieurement à la fenêtre ouverte et cachant son visage derrière le journal qu'il fait semblant de lire.

Jeannine!

JEANNINE, se levant.

Vous ici!

TELLIER.

Ne bougez pas. Il ne faut pas qu'on me voie vous parler, je suis connu de madame Aubray et de son fils. Attendez-moi de huit à neuf heures.

JEANNINE.

C'est bien, je vous attendrai.

Tellier s'éloigne.

GASTON, qui se rapproche de sa mère.

Maman, qu'est-ce que c'est que ce monsieur?

JEANNINE, avec tristesse.

C'est le prince Noir, mon enfant.

ACTE DEUXIÈME

Chez madame Aubray, à la campagne. — Salon, portes vitrées au fond, table, fauteuils.

SCÈNE PREMIÈRE

CAMILLE, LUCIENNE.

LUCIENNE.

Je te cherchais.

CAMILLE.

Qu'est-ce que tu me veux?

LUCIENNE.

Tu es de mauvaise humeur.

CAMILLE.

Avec toi, es-tu folle? Seulement, je pensais à mon travail.

LUCIENNE.

Je voulais te montrer mon bouvreuil.

CAMILLE.

Qu'est-ce qui lui arrive?

LUCIENNE.

Il ne va pas bien... Vois comme il ferme les yeux, et puis il tremble.

CAMILLE.

Dame! tu le portes partout avec toi et tu le secoues tant

ACTE DEUXIÈME.

que tu peux. Il fallait d'abord le laisser tranquille. Et puis, qu'est-ce que tu lui donnes à manger?

LUCIENNE.

Du jaune d'œuf battu avec du lait.

CAMILLE.

Ce n'est pas ça du tout.

LUCIENNE.

Quoi, alors?

CAMILLE.

Donne-lui du cœur de bœuf et, dans quelque temps, du chènevis et des baies d'aubier.

LUCIENNE.

Il ne mourra pas, tu es sûr?

CAMILLE.

Il vivra parfaitement. Il chantera, il sifflera, il parlera. C'est le plus amusant de tous les oiseaux; seulement il est de cette année et il faut des précautions.

LUCIENNE.

Aura-t-il des petits?

CAMILLE.

Certainement.

LUCIENNE.

Quand ça?

CAMILLE.

L'année prochaine.

LUCIENNE.

Ce pauvre chéri, comme il me regarde!

CAMILLE.

Il te connaît déjà?

LUCIENNE.

Certainement, il me connaît.

CAMILLE.

Et il t'aime ?

LUCIENNE.

Il m'aimera parce que je l'aimerai bien.

CAMILLE.

Comment l'aimeras-tu ?

LUCIENNE.

Comme on aime. Il n'y a pas deux manières d'aimer.

CAMILLE.

Tu n'aimes pourtant pas ton bouvreuil comme tu aimes ton père, ma mère ou moi.

LUCIENNE.

Je ne l'aime pas autant, voilà tout.

CAMILLE.

Pourquoi ?

LUCIENNE.

Parce que je pourrais avoir beaucoup d'autres oiseaux comme lui, et je ne peux avoir qu'un père comme le mien, une tutrice comme ta mère et un mari comme toi, puisque tu dois être mon mari. Cependant il me semble que le sentiment que j'éprouve pour vous quatre est de la même nature. Seulement j'ai besoin de vous et il a besoin de moi, je l'aime un peu comme vous m'aimez. Tu vois que c'est toujours la même chose.

CAMILLE.

Mais, s'il fallait le tuer pour nous sauver la vie, à ton père, à maman ou à moi, qu'est-ce que tu ferais ?

LUCIENNE.

Ça ne peut pas arriver.

CAMILLE.

Supposons !... s'il le fallait ?

LUCIENNE.

Ce serait affreux, pauvre petite bête ! Je l'embrasse-

ACTE DEUXIÈME.

rais bien, je lui demanderais pardon, je pleurerais beaucoup, et puis je le tuerais tout doucement, tout doucement. Il saurait bien après que ce n'était pas pour lui faire du mal.

CAMILLE.

Après, il ne le saurait pas, puisqu'il serait mort et qu'il ne resterait rien de lui.

LUCIENNE.

Et son âme?

CAMILLE.

Les oiseaux n'en ont pas, tu le sais bien.

LUCIENNE.

Ils ne chanteraient pas s'ils n'avaient pas d'âme.

CAMILLE.

Tu es un bijou, va soigner ton oiseau.

LUCIENNE.

Où est donc maman?

CAMILLE.

Elle est allée savoir des nouvelles de cette dame qui devait venir hier au soir et qui n'est pas venue. Elle craint qu'elle ne soit indisposée.

LUCIENNE, *courant à son père qui entre.*

Monsieur mon petit père, j'ai l'honneur de vous dire que je vous adore.

Elle l'embrasse et sort.

SCÈNE II

BARANTIN, CAMILLE.

BARANTIN.

Toujours la même.

CAMILLE.

Toujours. Elle a six ans.

BARANTIN.

Tant mieux.

CAMILLE.

Peut-être.

BARANTIN.

Tu aimerais mieux qu'elle en eût trente.

CAMILLE.

Trente, non, mais vingt.

BARANTIN.

Autrement dit, tu commences à trouver le temps un peu long, ou à ne plus voir en Lucienne la femme que tu dois épouser un jour. Tu sais que, malgré nos projets, tu restes toujours maître de ton cœur comme de ta pensée et que tu t'appartiens toujours. Ce n'est pas moi qui conseillerai jamais un mariage qui ne sera pas absolument l'union de deux sympathies bien déterminées. Mieux vaut rester garçon et mourir dans un coin, entre sa bonne et son portier, que d'avoir à traîner toute sa vie la chaîne de l'incompatibilité des caractères. C'est ta mère qui a élevé Lucienne et qui l'a élevée dans l'idée d'en faire ta femme. Tant pis pour Lucienne et pour moi si cela ne se réalise pas, mais la liberté avant tout. Tu n'es engagé à rien. Du reste, tu as encore trois ou quatre ans devant toi, à moins que tu n'aimes quelqu'un...

CAMILLE.

Qui sait?

BARANTIN.

Moi, je le sais. Tu es amoureux.

CAMILLE.

Vous en êtes sûr?

BARANTIN.

Tu es amoureux depuis un an, depuis que tu es venu seul ici.

CAMILLE.

Et vous connaissez la personne que j'aime?...

BARANTIN.

Non; seulement, aux agitations, aux distractions, aux inégalités d'humeur auxquelles tu es soumis depuis l'été dernier, je suppose et je parierais que cet amour n'est pas filé d'or et de soie, et qu'il y a un peu de coton dedans.

CAMILLE.

Vous vous moquez.

BARANTIN.

Dieu me garde me moquer de l'amour. Ça rit, ça mord et ça tue! Heureusement, à ton âge, ce n'est pas une grosse affaire.

CAMILLE.

Vous vous trompez.

BARANTIN.

Alors, comment ta mère n'est-elle pas au courant de tout, elle qui prétend que tu ne lui caches rien?

CAMILLE.

Je ne savais pas encore s'il était nécessaire de lui apprendre...

BARANTIN.

Et puis c'est peut-être un de ces amours qui ne regardent pas les mères.

CAMILLE.

C'est l'amour le plus involontaire et le plus chaste en même temps. Si ma mère n'a pas reçu ma confidence, c'est que j'ignore si je suis aimé et qu'hier encore j'ignorais si la personne que j'aime était libre.

BARANTIN.

Et aujourd'hui?

CAMILLE.

Je sais qu'elle l'est; mais je doute qu'elle m'aime, car elle pouvait me donner, sinon une preuve d'amour, du moins un témoignage de sympathie, et elle ne l'a pas fait.

BARANTIN.

Elle est donc ici?

CAMILLE.

Oui.

BARANTIN.

Tu caches bien ton jeu; on ne te voit parler à aucune femme.

CAMILLE.

Je ne lui ai adressé la parole que deux fois : une fois l'année dernière, le 11 septembre...

BARANTIN.

Le 11 septembre... Quel bel âge!

CAMILLE.

Et une fois cette année.

BARANTIN.

A quelle date?

CAMILLE.

Hier.

BARANTIN.

Et tu ne lui as pas encore dit que tu l'aimes?

CAMILLE.

Tant que j'ai cru qu'elle n'était pas libre, je n'ai pas voulu; quand j'ai su qu'elle l'était, je n'ai pas osé.

BARANTIN.

Alors, elle ne se doute de rien?

CAMILLE.

Oh! elle a deviné!

BARANTIN.

C'est de l'amour platonique.

CAMILLE.

C'est mon amour à moi.

BARANTIN.

Prends garde !

CAMILLE.

A qui ?

BARANTIN.

A toi. En amour, le plus grand ennemi qu'on puisse avoir, c'est soi-même. L'éducation que ta mère t'a donnée poétise tout dans ton esprit et ne te fait plus voir qu'à travers ton cœur bien des choses qui ne sont rien moins que poétiques. Ne prends pas les lanternes pour des étoiles, et ce qui s'éteint le matin pour ce qui brûle toujours. Sans être tout à fait un M. Valmoreau, qui a peut-être un peu trop simplifié l'amour, il ne faut pas non plus livrer à l'amour toute sa pensée et toute sa vie. Il ne faut pas surtout exiger de lui plus qu'il ne peut donner. C'est le printemps, ce n'est pas l'année tout entière ; c'est la fleur, ce n'est pas le fruit. Rappelle-toi qu'il y a des jouissances supérieures à celles-là, et donne ou plutôt conserve la première place au travail qui crée définitivement, qui ne trompe jamais, lui, et qui sert à tout le monde. Voilà pourquoi j'aurais voulu et je voudrais encore te voir épouser Lucienne. Elle sera de ces femmes qui laissent à leur mari l'intelligence nette et l'imagination calme. Là est toute la vérité dans le mariage, du moins pour des hommes comme toi.

CAMILLE.

Est-ce ainsi que vous avez aimé ?

BARANTIN.

Non ; mais raison de plus pour que tu profites de mon expérience.

CAMILLE.

Et qui vous dit que, dans ma pensée, je n'associe pas le travail et la famille à la personne que j'aime ? Me croyez-vous capable d'être préoccupé, pendant un an, d'un sentiment qui ne doive pas être éternel ? Jusqu'ici, le travail a été mon maître, et par lui seul et pour lui seul j'ai contenu ma jeunesse. Mais enfin j'ai vingt-quatre ans, je suis un homme, je suis dans toute ma force et dans toute ma virilité, j'aspire à des sensations nouvelles, j'ai besoin de me retrouver dans un autre que moi; j'aime enfin. Si je ne suis pas aimé, comme je commence à le croire, je souffrirai, je me débattrai, je crierai, mais aussi je vivrai, et il sera temps alors de revenir demander au travail la réparation du mal qu'il n'aura pas su prévenir.

BARANTIN.

Veux-tu que je te le dise? tu as parfaitement raison; va, mon garçon, rêve un idéal, fais des sonnets à la lune, passe les nuits à regarder une fenêtre et les jours à suivre une jupe, chante, ris, pleure, frappe-toi la tête contre les murs, maudis le sort et Dieu; déchire-toi la poitrine pour un mot et tombe à genoux pour un regard, c'est de ton âge, et je donnerais toute mon expérience et bien autre chose encore pour pouvoir en faire autant. As-tu terminé ton rapport pour la commission?

CAMILLE.

J'ai travaillé toute la nuit.

BARANTIN.

Tu ne t'es pas couché?

CAMILLE.

Non

BARANTIN.

C'est sérieux, décidément. Tâche d'avoir fini aujourd'hui.

CAMILLE.

J'en ai pour deux heures... Tout ce que je vous ai dit reste entre nous.

BARANTIN.

Sois tranquille.

SCÈNE III

Les Mêmes, MADAME AUBRAY.

CAMILLE, à sa mère.

Eh bien, cette dame?

MADAME AUBRAY.

Elle était sortie; on m'a dit chez elle qu'elle n'avait pu venir parce qu'elle avait eu du monde hier, mais qu'elle viendra s'excuser aujourd'hui...

CAMILLE.

Je vais me remettre à l'ouvrage.

BARANTIN.

Et moi...

MADAME AUBRAY.

Et vous, vous allez rester là un moment, j'ai à vous parler.

Camille a débarrassé sa mère de son châle et de son chapeau. — Il sort.

SCÈNE IV

BARANTIN, MADAME AUBRAY.

BARANTIN.

Qu'est-ce qu'il y a?

MADAME AUBRAY.

J'ai vu votre femme.

BARANTIN, étonné.

Ma femme! quand cela?

MADAME AUBRAY.

Aujourd'hui. Elle est arrivée dans la nuit, exprès pour me parler.

BARANTIN.

Et elle est repartie, j'espère bien?

MADAME AUBRAY.

Immédiatement après notre conversation.

BARANTIN.

Elle voulait?

MADAME AUBRAY.

Me demander d'être son interprète.

BARANTIN.

Auprès de qui?

MADAME AUBRAY.

Auprès de vous.

BARANTIN.

A quel propos?

MADAME AUBRAY.

Elle est très malheureuse.

BARANTIN.

Et après?

MADAME AUBRAY.

Elle implore votre pardon.

BARANTIN.

Après?

MADAME AUBRAY.

Elle demande que vous la repreniez.

BARANTIN.

C'est tout?

MADAME AUBRAY.

C'est tout.

BARANTIN.

Et vous lui avez répondu?

MADAME AUBRAY.

Que j'obtiendrais ce qu'elle demande.

ACTE DEUXIÈME.

BARANTIN.

De moi?

MADAME AUBRAY.

Naturellement.

BARANTIN.

Je suis curieux de voir comment vous allez vous y prendre.

MADAME AUBRAY.

Très simplement. Ne m'avez-vous pas dit cent fois, ne me disiez-vous pas encore hier que vous me devez beaucoup et que vous seriez heureux de me donner une preuve de votre gratitude et de votre amitié? Eh bien, cette preuve, donnez-la-moi en pardonnant à madame Barantin.

BARANTIN.

Vous savez aussi bien que moi ce qu'elle a fait, cette femme.

MADAME AUBRAY.

Je sais qu'elle souffre, qu'elle se repent, que vous êtes un homme, que vous avez pour vous le droit, la justice et la force; que vous valez mieux qu'elle, et que votre devoir est de pardonner.

BARANTIN.

Je l'ai prise sans fortune.

MADAME AUBRAY.

Vous avez eu raison.

BARANTIN.

Je l'ai aimée, respectée, élevée autant que j'ai pu.

MADAME AUBRAY.

C'était votre devoir.

BARANTIN.

J'ai travaillé pour la faire riche et heureuse.

MADAME AUBRAY.

Travailler pour ceux qu'on aime, ce n'est pas travailler.

BARANTIN.

Elle m'a trompé lâchement.

MADAME AUBRAY.

Quand on trompe, on trompe toujours comme ça... Après?

BARANTIN.

Après? Je l'ai chassée comme elle méritait de l'être, et vous avez vu dans quel état j'étais; car je l'adorais, cette misérable!... Sans vous, je ne sais pas ce que je serais devenu... Je me serais tué, ou j'aurais commis un crime plus grand peut-être.

MADAME AUBRAY.

Il n'y en a pas de plus grand. C'est donc moi qui vous ai sauvé. J'ai donc su ce qu'il vous fallait alors. Pourquoi ne le saurais-je pas encore aujourd'hui?

BARANTIN.

Aujourd'hui, je n'ai plus besoin de rien.

MADAME AUBRAY.

C'est-à-dire qu'alors c'était vous qui souffriez, et qu'aujourd'hui c'est un autre; que, pour vous guérir, il ne fallait que de la volonté, et que, pour faire ce que je vous demande, il faut de l'abnégation. Jadis, vous n'aviez à vaincre que votre douleur; aujourd'hui, il vous faudrait vaincre votre orgueil; c'est plus difficile, j'en conviens.

BARANTIN.

Donnez-moi une raison.

MADAME AUBRAY.

Elle est la mère de votre fille.

BARANTIN.

Elle a perdu ce titre le jour où elle a abandonné Lucienne. Je suis très doux, ma chère amie, vous le savez; mais, au fond, je suis très ferme. Bonhomme, mais homme! Eh bien, qu'on pardonne à la femme qui trahit son époux, — passe encore; qu'on pardonne à la mère qui abandonne son enfant, non! Jusqu'à ce qu'elle soit mère, la femme peut errer, elle peut ignorer où réside le véritable amour et le chercher à tort et à travers ; à partir de l'heure où elle a un enfant, elle sait à quoi s'en tenir. Si elle se soustrait à cet amour-là, elle est décidément sans cœur; car c'est le plus grand, le plus pur, — le plus facile des amours humains. Je m'étonne donc qu'une mère comme vous prenne la défense d'une mère comme elle; mais les femmes, même les plus irréprochables, trouvent toujours une excuse à ces poétiques lâchetés de l'amour. C'est si intéressant, une femme qui aime! elle a de si bonnes raisons! Que voulez-vous! son mari n'était pas ce qu'elle avait rêvé; et, pendant que ce pauvre honnête homme, qui a le tort de n'être pas assez blond ou assez brun, qui a les pieds trop gros ou le nez trop long, travaille pour nourrir et pour parer cette dame, elle va se jeter dans les bras de son idéal, quelque bellâtre bien mis, qui veut aimer gratis et qui la plante là quand elle vieillit. Alors, la femme délaissée, compromise, solitaire, se souvient qu'elle avait un mari, un enfant, une famille, que tout ça doit être quelque part, et elle revient en disant: « A propos, je me repens, vous savez; pardonnez-moi! » Trop tard, madame, je ne vous connais plus; si la solitude vous pèse, prenez un autre amant et laissez-moi la paix.

MADAME AUBRAY.

Et si elle prend un autre amant?

BARANTIN.

Ça lui en fera deux, et, si elle en prend encore un, ça lui en fera trois. Celui qu'il ne faut pas prendre, c'est le premier; les autres ne signifient plus rien. Pas de premier, pas de second.

MADAME AUBRAY.

Ce sont là les raisonnements d'un homme, et non ceux d'un chrétien.

BARANTIN.

Je suis un mauvais chrétien, voilà tout.

MADAME AUBRAY.

Barantin! pourquoi faites-vous le bien, alors?

BARANTIN.

Par raison. Je vois des innocents qui souffrent, cela me paraît injuste et je leur tends la main. Quant aux coupables, aux méchants, aux ingrats, qu'ils se tirent d'affaire comme ils pourront, ça ne me regarde pas.

MADAME AUBRAY.

D'abord, il n'y a pas de coupables, il n'y a pas de méchants, il n'y a pas d'ingrats; il y a des malades, des aveugles et des fous. Quand on fait le mal, ce n'est pas par préméditation, c'est par entraînement. On croit que la route est plus agréable à gauche qu'à droite; on prend à gauche, et, quand on est dans les ronces ou dans la fange, on appelle au secours, et le devoir de celui qui est dans le bon chemin est de se dévouer pour sauver l'autre.

BARANTIN.

Disons ces choses-là, ça fait très bien; mais contentons-nous de les dire.

MADAME AUBRAY.

Pardon, mon cher Barantin, mais, jusqu'à ce jour, j'ai fait comme j'ai dit.

BARANTIN.

Chère amie, vous êtes le plus admirable exemple de vertu et de charité qu'on puisse offrir aux hommes et surtout aux femmes; personne ne le sait mieux que moi, et je proclame que vous êtes une sainte quand je ne crie pas que vous êtes un ange; mais avec tout cela vous êtes dans le faux. Savez-vous quels résultats vous obtenez, entre autres?...

MADAME AUBRAY.

Dites.

BARANTIN.

On vous exploite, on vous ridiculise, on vous trahit, ceci n'est rien. Savez-vous de quoi vous accusent certaines femmes qui ne seraient pas dignes de dénouer les lacets de vos bottines, mais qui n'en ont pas moins autorité dans le monde?

MADAME AUBRAY.

Et de quoi m'accusent-elles?

BARANTIN.

D'avoir un amant.

MADAME AUBRAY.

Un amant... qui est?

BARANTIN.

Qui est... Devinez.

MADAME AUBRAY.

Comment voulez-vous?...

BARANTIN.

Qui est moi.

MADAME AUBRAY.

Quelle bêtise!

BARANTIN.

C'est vrai. On ne l'en dit pas moins et c'est tout naturel, parce que le monde n'accepte et n'admet que ce qu'il comprend, et qu'entre une femme veuve et belle et un homme séparé de sa femme, fût-il vieux et laid, qui se voient tous les jours comme nous le faisons, on aime mieux croire à de l'amour qu'à de l'amitié.

MADAME AUBRAY.

Que m'importe ce qu'on dit?

BARANTIN.

Et à moi donc! Mais c'est pour en arriver à ceci : la société a ses mœurs, ses traditions, ses habitudes que le temps a constituées en lois. Elle a une morale moyenne dont elle ne veut pas qu'on la sorte et qui suffit à ses besoins. Elle n'aime donc pas ces vertus singulières qui lui sont un reproche indirect, et elle s'en venge comme elle peut, par la calomnie même, si elle n'a pas autre chose sous la main. Comment! je peux, moi, société, me tirer d'affaire avec ma religion et la religion de mes voisins en observant certaines petites pratiques extérieures, en donnant un peu de mon superflu à ceux qui n'ont rien du tout, en quêtant, en dansant, en chantant pour les pauvres, en mangeant de temps à autre du turbot au lieu de manger de la bécasse; ça va bien comme ça, et vous venez, vous, simple femme du monde, vous jeter à travers ce petit train-train des consciences bien élevées; vous dites : « Ce n'est pas assez, il faut faire ceci, il faut défaire cela, il faut tout donner et tout pardonner... » Et vous voulez que cette société ne pousse pas des cris, vous voulez qu'elle vous laisse faire sans plaisanter, sans calomnier, sans se venger enfin de ce grand exemple qu'elle ne veut ni ne peut suivre? Vous lui en demandez trop.

MADAME AUBRAY.

Je vis comme bon me semble et ne force personne à vivre comme moi.

BARANTIN.

Pardon! pardon! C'est tout le contraire, puisque vous voudriez rejeter dans ma vie une créature que je n'ai nulle envie d'y revoir, ma parole d'honneur! Oh! les femmes! toujours les mêmes! ni patience, ni mesure, mettant de la passion dans tout, même dans la vertu!... Non seulement vous croyez que l'humanité doit devenir parfaite, mais vous voulez qu'elle le devienne tout de suite, du jour au lendemain. « Hier, vous haïssiez : aimez aujourd'hui. Ce matin, vous étiez heureux : sachez souffrir ce soir. Vous étiez coupable, soyez repentant, et moi, madame Aubray, je vous pardonne! » Tout cela en une heure. Oh! oh! laissez-moi respirer!

MADAME AUBRAY.

On ne fait jamais le bien assez vite. Est-ce qu'il a le temps d'attendre?

BARANTIN.

Vous êtes dans le faux, et vous le reconnaîtrez un jour.

MADAME AUBRAY.

Quand cela?

BARANTIN.

Quand vous vous sentirez prise entre vos doctrines et l'impossibilité de les mettre en pratique, ce qui ne peut manquer d'arriver. Jusqu'à présent, chère amie, vous n'avez eu que des exemples à donner, et vous les avez donnés aussi grands que possible comme fille, comme épouse, comme mère; mais vous n'avez pas eu de luttes à soutenir. Vous êtes pour le pardon; moi aussi, je suis pour le pardon, celui qui ne coûte rien. Moi aussi, je pardonne à toutes les femmes adultères, — excepté à la mienne. Tout le monde en est là. Qu'est-ce que ça nous fait, les autres? Mais, s'il s'agit de nous... un instant! c'est une autre affaire. Le pardon, savez-vous ce que c'est? C'est l'indifférence pour ce qui ne nous touche pas.

MADAME AUBRAY.

Et cependant, vous m'avez donné votre fille à élever, au risque de lui voir un jour les mêmes idées qu'à moi.

BARANTIN.

Oui, je vous ai donné ma fille. Si j'avais eu un fils, je ne vous l'aurais pas donné.

MADAME AUBRAY.

Pourquoi?

BARANTIN.

Parce qu'avec vos idées, on rend une femme virile, mais on efféminc un homme.

MADAME AUBRAY.

Alors, j'ai mal élevé mon fils. Il n'est ni noble, ni généreux, ni utile, ni loyal, ni brave?

BARANTIN.

Il est tout cela, il est brave ; eh bien, qu'il entende tenir demain sur sa mère le ridicule propos que je vous répétais tout à l'heure, que fera-t-il?

MADAME AUBRAY.

Il le méprisera.

BARANTIN.

Erreur! Il sautera au visage de celui qui aura tenu ce propos, et il fera bien. Où sera le chrétien, alors? Ce sera l'état social et le sentiment naturel qui reprendront leurs droits. Dieu veuille que vous n'ayez pas un jour à demander à Camille une concession du genre de celle que vous me demandez et qu'il ne pourra vous faire... Rêves que toutes ces idées!

MADAME AUBRAY.

Aveugle que vous êtes! Vous ne voyez donc pas qu'elle ne suffit plus, cette morale courante de la société, et qu'il va falloir en venir ouvertement et franchement à celle de la miséricorde et de la réconciliation? Que jamais celle-ci n'a été plus nécessaire qu'à présent? Que la conscience humaine traverse à cette heure une de ses plus grandes crises, et que tous ceux qui croient en Dieu doivent ramener à lui, par les grands moyens qu'il nous a donnés lui-même, tous les malheureux qui s'égarent? La colère, la vengeance ont fait leur temps. Le pardon et la pitié doivent se mettre à l'œuvre. Quant à moi, rien ne troublera mes convictions, rien ne modifiera mes idées. Non, ces voix intérieures que j'entends depuis mon enfance, ces principes évangéliques qui ont fait la base, la dignité, la consolation et le but de ma vie, ne sont pas des hallucinations de mon esprit; non, ce n'est pas une duperie que le pardon! ce n'est pas une folie que la charité. Non, non, mille fois non! Ma mère ne m'a pas menti, mon époux ne m'a pas menti, mon Dieu ne m'a pas menti. Je n'ai jamais lutté, dites-vous? Eh bien, vienne la lutte, je l'attends, je l'appelle, et, quels que soient les preuves, les exemples, les sacrifices, que me commandent mes idées folles, je donnerai les uns et j'accomplirai les autres.

BARANTIN.

Je le souhaite.

MADAME AUBRAY.

Et moi, je l'affirme.

BARANTIN.

Amen !

SCÈNE V

Les Mêmes, le Domestique, puis JEANNINE.

LE DOMESTIQUE.

Il y a là une dame qui demande à parler à madame.

MADAME AUBRAY.

Faites entrer cette dame. (A Barantin.) Et vous, fanfaron d'égoïsme, allez vous occuper du bonheur des autres.

Jeannine entre.

BARANTIN.

Est-ce que vous avez été souffrante, madame?

JEANNINE.

Non, monsieur, mais il m'a été impossible d'avoir l'honneur de venir hier voir madame Aubray.

BARANTIN.

Je sais quelqu'un, sans parler de nous, qui vous a fort regrettée.

JEANNINE.

Qui donc?

BARANTIN.

M. Valmoreau, l'ami de votre petit garçon.

JEANNINE.

Oui, je sais.

Barantin sort.

SCÈNE VI

JEANNINE, MADAME AUBRAY.

####### JEANNINE.

Je viens m'excuser, madame, de ne pas m'être rendue hier au soir à votre bien aimable invitation, et vous exprimer mes regrets de ne pas m'être trouvée chez moi quand vous avez pris la peine d'y venir ce matin.

####### MADAME AUBRAY.

Je craignais que vous ne fussiez malade, vous ou l'enfant, et, comme je vous savais seule...

####### JEANNINE.

Que de bontés!

####### MADAME AUBRAY.

Ce sera pour une autre fois.

####### JEANNINE.

Malheureusement, madame, je pars aujourd'hui et je viens, en même temps que mes excuses, vous apporter mes adieux.

####### MADAME AUBRAY.

Une mauvaise nouvelle?

####### JEANNINE.

Non, madame.

####### MADAME AUBRAY.

Vous retournez à Paris?

####### JEANNINE.

Oui.

####### MADAME AUBRAY.

Donnez-moi votre adresse. Ne faut-il pas d'abord que je vous reporte cette musique que m'avez prêtée?

JEANNINE.

Je n'en ai pas besoin, madame, je la sais par cœur. Voulez-vous bien la garder en souvenir de moi? car je crains que nous ne nous revoyions jamais.

MADAME AUBRAY.

Vous quittez la France?

JEANNINE.

Probablement.

MADAME AUBRAY.

Que d'événements depuis hier! Vous ne soupçonniez pas ce voyage quand nous parlions de l'avenir.

JEANNINE.

C'est vrai, madame; mais on ne fait que bien rarement ce que l'on voudrait faire... Adieu, madame.

MADAME AUBRAY.

Comme vous êtes pressée!

JEANNINE.

Je craindrais d'abuser de vos instants.

MADAME AUBRAY.

Vous paraissez triste, émue, embarrassée. Auriez-vous quelque chose contre moi?

JEANNINE.

Contre vous?... Oh! madame!

MADAME AUBRAY.

Alors, puis-je vous servir en quoi que ce soit?

JEANNINE.

En rien, merci.

MADAME AUBRAY.

Gardez votre secret, mon enfant; je suis une amie trop nouvelle pour avoir le droit de vous le demander.

JEANNINE.

Mon secret, mon Dieu, madame, je vais vous l'apprendre;

car, après les bonnes paroles que vous m'avez dites et l'intérêt que vous me témoignez encore, je serais une ingrate si je manquais de confiance avec vous. Je quitte ce pays, madame, pour ne pas vous mettre dans une position difficile vis-à-vis de moi, et un peu aussi pour ne pas me trouver dans une position fausse vis-à-vis de vous.

MADAME AUBRAY.

Je ne comprends pas.

JEANNINE.

Vous m'avez prise pour une autre, madame, ou plutôt je me suis donnée pour une autre, n'ayant pas alors le courage de vous initier, non pas au secret, mais aux événements de ma vie. Je pourrais vous laisser dans votre erreur, du moins pendant tout le temps que je passerai ici; mais ce serait indigne de vous, peut-être de moi, car je ne suis pas menteuse.

MADAME AUBRAY.

Je vous crois.

JEANNINE.

Je ne suis pas veuve, madame, et je n'ai jamais été mariée. Vous pourriez l'apprendre d'un autre, j'aime mieux que vous l'appreniez de moi-même. Il est donc inutile que j'entame des relations que vous seriez forcée de rompre un jour, et je préfère ne pas entrer dans votre maison plutôt que d'attendre le moment où vous m'en fermeriez la porte.

MADAME AUBRAY.

Alors, ce petit enfant?...

JEANNINE.

N'a pas d'autre nom que celui de Gaston.

MADAME AUBRAY.

Pauvre petit! Son père?

ACTE DEUXIÈME.

JEANNINE.

N'était pas mon mari.

MADAME AUBRAY.

Ce père est mort?

JEANNINE.

Il vit, madame.

MADAME AUBRAY.

Il vous épousera plus tard?

JEANNINE.

Jamais!

MADAME AUBRAY.

C'est donc un malhonnête homme?

JEANNINE.

Non, madame.

MADAME AUBRAY.

Alors?...

JEANNINE.

Alors, c'est moi qui suis une malhonnête femme, voilà ce que vous pensez, madame.

MADAME AUBRAY.

Non; seulement...

JEANNINE.

Je ne suis ni d'une famille, ni d'un monde où les hommes comme lui prennent leur femme. Il n'a donc jamais eu l'idée et il ne m'a jamais promis de me donner son nom. Il le voudrait maintenant qu'il ne le pourrait plus.

MADAME AUBRAY.

Parce que?...

JEANNINE.

Parce qu'il l'a donné à une autre.

MADAME AUBRAY.

Il s'est marié?

JEANNINE.

Il y a deux ans.

MADAME AUBRAY.

Quelles sont vos ressources, alors?

JEANNINE.

Celles qu'il me fait.

MADAME AUBRAY.

Il a soin de son enfant?

JEANNINE.

Oui, madame, et de moi.

MADAME AUBRAY.

Cependant, vous ne le voyez plus?

JEANNINE.

Nous ne devions plus nous revoir, et je ne l'avais pas revu depuis son mariage, quand justement hier, après la conversation que j'avais eu l'honneur d'avoir avec vous, je l'ai vu apparaitre. C'est sa visite qui m'a retenue chez moi.

MADAME AUBRAY.

Et qui vous a empêchée de venir ici?

JEANNINE.

Cette visite n'aurait pas eu lieu, que je ne serais pas venue davantage. J'avais accepté hier ou paru accepter, mais j'avais trop le sentiment du respect qui vous est dû pour pénétrer chez vous à l'abri d'un mensonge.

MADAME AUBRAY.

Je vous sais gré de votre franchise; elle prouve, ainsi que votre langage, une âme et une nature peu communes. Permettez-moi donc de vous questionner de nouveau. Je vous assure que c'est dans votre intérêt seul.

JEANNINE.

Interrogez, madame.

ACTE DEUXIÈME.

MADAME AUBRAY.

En venant vous trouver hier, le père de votre enfant venait-il voir son fils et la mère de son fils, ou venait-il revoir la femme d'autrefois?

JEANNINE.

Il est venu par hasard, m'a-t-il dit... De son fils, il ne m'a pas plus parlé qu'à l'ordinaire ! il n'en parle jamais. — D'amour, il n'a pas été question.

MADAME AUBRAY.

Et cependant, cet homme vous l'aimez?

JEANNINE.

Non, madame.

MADAME AUBRAY.

Vous l'avez aimé?

JEANNINE.

Non.

MADAME AUBRAY.

Voyons, voyons, mon enfant, je ne comprends plus très bien. Si une faute comme celle que vous avez commise peut avoir une excuse, cette excuse est dans l'entraînement de l'amour. Il est aussi naturel que vous ayez aimé cet homme jadis, qu'il serait naturel que vous le haïssiez aujourd'hui

JEANNINE.

Mon Dieu, madame, je n'ai pas eu l'occasion de raisonner grand'chose dans ma vie, ni de m'expliquer mes sensations, car je ne suis qu'une créature d'instinct; mais ce que je sais, c'est que je n'ai jamais eu d'amour et que je n'ai pas de haine pour le père de mon enfant. Il ne manquait pas à mon cœur avant que je le connusse, il ne lui manque pas davantage aujourd'hui. Je n'éprouve pour lui que de la reconnaissance.

MADAME AUBRAY.

De la reconnaissance!... Voilà une parole étrange et qui me ferait douter de votre bon sens, s'il n'y avait dans votre regard et dans votre voix je ne sais quelle naïveté, quelle candeur, qui sembleraient indiquer que vous n'avez pas la notion exacte des étrangetés que vous dites. Comment avez-vous pu commettre si facilement la plus grande faute qui puisse trouver place dans la vie d'une femme ; comment, cette faute commise, paraissez-vous en avoir si peu de remords ; comment, au lieu de maudire cette faute et de vous en prendre à celui qui vous a abusée, parlez-vous pour lui de reconnaissance ?

JEANNINE.

Parce qu'en réalité, madame, je lui dois tout. C'est lui qui m'a faite libre et heureuse. Mon père et ma mère étaient de pauvres gens. Au lieu de leur apporter une joie en arrivant dans ce monde, comme font les enfants qui naissent dans les maisons riches, je ne devais qu'augmenter leur misère et leurs chagrins. J'étais déjà mal venue avant de venir, et, par un incident imprévu, ma servitude devait commencer avant ma naissance. Une grande dame étrangère, qui allait devenir mère, était atteinte d'une maladie dangereuse, mortelle, disait-on, qui pouvait être conjurée si elle nourrissait ; mais elle craignait, en nourrissant son propre enfant, de lui léguer ce mal ; elle chercha donc un enfant inconnu à nourrir... Mes parents me donnèrent à elle pour une somme d'argent qu'ils n'avaient jamais entrevue dans leurs plus beaux rêves, une dizaine de mille francs, je crois. Voilà comment je suis entrée dans la vie. Telle que vous me voyez, madame, j'ai été allaitée par une duchesse ; je n'en suis pas plus fière pour cela. Cette dame a guéri, heureusement. Est-ce à moi qu'elle le doit ? Peu importe. En tout cas, elle s'était attachée à moi. De là un commencement d'éducation, d'instruction et de bien-être, car elle m'a gardée auprès d'elle jusqu'à ma septième année. Mes parents, ignorants et besogneux, se crurent en droit d'utiliser cette opulente protection. Cette dame finit par se lasser de leurs exigences qui ressemblaient quelquefois à des menaces. Elle repartit pour son pays,

ACTE DEUXIÈME.

et me rendit à ma famille, enveloppée dans quelques billets de mille francs qui furent les derniers, et que mon père et ma mère eurent bientôt dépensés sans la moindre prévoyance. Ils se séparèrent, la misère étant revenue. Mon père disparut et s'en alla mourir au loin. Moi, je restai seule avec ma mère. Elle me fit travailler ; je commençai à gagner ma vie et la sienne. Cela me parut dur. Vous êtes une personne charitable, madame ; vous avez vu de près toutes les misères, je n'ai rien à vous apprendre à ce sujet. Ma jeunesse suppléait à la fatigue et je vivais encore un peu sur le bon temps passé, comme sur des économies de bonheur ; ma mère était vieille, elle souffrait. Elle s'en prenait à moi dans le présent, et elle redoutait l'avenir. Le propriétaire de la maison où nous habitions une mansarde était un riche commerçant. Il avait un fils que je rencontrais souvent en revenant du magasin. Ce jeune homme possédait toutes les éloquences de la jeunesse et de la fortune ; c'était lui qui nous venait en aide quand nous étions en retard pour notre loyer. Il se trouva insensiblement mêlé à notre existence sans que je m'en aperçusse autrement que par un peu plus de bien-être. Ai-je été trompée, séduite ? Non. Tout était disposé autour de moi pour le mal ; je l'ai fait naturellement, et je n'accuse personne. Ma mère a vécu sa dernière année à l'abri de cette misère qui l'avait tant effrayée et elle est morte en croyant avoir fait pour moi ce qu'elle devait faire. Pour l'homme près de qui je restais, je n'éprouvais rien. Je lui ai toujours dit « vous » ; je l'ai toujours appelé « monsieur ». Tout à coup un sentiment inconnu s'empara de moi ; j'étais mère ! j'appartenais tout entière à l'amour maternel qui demandait une revanche. Je chantais, je riais, je dansais, et la preuve vivante de ma faute devenait, tant j'étais dans l'erreur, un sujet de gloire pour moi. Je parais mon enfant, je le promenais, je le montrais, je souriais à ceux qui le trouvaient joli. Je pris des maîtres, je lus, j'étudiai la musique, je voulais tout savoir pour l'apprendre plus tard à mon fils. Un jour, son père me dit qu'il allait se marier et que cet enfant, dont la naissance l'avait contrarié (c'est le mot dont il s'était servi alors), je pourrais le garder toujours, et qu'il aurait toujours soin de nous deux, si je ne parlais jamais de lui à personne. J'avais l'indépendance, j'avais un enfant, je me considérai comme la plus heureuse femme de la terre. Il se maria, et je l'ai revu hier pour la première fois depuis ce mariage. — Voilà toute mon histoire, madame.

MADAME AUBRAY.

Et vous vivez ainsi au jour le jour ?

JEANNINE.

Oui.

MADAME AUBRAY.

Et quand votre enfant sera grand, que ferez-vous de lui ?

JEANNINE.

Je n'en sais rien.

MADAME AUBRAY.

Et si son père mourait ?

JEANNINE.

Il m'a promis d'assurer son sort.

MADAME AUBRAY.

Et s'il vous a trompée ?

JEANNINE.

Je ne crois pas ; c'est un honnête homme.

MADAME AUBRAY.

Et si vous mouriez, vous ?

JEANNINE.

Il s'en chargerait peut-être. Une fois que la mère est morte, ce n'est plus la même chose. Il n'a pas eu d'enfants de sa femme.

MADAME AUBRAY.

Et si sa femme s'opposait à cette adoption, ou à cette reconnaissance ; si votre enfant restait tout seul, enfin ?

JEANNINE.

Il y aurait encore quelqu'un pour se charger de lui.

MADAME AUBRAY.

Qui cela ?

JEANNINE.

Vous, madame.

MADAME AUBRAY.

Moi !

JEANNINE.

Oui, madame, et j'en suis tellement sûre, qu'en rentrant, je vais écrire ce testament bien simple : « Si je viens à mourir, conduire tout de suite mon fils chez madame Aubray et la prier de l'élever comme elle a élevé le sien. »

MADAME AUBRAY, joyeuse.

Et vous ne doutez pas que je n'accepte la mission ?

JEANNINE.

Je n'en doute pas.

MADAME AUBRAY, l'embrassant.

Ah ! mon enfant ! vous ne pouvez pas savoir le plaisir que vous me faites en me jugeant ainsi. Eh bien, je signe le traité, — à une condition !...

JEANNINE.

Dites, madame.

MADAME AUBRAY.

Au point de vue de la morale, et de la vraie et de la seule morale, ce que vous venez de me raconter est monstrueux, ma pauvre enfant, et cependant cela vous paraît simple. Vous êtes donc une inconsciente ; et ce n'est pas absolument votre faute les autres y sont bien pour moi-

16.

tié, sinon pour tout, mais vous êtes une bonne mère, cela est certain et cela est d'un grand poids devant toutes les justices, humaine et divine. — Parlez-moi donc en toute sincérité. Depuis que vous êtes séparée du père de votre enfant, vous n'avez rien à vous reprocher ?

JEANNINE.

Oh ! rien.

MADAME AUBRAY.

Vous me l'affirmez ?

JEANNINE.

Je le jure.

MADAME AUBRAY.

Ne jurez pas, affirmez. Ainsi, vous n'aimez personne ?

JEANNINE.

Ah ! je n'ai pas dit cela, madame. Seulement, je n'ai parlé d'amour avec personne.

MADAME AUBRAY.

Et ce nouvel amour ?

JEANNINE.

Ce premier amour !

MADAME AUBRAY.

Prenez garde, vous êtes subtile.

JEANNINE.

Je suis sincère.

MADAME AUBRAY.

Soit ; celui qui inspire ce premier amour, vous en a-t-il parlé, lui ?

JEANNINE.

Il s'est contenté de me le laisser voir. Il ne me l'a exprimé que par son estime et son respect. La première fois que je lui ai parlé, je lui ai dit que je n'étais pas libre, et depuis ce jour, chaque fois que je suis sortie, je l'ai trouvé sur ma route, il m'a saluée et il a passé son chemin. Et moi, j'ai pris l'habitude de sortir tous les jours, à la même heure, avec mon enfant. Hélas! il me croit une honnête femme.

MADAME AUBRAY.

Il ne se trompe pas, puisque vous pouvez le redevenir.

JEANNINE.

Ce n'est pas la même chose.

MADAME AUBRAY.

N'a-t-il pas été dit : — « Il y aura plus de joie pour un pécheur qui se repentira que pour cent justes qui n'auront jamais péché? »

JEANNINE, avec un soupir.

Au ciel!

MADAME AUBRAY.

Vous doutez?

JEANNINE.

J'aime mieux me servir de mon amour pour devenir meilleure, et ne jamais le laisser voir à celui qui l'inspire.

MADAME AUBRAY.

Rendez-vous digne de cet amour, soyez franche et loyale au jour des aveux, et, si cet homme vous aime réellement, il pardonnera.

JEANNINE.

Vous croyez, madame?

MADAME AUBRAY.

J'en réponds. Seulement, il faut dès aujourd'hui commencer votre régénération.

JEANNINE.

Ordonnez, madame.

MADAME AUBRAY.

D'abord, il faut ne plus revoir le père de votre enfant, puisqu'il est marié.

JEANNINE.

Bien, madame.

MADAME AUBRAY.

Il ne faut plus rien accepter de lui.

JEANNINE.

Comment ferai-je, alors? ou plutôt, comment ferons-nous?

MADAME AUBRAY.

Vous travaillerez. Il faut que votre fils vous doive tout, pour n'avoir rien à vous reprocher plus tard.

JEANNINE.

Mais un travail suffisant, qui me le procurera?

MADAME AUBBAY.

Moi.

JEANNINE.

Je n'accepterai plus rien, madame, et je travaillerai.

MADAME AUBRAY.

Il vous faudra du courage.

JEANNINE.

Ce ne sera qu'une habitude à reprendre.

MADAME AUBRAY.

A ces conditions, vous pourrez compter sur moi en toutes circonstances.

JEANNINE.

Vous me permettrez de vous voir?

MADAME AUBRAY.

Quand vous voudrez. Du moment que vous serez vaillante, laborieuse et sévère pour vous-même, ma maison vous sera ouverte, à vous et à votre enfant.

JEANNINE.

Que dira le monde, en me voyant chez vous?

MADAME AUBRAY.

Ce qu'on appelle le monde, je ne le connais pas. Sa doctrine n'est pas toujours la mienne; ma conscience est ma règle unique, et ma conscience me dit de faire ce que je fais. Quant aux gens que vous rencontrerez habituellement chez moi, ce sont tous gens sérieux, honnêtes et bons ; tous ont eu plus ou moins à lutter avec la vie, et tous vous tendront la main, quand ils connaîtront votre secret.

JEANNINE.

Est-il indispensable de le leur dire tout de suite?

MADAME AUBRAY.

Comme il vous plaira.

JEANNINE.

Faites ce que vous croirez devoir faire, madame.

MADAME AUBRAY.

Courage, patience et volonté, avec cela tout est possible. Je vais m'occuper de vous dès aujourd'hui.

JEANNINE.

Oh! madame, que vous devez être heureuse d'avoir le droit d'être aussi indulgente et de l'être aussi simplement!

MADAME AUBRAY.

Ma chère enfant, quand on n'a jamais connu ni la misère, ni les tentations, quand on a eu le bonheur d'avoir une bonne famille, et de ne recevoir que de bons exemples, il faut être indulgent à ceux qui ont succombé dans la lutte que l'on n'a pas connue. On ne sait pas ce qu'on aurait fait à leur place. Le jour où vous serez ce que je suis, vous serez plus que moi.

LE DOMESTIQUE, entrant.

M. Tellier.

Mouvement de Jeannine que madame Aubray ne voit pas.

MADAME AUBRAY.

Faites entrer. (Tellier entre.) Comment! vous êtes ici, cher monsieur?

TELLIER.

Oui, madame, depuis hier, et, quand j'ai su...

Il aperçoit Jeannine et s'arrête étonné. — Il la salue sans avoir l'air de la connaître ; elle fait de même pour lui.

JEANNINE.

Adieu, madame.

MADAME AUBRAY.

A bientôt, vous voulez dire.

JEANNINE.

A bientôt, puisque vous le permettez.

Elle sort.

SCÈNE VII

MADAME AUBRAY, TELLIER.

MADAME AUBRAY.

Est-ce que vous êtes ici avec madame Tellier?

TELLIER.

Non, madame; elle est allée passer quelques jours chez son père, mais elle viendra probablement me rejoindre avec lui. Elle est d'ailleurs toujours un peu souffrante. Dès que j'ai su que vous étiez dans ce pays, je me suis permis de venir vous présenter mes hommages.

MADAME AUBRAY.

Je vous en suis toute reconnaissante.

ACTE DEUXIÈME.

TELLIER.

M. Camille?

MADAME AUBRAY.

Mon fils se porte à merveille.

TELLIER, après un temps.

Pardon, madame, voulez-vous m'autoriser à vous faire une question?

MADAME AUBRAY.

Faites, monsieur.

TELLIER.

Quelle est cette dame avec qui je viens de me rencontrer?

MADAME AUBRAY.

C'est une de mes amies.

TELLIER.

De vos amies? Elle n'en est pas depuis longtemps, car je ne l'ai jamais vue chez vous.

MADAME AUBRAY.

Pas depuis longtemps, en effet.

TELLIER.

Elle est mariée?

MADAME AUBRAY.

Non.

TELLIER.

Elle est veuve, alors?

MADAME AUBRAY.

Pardon, à mon tour, cher monsieur, mais voulez-vous me permettre de vous demander pourquoi toutes ces questions?

TELLIER.

Mon Dieu, madame, c'est que je crains que votre bonne

foi n'ait été surprise, et que vous ne donniez un peu facilement ce titre d'amie.

MADAME AUBRAY.

Cela m'étonnerait; je suis très avare de ce titre, et, quand je le donne, ce n'est qu'à bon escient. Les personnes qui me sont indifférentes, je les appelle « chère madame », ou « cher monsieur ».

TELLIER.

Comme moi, par exemple... Je n'ai pas, madame, le droit de faire commerce d'amitié avec une personne de votre mérite, et cependant, je considère comme un devoir de faire acte d'ami et, en tout cas, de galant homme, dans la circonstance qui se présente. Si cette dame ne vous eût fait qu'une visite de hasard, qu'une rencontre aux bains de mer pourrait motiver, je me serais abstenu de toute réflexion; mais les termes dont vous vous servez à son égard m'obligent, bien malgré moi, à vous renseigner sur son compte. J'ai tout lieu de croire que, pour devenir votre amie, cette dame vous a... abusée.

MADAME AUBRAY.

Voilà une accusation grave.

TELLIER.

A laquelle vous ne croyez pas?

MADAME AUBRAY.

Dont je doute un peu.

TELLIER.

Ainsi, vous tenez cette dame pour une personne... qu'on peut recevoir?

MADAME AUBRAY.

Apparemment.

TELLIER.

Depuis?

MADAME AUBRAY.

Depuis que je la reçois.

TELLIER.

Ce n'est pas vieux, alors, mais, moi qui la connais depuis plus longtemps, je puis et je dois vous dire qui elle est...

MADAME AUBRAY.

Dites.

TELLIER.

C'est une ancienne ouvrière, fille d'ouvriers d'une moralité faible. Elle n'a jamais été mariée; elle a un enfant...

MADAME AUBRAY.

Dont vous connaissez le père, peut-être?

TELLIER.

Dont je connais le père, qui a l'honneur d'être de vos amis.

MADAME AUBRAY.

Ce n'est pas sûr.

TELLIER, blessé.

Madame, cet ami...

MADAME AUBRAY.

Ne le nommez pas; il est peut-être marié. Inutile de le compromettre, inutile surtout qu'il se compromette lui-même, en me faisant, si je le questionnais, ou un mensonge, ou un aveu plus blâmable encore qu'un mensonge.

TELLIER.

Cependant, madame, vous ne pouvez forcer cet ami à se trouver, et surtout à faire trouver sa femme, même chez vous, avec une personne...

MADAME AUBRAY.

Je ne force qui que soit à venir me voir, mais je reçois qui bon me semble. Je ne veux pas juger mon ami dont je ne saurai jamais le nom, mais vous pouvez lui répéter notre conservation, et, s'il est dans les mêmes principes que vous, j'aurai perdu l'honneur de ses visites et de celles de sa femme, ce dont je me consolerai en pensant que nous ne nous entendons pas sur les questions de morale, ni même sur les questions de convenances.

TELLIER.

Je ferai votre commission, madame, et il se le tiendra pour dit. Au revoir, madame.

MADAME AUBRAY.

Adieu, monsieur.

ACTE TROISIÈME

Même décor qu'au premier acte.

SCÈNE PREMIÈRE

CAMILLE, puis VALMOREAU.

CAMILLE, seul, au piano. Il débite les vers suivants en les accompagnant de musique.

O Muse! que m'importe ou la mort ou la vie?
J'aime, et je veux pâlir; j'aime, et je veux souffrir.
J'aime, et pour un baiser je donne mon génie;
J'aime, et je veux sentir sur ma joue amaigrie
Ruisseler une source impossible à tarir.

J'aime, et je veux chanter la joie et la paresse,
Ma folle expérience et mes soucis d'un jour;
Et je veux raconter et répéter sans cesse
Qu'après avoir juré de vivre sans maîtresse,
J'ai fait serment de vivre et de mourir d'amour.

Dépouille devant tous l'orgueil qui te dévore,
Cœur gonflé d'amertume et qui t'es cru fermé!
Aime, et tu renaîtras. Fais-toi fleur pour éclore!
Après avoir souffert, il faut souffrir encore!
Il faut aimer sans cesse après avoir aimé!

VALMOREAU, qui est entré tout doucement entre la seconde et la troisième strophe, et qui a écouté sans être vu.

Continuez, continuez.

CAMILLE, se levant.

C'est fini. Avez-vous entendu ?

VALMOREAU.

Les derniers vers seulement, mais j'y applaudis des deux mains :

> Après avoir souffert, il faut souffrir encore !
> Il faut aimer sans cesse, après avoir aimé !

C'est absolument dans mes idées, sauf la souffrance. Il vaut bien mieux aimer sans souffrir. C'est de vous, ces vers-là ?

CAMILLE.

Comment ! vous ne les connaissez pas ?

VALMOREAU.

Non.

CAMILLE.

C'est du poète des poètes, de celui qui a le mieux chanté la jeunesse et l'amour, d'Alfred de Musset !

VALMOREAU.

Ah ! c'est de lui !

Il fredonne.

> Avez-vous vu dans Barcelone
> Une Andalouse...

Ah ! de Musset, je l'adore. Vous aimez donc les vers ?

CAMILLE.

A quel âge les aimerai-je si je ne les aime pas maintenant ? Hélas ! la poésie s'en va. Tant pis. Elle nous rendait meilleurs. Elle traduisait, dans une langue difficile à parler et facile à comprendre, les rêves, les aspirations et les secrets de notre cœur. Quelques vers d'un grand poète, murmurés à voix basse à l'oreille de la personne aimée, disaient pour nous ce que nous n'osions pas dire.

VALMOREAU.

Aujourd'hui, il faut s'expliquer plus clairement, **argent** comptant. On accepte encore les vers, mais il faut qu'il y ait du chocolat avec. Et alors, voyant que personne n'en veut plus, vous venez comme ça vous dire à vous-même des vers que vous savez déjà. Vous mangez votre fonds tout seul.

CAMILLE.

Oui, c'est une de mes grandes distractions. Je fais courir sous cette musique parlée une mélodie de Mozart, de Beethoven ou de Rossini, et je mêle ensemble les deux inspirations ; ou bien, je pars à l'aventure, et, à travers la campagne, sur les plateaux des falaises, tout seul, je jette dans le bourdonnement des insectes, dans le murmure lointain des flots, dans ces mille bruits qui composent le silence de la nature, je jette au hasard les vers des poètes qui répondent le mieux à mes sensations présentes que je suis incapable de traduire moi-même. Je m'écoute, je m'excite, je m'enivre jusqu'à ce que, le visage baigné de larmes, je ne puisse plus faire un pas, ni articuler un mot.

VALMOREAU.

Voilà un drôle de plaisir.

CAMILLE.

C'est le mien. Qui me verrait me prendrait pour un fou, évidemment, car il n'est pas un enthousiasme qui ne soit appelé folie par quelqu'un. Mais c'est si bon d'admirer ce qui est beau, d'aimer ce qui est vrai, de chanter, de pleurer, de se répandre !

VALMOREAU.

Ainsi, aujourd'hui ?...

CAMILLE.

Je suis dans un de mes beaux jours. Je me sens jeune, abondant, heureux, prodigue. Que quelqu'un ait besoin de moi, et il verra. Je trouve tout ce que Dieu a fait superbe et merveilleux. Je voudrais prendre l'immensité dans mes bras.

VALMOREAU.

En bon français, elle vous a dit ou laissé voir que vous êtes aimé.

CAMILLE.

Qui, elle?

VALMOREAU.

L'inconnue, celle qui nous rend joyeux ou triste à son gré quand nous avons vingt ans, que nous jurons d'aimer toujours, pour qui nous devons vivre et mourir, et qui n'est heureusement qu'une de celles que nous devons oublier.

CAMILLE, après une pause.

Je comptais passer chez vous tout à l'heure pour vous remettre un reçu.

VALMOREAU.

Quel reçu?

CAMILLE.

Le reçu de vos cinq cents francs et vos bulletins d'inscription parmi les fondateurs de l'œuvre.

VALMOREAU.

Ainsi, me voilà fondateur de bonnes œuvres. Qui aurait jamais cru cela? Est-ce que j'aurai quelque chose à faire?

CAMILLE.

Naturellement. Vous ferez partie du comité, et vous nous aiderez de vos conseils.

VALMOREAU.

Mes conseils? Qu'est-ce que ça va être, mon Dieu!

CAMILLE.

Ça va être excellent, si vous voulez vous mettre au courant tout de suite; c'est M. Barantin qui est rapporteur, c'est moi qui suis secrétaire.

VALMOREAU.

Vous vous êtes consacré exclusivement à ce travail?

ACTE TROISIÈME.

CAMILLE.

Non. Je suis médecin.

VALMOREAU

Vous êtes riche, cependant.

CAMILLE.

Oui, mais il faut bien travailler. D'abord, parce que l'homme n'a que ça à faire, et puis notre fortune n'est pas à nous.

VALMOREAU.

A qui est-elle donc?

CAMILLE.

A ceux qui en ont besoin. Nous avons des amis pauvres ou imprévoyants qui, s'ils mouraient tout à coup, laisseraient des enfants sans ressources ; il faut que nous soyons toujours en mesure de leur venir en aide.

VALMOREAU.

Est-ce que vous payez vos malades aussi?

CAMILLE.

Quelquefois; mais je n'ai pas encore de clientèle. Je suis interne à la Maternité.

VALMOREAU.

Vous aidez les petits pauvres à venir au monde. Joli service que vous leur rendez là!

CAMILLE, lui montrant le reçu.

Vous allez bien les aider à y rester, vous.

VALMOREAU.

C'est vrai. Vous êtes en vacances en ce moment?

CAMILLE.

Parce que j'ai pris les fièvres dans la dernière épidémie, et que l'on m'a ordonné un mois de repos et de grand air. Pendant ce temps-là, je m'occupe de nos pensionnaires.

VALMOREAU.

Qui sont?

CAMILLE.

Des enfants.

VALMOREAU.

Filles ou garçons?

CAMILLE.

Filles. Notre but est de protéger la femme, dans le présent et dans l'avenir, contre les dangers de l'ignorance, de la misère et de l'oisiveté, contre cet envahissement de l'amour vénal qui tue le travail, l'honneur, tout, hélas! chez les plus belles filles. Nous voulons armer ces malheureuses d'un métier, d'un art, d'une instruction, d'une morale simple et compréhensible qui les garantisse contre les mauvais exemples, bien tentants, il faut le dire, et nous voulons en faire des épouses, des compagnes et des mères.

VALMOREAU.

Pour qui?

CAMILLE.

Pour ceux qui en seront dignes. Le rêve de ma mère, elle le croit réalisable, c'est de reconstituer l'amour en France. Il le faut, du reste, ou nous sommes perdus.

VALMOREAU.

Mais l'amour ne se reconstitue pas comme une société de chemin de fer. L'amour est une passion.

CAMILLE.

Et, par conséquent, une force que, comme toutes les autres forces de la nature, l'homme peut diriger et rendre utile. L'amour est le plus grand moyen de bonheur, de civilisation, de perfectibilité, que l'humanité ait à son service, et le détruire, ce serait détruire Dieu luimême, ce qui est impossible. En attendant, il y a des courants matérialistes qui emportent tout à coup les sociétés vers les intérêts palpables et les jouissances immédiates. Ces courants n'ont jamais été si rapides et si larges. De temps en temps, la femme qui se sent entraînée, qui se voit perdue, qui ne sait plus où elle va, pousse au milieu des flots un cri de révolte ou d'appel ; quelques âmes généreuses poussent un cri d'indignation ou de pitié, mais la masse continue son chemin en riant et en disant : « Encore une qui se noie, tant pis pour elle ! » En traitant la femme ainsi, l'homme ne sait évidemment pas ce qu'il fait. Il s'énerve, il s'amoindrit, il se stérilise et perd en réalité, même pour son progrès matériel, un de ses plus puissants moyens d'action. Il se prive d'un auxiliaire en réduisant la femme à l'élégance, au vice, à l'immobilité, enfin. C'est le travail, c'est l'industrie, c'est la science, c'est le génie qui donnent une vie aux sociétés, mais c'est l'amour qui leur donne une âme !

VALMOREAU.

Oh ! poète !

CAMILLE.

Je sais ce que je dis. J'ai toute ma raison et toute ma foi. J'ai pour mère une femme simple, juste et bonne ; elle m'a nourri de son lait, de son esprit et de son cœur. Je n'ai pas encore une mauvaise passion, pas une mauvaise pensée même à me reprocher, je le dis sans orgueil, mais avec joie ; je sais plus de choses que n'en savent d'ordinaire les hommes de mon âge. Eh bien, je l'affirme, il y a mieux à faire de la femme que ce que l'homme en fait aujourd'hui. Toutes les fautes qu'elle commet, c'est lui qui en est responsable. Il croit en profiter et c'est lui qui les paye et qui les payera plus cher encore dans l'avenir. Quand un peuple qui se fait appeler le peuple le plus franc, le plus chevaleresque, le plus spirituel de tous les peuples, permet que des milliers de jeunes filles, dont il pourrait faire des compagnes intelligentes, des mères respectées, ne soient bonnes qu'à faire des courtisanes avilies et dangereuses, ce peuple mérite que la femme qu'il a inventée le dévore tôt ou tard. C'est ce qu'elle commence à faire, — et c'est ce qu'elle fera tout à fait.

VALMOREAU.

Comment s'y prendra-t-elle?

CAMILLE.

Comme elle s'y prend. Elle fait ce que font tous les désespérés, elle fait son insurrection, dans l'ombre, avec les armes qu'elle a. Elle jette dans le fossé la poésie, la pudeur, l'amour, bagage devenu inutile et embarrassant. Elle monte comme l'homme à l'assaut des jouissances matérielles, elle proclame le droit au plaisir, elle retourne l'autel pour en faire une alcôve, elle remplace le Dieu par je ne sais quelle guillotine dorée, et elle exécute l'homme au milieu des danses et des rires. Aveugle qui ne voit pas cela! Eh bien, tous ces jeunes débauchés, tous ces imbéciles... (Mouvement de Valmoreau.) Vous dites?

VALMOREAU.

Ne faites pas attention, je salue un de mes amis qui passe. Allez, allez, ne vous gênez pas.

CAMILLE.

Eh bien, tous ces jeunes gens, tous ces désœuvrés...

VALMOREAU.

J'aime mieux ça.

CAMILLE.

Tous ces fils de famille qui n'ont pas eu l'idée de donner à ces femmes un morceau de pain quand elles étaient jeunes, vaillantes, vierges, se laissent prendre plus tard les diamants de leur mère et quelquefois le nom de leurs aïeux, quand elles sont méprisables et déchues. La femme se venge, elle a raison. Et cependant, qu'il le sache, c'est encore l'amour que l'homme cherche malgré lui dans ce commerce honteux, car l'amour est immortel; c'est encore l'amour qui le porte vers ces malheureuses qui auraient pu être si honnêtes, et qui pourraient encore le redevenir si l'on avait le courage de le vouloir... Tout jeune que je suis, j'ai reçu des confidences de femmes, et dans des moments solennels, quand la douleur et la mort étaient assises avec moi au chevet de leur lit d'hôpital. J'en ai vu souffrir, j'en ai vu mourir, de ces créatures tombées, auxquelles pas un de ceux qui avaient aidé à leur chute ne faisait l'aumône d'une visite ou d'un souvenir. La nuit, dans un long dortoir blanc, semblable à un cimetière éclairé par la lune, au milieu de souffrances abominables, avec une prière muette qu'on ne leur avait jamais apprise, j'en ai vu, de ces filles, qui mettaient au monde un petit être sans nom, et j'ai entendu le premier cri maternel répondant au premier cri de l'enfant. Je sais ce qu'il y avait d'amour, d'innocence, de vertu dans ce cri poussé par l'âme tout entière, redevenue divine pendant un moment, à qui la vérité apparaissait tout à coup, tandis que le père inconnu se dérobait à ces cris et à cette vérité au fond d'un cabaret ou de quelque autre mauvais lieu. C'est alors que j'ai rougi de l'homme, et que je l'ai trouvé inférieur à cette fille méprisée; c'est alors que j'ai remercié Dieu de m'avoir donné, à moi, une mère comme la mienne, et que je me suis promis de ne voir qu'avec mes yeux et de ne juger qu'avec ma conscience.

VALMOREAU, ému

Le monde est sauvé, il y a encore un jeune homme!

SCÈNE II

Les Mêmes, MADAME AUBRAY.

VALMOREAU, allant à madame Aubray et lui donnant la main.

Madame!

MADAME AUBRAY.

Qu'est-ce qu'il y a?

VALMOREAU.

Vous avez donné le jour à un poète, à un orateur, à un homme de bien! Il vient de me dire des choses que je n'avais jamais entendues. Tel que vous me voyez, il y a dix ans que j'emploie mon temps, mon intelligence et mon argent à prouver que je suis un imbécile. J'ai commencé par tirer mes manchettes comme ça (Il fait le geste.) sur les boulevards; j'ai porté une raie au milieu du front comme les archanges et jusque dans le dos comme les mulets; je me suis occupé une bonne heure tous les jours de mes favoris et de mes moustaches, qui embaument, du reste (je fais venir ça de Londres : quarante francs le flacon; j'en ai encore mis ce matin); j'ai passé des mois à jouer et des semaines à dormir; j'ai payé des asperges cent francs la botte pour me faire appeler M. le comte par des garçons de restaurant; je n'ai pas lu un livre de ma vie, et mon seul talent, celui qui m'a fait un véritable renom, c'est de sauter moi-même la rivière de la Marche, comme si j'avais quatre jambes; je fais ça très bien : je ne suis encore tombé qu'une fois dans l'eau; voilà mon passé. Mais je n'ai que vingt-huit ans; il me reste vingt-cinq mille livres de rente; je digère très bien cinq ou six fois par semaine; je ne suis pas méchant au fond, j'ai été mal élevé, voilà tout; nous sommes beaucoup comme ça dans le même quartier. Aujourd'hui, je sens que la grâce me touche et je ne demande plus qu'à être saint Paul ou saint Augustin. Indiquez-moi seulement ce qu'il y a à faire.

CAMILLE.

Bravo!

MADAME AUBRAY.

Il faut vous marier d'abord.

VALMOREAU.

Je pensais bien que ça allait commencer par là.

MADAME AUBRAY.

Vous reculez déjà?

VALMOREAU.

Non, non, je suis décidé à tout; mais je croyais que

pendant quelque temps, il y avait ce qu'on appelle un petit noviciat et qu'on n'entrait pas tout de suite dans les ordres.

MADAME AUBRAY.

Il faut épouser une femme qui vous aime.

VALMOREAU.

Voilà qui me donne un délai.

MADAME AUBRAY.

Il faut épouser une fille pauvre.

VALMOREAU.

Une fille pauvre! Ah! faut-il aussi qu'elle soit laide?

MADAME AUBRAY.

Ça n'en vaudrait que mieux.

VALMOREAU.

Avouez-le, madame, vous en avez une qui réunit ces deux qualités?

MADAME AUBRAY.

J'en ai une... mais elle n'est pas laide.

VALMOREAU.

Oui, ça dépend des goûts, n'est-ce pas?

MADAME AUBRAY.

Elle est charmante.

VALMOREAU.

Voilà le mot que je craignais. (A Camille.) Ne vous en allez pas, j'ai besoin d'une galerie pour me donner du courage.

CAMILLE.

Soyez tranquille, je suis là avec tout ce qu'il faut pour vous secourir.

VALMOREAU.

Reprenons : jeune?

MADAME AUBRAY.

Vingt-deux ou vingt-trois ans.

VALMOREAU.

Ah! elle m'a attendu. Le père ou la mère.

MADAME AUBRAY.

Morts tous deux.

VALMOREAU.

C'est quelque chose. Est-ce tout?

MADAME AUBRAY.

Non, cette jeune femme...

VALMOREAU.

Cette jeune fille...

MADAME AUBRAY.

Cette jeune femme...

VALMOREAU.

Elle est veuve?

MADAME AUBRAY.

Peut-être.

VALMOREAU.

Ah! ici, madame, je ne comprends plus du tout.

MADAME AUBRAY.

Voyons, monsieur Valmoreau, soyons sérieux. Ce que vous venez de nous dire tout à l'heure sous une forme plaisante qui convient encore à votre âge, à votre caractère, à vos habitudes passées, n'était-ce qu'une plaisanterie ou bien était-ce sincère?

VALMOREAU.

C'était et c'est sincère.

MADAME AUBRAY.

Vous regrettez franchement d'avoir mené jusqu'à présent une vie inutile, dangereuse par conséquent pour vous et pour les autres, car elle était en même temps pleine de vilaines actions et de vilains exemples, votre vie de jeune homme?

VALMOREAU.

Certainement, je le regrette.

MADAME AUBRAY.

Comprenez-vous que vous avez fait le mal, un mal positif, et que celui qui s'en est rendu coupable, s'il veut réparer ses torts, doit mettre dans sa conduite nouvelle autant de délicatesse, de surveillance et d'abnégation qu'il a mis d'étourderie, d'entrainement et d'insouciance dans sa conduite première?

VALMOREAU.

C'est vrai!

MADAME AUBRAY.

S'il veut qu'on croie à son repentir, il faut qu'il en donne une preuve éclatante. Une jeune fille pure, riche, belle, qu'il aimera, dont il sera aimé, qui lui apportera la famille, la considération, le bonheur, ce n'est pas une punition, c'est une récompense. Quelle lutte aura-t-il à soutenir avec les autres et avec lui-même? Quels préjugés aura-t-il à vaincre? Quel bon exemple aura-t-il donné à ceux qui en ont reçu de lui tant de mauvais? Aucun! Et maintenant, s'il se trouve une femme que cette fausse morale de la société, ou la misère, ou la faiblesse, ou les mauvais exemples aient entraînée momentanément dans le mal, mais pour laquelle, puisqu'elle est femme, on appelle crime ce que pour vous on appelle légèreté, si elle a déjà même trouvé en elle, en elle seule, les forces nécessaires pour se relever, si elle a fourni les preuves de son repentir, si elle vous aime, si vous l'aimez, et si votre amour, votre indulgence, votre nom à vous, honnête homme, plus coupable qu'elle au fond, peuvent la sauver définitivement, de quel droit les lui refuserez-vous? Ah! je sais bien, il y a le monde, il y a la faute connue, il y a dans le passé un fait qui humilie, un homme qui gêne, un souvenir qui brûle. Et vous, n'êtes-vous pas ce même fait, ce même homme, ce même souvenir pour d'autres coupables? Combien de femmes vous retrouvent dans leur passé, qui seraient peut-être heureuses et respectées si vous n'y étiez pas! Eh bien, le moment est venu de la réparation. Tendez la main droite à cette créature faible, relevez-la tout à fait, et, si l'on s'étonne, si l'on sourit, au lieu d'en appeler à la colère, aux armes et au sang, dites-vous dans votre conscience : « Oui, cette femme a été coupable; mais, moi aussi, je l'ai été. J'ai brisé dix, vingt existences de femmes peut-être, j'en sauve une, je ne suis pas encore quitte avec Dieu. » Ayez le courage du bien, comme vous avez eu le courage du mal, et, c'est moi qui vous le dis, les honnêtes gens seront avec vous. Ce n'est pas tout le monde, mais c'est quelqu'un!

CAMILLE, embrassant sa mère.

Oh! chère mère.

VALMOREAU.

Oui, oui, oui... C'est égal... c'est raide. Ainsi vous avez une... jeune fille qui?...

MADAME AUBRAY.

Qui a commis une faute.

VALMOREAU.

Publiquement?

MADAME AUBRAY.

Elle ne s'est pas cachée.

VALMOREAU.

L'homme... est mort?

MADAME AUBRAY.

Il vit.

VALMOREAU.

Qu'il l'épouse alors, lui!.

ACTE TROISIÈME.

MADAME AUBRAY.

Il est marié.

VALMOREAU.

Une vraie... faute?

MADAME AUBRAY.

Une vraie faute... il y a un enfant.

VALMOREAU, bondissant.

Jour de Dieu! madame, mais c'est une épreuve de franc-maçonnerie à laquelle vous me soumettez là. Dites-moi bien vite que les cadavres sont en carton, et qu'il n'y a rien dans les pistolets.

MADAME AUBRAY.

Je suis on ne peut plus sérieuse.

VALMOREAU.

Vous me conseillez d'épouser... cette dame?

MADAME AUBRAY.

Je vous le conseille.

VALMOREAU, allant à Camille.

Et vous?

CAMILLE, simplement.

Moi aussi, bien entendu.

VALMOREAU.

Vous l'épouseriez, vous?

CAMILLE.

A l'instant, les yeux fermés, si ma mère me disait de le faire.

VALMOREAU.

Mais à vous, elle ne le dirait pas.

MADAME AUBRAY.

Comme à vous-même, si je croyais la chose juste et bonne.

VALMOREAU, à Camille.

De qui est-il question?

CAMILLE.

Je n'en sais rien du tout.

VALMOREAU, à part.

Ces gens-là sont fous, ils n'en ont pourtant pas l'air. (Haut, à madame Aubray.) Et moi, je connais la personne?

MADAME AUBRAY.

Vous la connaissez, et elle vous plaît.

VALMOREAU.

Elle me plaît, ce n'est pas un renseignement. Et je lui plais aussi?

MADAME AUBRAY.

Elle vous aime.

VALMOREAU.

Vous en êtes bien sûre, madame?

MADAME AUBRAY.

Elle me l'a dit.

VALMOREAU.

Elle m'a nommé?

MADAME AUBRAY.

Non, mais...

VALMOREAU, avec joie.

Mais ce n'est peut-être pas moi.

MADAME AUBRAY.

Ce ne peut être que vous, d'après les indications que vous avez données vous-même.

VALMOREAU.

Je n'y suis plus du tout.

Jeannine entre en ce moment et pousse Gaston vers madame Aubray, pendant que Camille, qui l'a vue entrer, la salue respectueusement.

VALMOREAU, les voyant et se frappant le front.

Miss Capulet! (A madame Aubray.) C'est elle?

MADAME AUBRAY.

Je n'ai nommé personne.

VALMOREAU, sortant, bas.

Je vais faire ma malle, c'est plus sûr.

SCÈNE III

Les Mêmes, JEANNINE, GASTON.

MADAME AUBRAY, à Jeannine.

Rien de nouveau?

JEANNINE.

Je viens de recevoir une lettre qui me demande un entretien.

MADAME AUBRAY.

Que vous avez accordé?

JEANNINE.

Ici.

MADAME AUBRAY.

Vous savez bien ce que vous avez à dire.

JEANNINE.

Oui, madame. Et rien n'est changé dans vos bienveillantes dispositions à mon égard?

MADAME AUBRAY.

Rien. Pourquoi cette vilaine question?

JEANNINE.

Je craignais que quelqu'un, depuis ma visite, ne vous eût mal parlé de moi.

MADAME AUBRAY.

Vous n'auriez fait qu'y gagner, car la seule personne qui aurait pu dire du mal de vous est la seule qui n'ait pas le droit d'en dire. A tantôt!

SCÈNE IV

JEANNINE, GASTON.

JEANNINE.

Est-ce que je ne rêve pas? Est-ce que cette femme excellente ne se trompe pas elle-même? A-t-elle deviné et voudrait-elle?... Oh! non, c'est impossible!

GASTON.

A quoi penses-tu, maman?

JEANNINE.

A toi, mon cher petit.

Tellier entre.

GASTON.

Maman, le prince Noir!

SCÈNE V

Les Mêmes, TELLIER

JEANNINE, à Gaston, voyant Tellier.

Va jouer.

Il va jouer dans un coin du salon.

TELLIER.

C'est ici que vous recevez maintenant?

JEANNINE.

On aurait pu vous voir entrer chez moi en plein jour.

TELLIER.

Et vous craignez d'être compromise?

ACTE TROISIÈME.

JEANNINE.

Ou de vous compromettre. Ne m'avez-vous pas dit vingt fois, et hier encore, qu'il ne fallait pas que j'eusse l'air d'être connue de vous?

TELLIER.

Je ne savais pas, alors, que vous fussiez l'amie des personnes auxquelles je faisais allusion en parlant ainsi. Recevez mes compliments, ma chère : vous avez de belles connaissances. Comment diable vous y êtes-vous prise pour vous introduire dans l'intimité d'une personne comme madame Aubray, — qui ne tient pas sa porte ouverte au premier venu et qui la ferme même assez violemment au nez des gens les plus charitables? C'est malin, ce que vous avez fait là !

JEANNINE.

Le hasard nous a mises en rapport, cette dame et moi ; elle s'est intéressée à moi ; j'ai commencé par lui dire que j'étais veuve ; puis il m'a répugné de lui mentir, et, comme elle insistait pour continuer nos relations, je lui ai avoué la vérité. A ma grande surprise et à ma grande joie, elle m'a tendu la main, et m'a promis, à de certaines conditions que j'ai acceptées, sa protection, son amitié même. Telle est mon histoire avec madame Aubray.

TELLIER.

Et dans votre récit, vous ne m'avez pas nommé ?

JEANNINE.

Non. Vous avez bien vu, du reste, qu'en vous rencontrant chez elle, je n'ai pas eu l'air de savoir qui vous étiez. C'est plutôt vous qui lui avez parlé de moi.

TELLIER.

Je lui ai dit...

JEANNINE.

Ce que vous deviez lui dire.

TELLIER.

Vous savez que vous êtes très amusante.

JEANNINE.

Parce que?...

TELLIER.

Dieu me pardonne, vous vous prenez au sérieux.

JEANNINE.

En quoi?

TELLIER.

Vous parlez comme une dame.

JEANNINE.

Je parle comme je pense.

TELLIER.

Alors, vous vous figurez que, parce qu'une honnête femme, un peu hallucinée par ses idées de régénération sociale, vous a accueillie et vous pardonne, vous vous figurez que vous voilà devenue une femme du monde?

JEANNINE.

Je ne me figure rien du tout, sinon que, si je puis apprendre de cette dame à mieux penser et à mieux vivre, si mon enfant peut profiter de cette transformation, je serais bien coupable de ne pas la tenter.

TELLIER.

Tu es adorable. (Mouvement de Jeannine.) C'est moi qui suis un maladroit et un imbécile d'avoir dit à madame Aubray ce que je lui ai dit; j'aurais dû me taire. Nous nous serions rencontrés de temps en temps chez elle, ç'aurait été bien plus commode; car tu... (Autre mouvement.) car vous me manquiez, le diable m'emporte! Je suis amoureux, et je le deviendrais, si je ne l'étais pas, en vous trouvant telle que je vous trouve.

ACTE TROISIÈME.

JEANNINE.

Ce n'est pas ainsi que vous m'avez parlé hier.

TELLIER.

Il fallait d'abord renouer connaissance. Maintenant, voici ce que nous pourrions faire. Comme la présence de madame Aubray nous gênerait fort ici et que je ne peux pas la renvoyer, partez ce soir pour Dieppe. Là où il y a beaucoup de monde, on est toujours mieux caché. Descendez à l'hôtel Royal, comme une vraie dame, puisque ça vous amuse d'en avoir l'air, qui vous va très bien du reste; moi, j'y arriverai de mon côté. Nous aurons l'air de ne pas nous connaître...

JEANNINE, l'interrompant.

Je ne puis aller à Dieppe.

TELLIER.

Parce que?

JEANNINE.

Parce que je préfère rester ici.

TELLIER.

Qu'est-ce que cela veut dire?

JEANNINE.

Cela veut dire que nous ne devons plus nous revoir, ni ici, ni à Dieppe, ni autre part.

TELLIER.

Et la raison?

JEANNINE.

Et la raison est que vous êtes marié.

TELLIER.

Cette raison ne regarde que moi, et, s'il me plaît de l'oublier...

JEANNINE.

Il me plaît, à moi, de m'en souvenir.

TELLIER.

Me feriez-vous l'honneur d'être jalouse?

JEANNINE.

Oh! non.

TELLIER.

Alors, l'amour est mort?

JEANNINE.

L'amour! Vous étiez riche et désœuvré, j'étais pauvre et ignorante. J'ai été pour vous un passe-temps. Vous avez été pour moi...

TELLIER.

Une affaire?

JEANNINE.

J'allais dire un bienfait. Il eût été plus noble et plus généreux à vous de me venir en aide sans me rien demander. Cependant, la plupart des hommes eussent agi comme vous. C'était à moi de préférer alors la misère à la honte, comme je la préférerais aujourd'hui.

TELLIER.

Vous avez fait un serment?

JEANNINE.

Oui.

TELLIER.

A votre amant nouveau?

JEANNINE.

Voyons, monsieur, vous ne comptez pas, je pense, me dire des choses désagréables; vous savez bien que je ne vous en répondrais pas. Je désire garder de vous le meilleur souvenir possible. Je n'ai qu'un regret, c'est de ne pouvoir vous rendre tout ce que j'ai reçu de votre générosité ; mais je puis du moins, à partir de ce moment ne plus rien accepter de vous. Ne vous occupez donc plus de moi, je n'ai plus besoin de personne.

TELLIER.

Comment ferez-vous?

JEANNINE.

Cela me regarde.

TELLIER.

Et votre enfant?

JEANNINE.

Ne manquera de rien, même si je viens à mourir.

TELLIER.

C'est votre dernier mot?

JEANNINE.

Oui, sur ce sujet.

TELLIER.

Et vous voulez me faire croire?...

JEANNINE.

Je ne veux rien vous faire croire du tout. Je suis dans un état nouveau que je n'essayerai même pas de vous expliquer. Vous êtes un homme, vous ne comprendriez pas ces choses-là. Il faut être une femme pour les comprendre. Dois-je tout vous dire? Je n'ai plus aucun souvenir de ce qui s'est passé jadis. Je vous regarde, et les traits de votre visage me semblent ceux d'un inconnu. Vous êtes le père de mon enfant, oui, c'est vrai. Je suis tout aussi prête à croire que vous êtes mon frère, si vous voulez, ou un étranger, si vous continuez à me parler durement. Il n'a fallu qu'un mot pour opérer ce miracle, pour faire de moi une honnête femme tout à coup et à tout jamais. Voilà comme nous sommes. Nous ne le disons pas, parce que c'est difficile à croire ; mais je vous assure que c'est la vérité, et que le bien est en nous au moment où nous nous y attendons le moins.

TELLIER.

Alors, vous ne voulez plus me revoir?

JEANNINE.

Non.

TELLIER.

Vous ne voulez plus même me permettre de voir cet enfant?

JEANNINE.

Cela ne vous privera guère, je pense. Je ne sais pas si vous l'avez embrassé depuis qu'il est au monde.

TELLIER.

Mais vous devez savoir, depuis que vous connaissez madame Aubray, qu'il est toujours temps de se repentir, et, grâce à vous, je comprends des devoirs que j'ignorais. Comme le mal, le bien est contagieux. Faites-moi ma part dans cette rénovation générale. S'il ne m'est plus permis de m'occuper de vous, je puis m'occuper de votre enfant.

JEANNINE.

De quelle manière?

TELLIER.

Je vais le reconnaître.

JEANNINE

Vrai! vous feriez cela?

TELLIER.

Pourquoi non?

JEANNINE.

Mais madame Tellier ne consentira jamais.

ACTE TROISIÈME.

TELLIER.

Ma femme fera tout ce que je voudrai, elle m'aime.

JEANNINE.

Faites alors. L'enfant le mérite. Si vous saviez comme il a de l'intelligence et du cœur! Vous ne le connaissez pas, c'est malheureux. Il a des réflexions au-dessus de son âge. Tous les gens qui le voient l'adorent. Quelle bonne pensée vous avez là! Un nom! (Elle appelle Gaston.) Vous permettez qu'il vous embrasse? (Gaston entre.) Embrasse monsieur. — Puis-je lui dire de vous appeler son père?

TELLIER.

Certes.

JEANNINE.

Appelle monsieur « papa ».

GASTON.

Papa! Qu'est-ce que ça veut dire?

JEANNINE.

Dis-le toujours, tu comprendras peu à peu. (Il va vers Tellier, qui le tient contre lui sans l'embrasser.) Alors, il pourra vous aller voir de temps en temps?

TELLIER.

Mais il ne me quittera même plus.

JEANNINE.

Comment, il ne vous quittera plus?

TELLIER.

Naturellement, ma chère. Vous comprenez bien que, si je donne mon nom à cet enfant, ce n'est pas pour vous le laisser élever.

JEANNINE.

Vous voulez me prendre mon fils?

TELLIER.

Oui.

JEANNINE.

Tout à fait?

TELLIER.

Tout à fait.

JEANNINE.

Vous plaisantez.

TELLIER.

Je ne plaisante pas, c'est mon droit.

JEANNINE.

Votre droit?

TELLIER.

Faites ce que je veux, ou je l'emmène.

JEANNINE.

Ah! je comprends. — Gaston, viens ici.

TELLIER, entraînant l'enfant.

Vous ne l'aurez pas.

GASTON.

Maman!

Tellier fait mine de sortir.

JEANNINE, sautant à la gorge de Tellier.

Mais laissez cet enfant, ou je vous arrache le visage! (Il la repousse.) Au secours!

TELLIER, repoussant l'enfant, qui tombe sur le canapé.

Mais taisez-vous donc!

Il se sauve.

SCÈNE VI

CAMILLE, JEANNINE, GASTON, puis VALMOREAU.

CAMILLE, entrant.

Qu'y a-t-il?

ACTE TROISIÈME.

JEANNINE, qui s'est précipitée sur son enfant, à Camille.

Sauvez mon enfant, monsieur Camille, je vous en supplie. — Gaston, qu'est-ce que tu as? Tu es blessé. Ce n'est rien, je te le promets. Mon pauvre petit!

CAMILLE.

Oh! je vous en prie, ne pleurez pas, il n'y a aucun danger. Une chute, sans doute.

JEANNINE.

Il ne bouge plus.

CAMILLE.

Voilà ses yeux qui s'ouvrent. Tenez, il sourit.

JEANNINE.

Gaston, c'est moi.

GASTON, prenant la tête de Jeannine dans ses bras.

Maman! (Regardant Camille et lui prenant la tête à son tour.) Papa!

CAMILLE.

Oh! tu as bien dit, cher petit ange. Ce mot n'est pas un souvenir, mais c'est un pressentiment, et je n'attendais que ce mot pour dire à ta mère...

JEANNINE.

Ne dites pas!

CAMILLE.

Je vous offense. Mais ce que j'ai à vous dire, je vous le dirais devant le monde entier. Si vous saviez...

JEANNINE.

Quelqu'un!

CAMILLE, se levant et voyant Valmoreau.

Quelqu'un? Tant mieux! car, devant quelqu'un, j'aurai le droit de vous découvrir toute mon âme. (Allant à Valmoreau et lui prenant les mains.) Tout à l'heure, vous me demandiez pourquoi j'étais si enthousiaste et si gai. Je n'ai pas voulu alors vous faire, loin de la bien-aimée de mon cœur, une confidence qui eût pu la compromettre, pas plus que je ne veux lui faire sans témoin un aveu qui pourrait la blesser. Je puis parler maintenant : J'aime, et j'aime depuis un an. Pendant toute cette année, il ne s'est point écoulé un jour, une heure, sans que cet amour fût présent à ma pensée. Je lui dois toutes mes joies et tous mes chagrins, car je croyais que celle qui me l'inspirait était la femme d'un autre et qu'elle n'avait pas plus le droit de m'aimer que je n'avais le droit de lui parler de mon amour. Elle a dit à ma mère qu'elle était veuve, libre par conséquent. Je pouvais donc lui avouer que je l'aimais et le lui avouer à la face de tous. Voilà pourquoi je chantais tout à l'heure, voilà pourquoi je jetais à tous les vents les vers de mon poète chéri. Voilà pourquoi je viens de courir sur les falaises, tout seul entre les nuages et les flots, parce que j'avais besoin d'espace, de liberté, d'infini, parce que mon cœur déborde, parce que j'ai vingt ans, parce que j'aime enfin, que c'est le premier amour de ma vie, que ce sera mon seul amour jusqu'à ma mort et que je voudrais le dire à la nature entière! (S'approchant de Jeannine qui est agenouillée auprès de son enfant.) C'est de vous qu'il s'agit, madame, vous le savez bien. Voulez-vous être ma femme? (Jeannine, sans changer d'attitude, remue la tête avec un signe négatif.) Vous ne m'aimez pas? (Elle reste immobile.) Vous en aimez un autre?

JEANNINE, relevant la tête et montrant ses yeux baignés de larmes, d'une voix étouffée.

Non!

CAMILLE.

Pourquoi, alors?

JEANNINE, du même ton.

Demandez à votre mère.

CAMILLE.

Alors, si ma mère consent, vous consentirez?

JEANNINE.

Je ferai tout ce qu'elle voudra que je fasse.

CAMILLE, à Valmoreau.

Ah! mon ami! que j'ai hâte de voir ma mère!

VALMOREAU, à lui-même.

Voilà un gaillard qui va souffrir, mais je voudrais bien souffrir comme ça.

ACTE QUATRIÈME

Même décor qu'au deuxième acte.

SCÈNE PREMIÈRE

LUCIENNE, MADAME AUBRAY, puis BARANTIN.

MADAME AUBRAY, à Lucienne qui entre.

D'où viens-tu donc, chère enfant ? Il y a deux heures que tu es sortie.

LUCIENNE, très sérieuse.

J'avais une course très importante à faire.

MADAME AUBRAY.

Ah ! mon Dieu ! Et avec qui as-tu fait cette course ?

LUCIENNE.

Avec la cuisinière. Maintenant, je puis tout dire.

MADAME AUBRAY.

Il fut donc un temps où tu ne l'aurais pas pu ?

LUCIENNE.

C'était un mystère. Il s'agit de Victoire, la fille de ferme de chez madame Bertrand, qui était malade quand nous sommes arrivés, et que nous avons été voir ensemble.

MADAME AUBRAY.

Je sais.

ACTE QUATRIÈME.

LUCIENNE.

C'est ma malade, à moi, c'est ma pauvre. Je suis allée la voir tous les deux jours depuis notre première visite, malgré ce que me disait madame Bertrand, qui prétendait que j'avais bien tort de m'intéresser à cette fille et qu'elle ne méritait pas cet intérêt. J'avais beau lui demander pourquoi, elle ne voulait pas me le dire. Alors, j'ai interrogé Victoire et je lui ai déclaré tout net que je voulais connaître ses torts. Elle ne voulait pas me les dire non plus. (A Barantin, qui est entré depuis un moment et qui a écouté Lucienne sans qu'elle l'ait vu jusqu'alors.) Tiens, tu es là, papa?

BARANTIN.

Oui. Continue ton histoire.

LUCIENNE.

Tu as entendu le commencement, alors?

BARANTIN.

Oui, oui, va!

LUCIENNE.

J'ai donc dit à Victoire : « Vous allez tout me raconter ou je ne viendrai plus vous voir, et je ne m'occuperai plus de vous, ni petite mère non plus. » Elle a bien vu que je ne plaisantais pas. Alors, elle m'a dit la vérité. Elle avait un amant.

MADAME AUBRAY, du ton le plus naturel.

Ah!

BARANTIN, sur un autre ton.

Ah!

LUCIENNE.

Et, au lieu de travailler, elle aimait mieux aller se promener dans les champs avec Bénédict... Il s'appelle Bénédict.

MADAME AUBRAY.

C'était très mal.

LUCIENNE.

Certainement, c'était très mal, je le lui ai dit. Elle pouvait bien attendre, pour aller se promener, que sa besogne fût terminée. Après, on ne lui aurait plus rien dit; et puis ça le dérangeait, lui aussi.

MADAME AUBRAY.

Qu'est-ce qu'il fait?

LUCIENNE.

Il est jardinier chez M. Montagnan, le propriétaire du château qui est à mi-côte. Et, un beau jour, Bénédict a déclaré à Victoire qu'il ne voulait plus aller se promener avec elle, et que décidément il ne l'épouserait pas. Alors, tu penses quel chagrin a eu Victoire à cette nouvelle-là. Elle n'a plus dormi, et puis elle n'a plus mangé, et puis elle n'a plus travaillé. La fermière l'a mise dehors, et voilà comment elle est tombée malade. Qu'est-ce que j'ai fait aujourd'hui, quand j'ai su tout ça? Je suis allée trouver Bénédict. Il ne comprenait pas ce que je lui voulais, et, quand il l'a compris, ne m'a-t-il pas dit que je devrais être honteuse de m'occuper de pareilles choses, que ce n'était pas de mon âge!

BARANTIN.

Ce n'était pas bête, ce qu'il disait, ce Bénédict.

LUCIENNE.

Tu dis, papa?

BARANTIN.

Va toujours, va!

LUCIENNE.

Je lui ai répondu que je me mêlais de ce qui me regardait, que je savais bien ce que j'avais à faire, *et cætera... et cætera*, tu peux te fier à moi, et il s'est tu. La vérité, c'est qu'il aimait mieux épouser une autre fille qui a de l'argent. Alors, je suis allée chez M. Montagnan, et je lui ai tout raconté.

MADAME AUBRAY.

Quel âge a-t-il, ce M. Montagnan?

LUCIENNE.

Je ne sais pas, mais il n'a plus beaucoup de cheveux, et ceux qu'il a sont gris.

BARANTIN.

Qu'est-ce que tu lui as dit, à ce monsieur?

LUCIENNE.

Il n'était pas seul; mais ça ne m'a pas embarrassée. J'étais si indignée! Il y avait avec lui un autre monsieur qui devait être son fils; un grand jeune homme brun, avec des moustaches. Je lui ai dit, au père : « Monsieur, vous avez un jardinier qui a promis à une pauvre fille nommée Victoire, employée à la ferme d'Étennemarc, de l'épouser. Il allait même souvent se promener avec elle, en attendant. Maintenant, il refuse d'exécuter sa promesse, et il préfère en épouser une autre qui est plus riche. C'est très laid, et je viens de lui en dire ma façon de penser. Mais je n'ai rien obtenu que des paroles aussi méchantes que ses actions. Alors, je m'adresse à vous pour que vous le forciez de tenir ses serments. »

MADAME AUBRAY.

Qu'est-ce qu'ils ont dit, ces messieurs?

LUCIENNE.

Ils ont tant ri, tant ri, quand j'ai eu fini, que je ne me rappelle pas avoir jamais entendu tant rire. Mais, tout à coup, M. Montagnan est devenu très sérieux. Il s'est levé, il m'a demandé la permission de me baiser le bout des doigts, et il m'a dit : « Mademoiselle, je sais qui
» vous êtes, et je vous remercie du plaisir et de l'honneur
» que vous venez de me faire. Bénédict épousera Victoire,
» c'est moi qui vous le promets. Dites-le de ma part à ma-
» dame Aubray et assurez-la en même temps de tout mon
» respect. Du reste, j'aurai l'honneur de lui rendre visite
» pour la mettre au courant de tout ce qui se passera. »

Puis il s'est tourné vers son fils et lui a dit en anglais. « Voilà une femme comme il t'en faudrait une. » C'est moi, alors, qui ai eu envie de rire ; mais je n'ai pas ri, car je ne voulais pas laisser voir que je comprenais l'anglais. Il m'a reconduite jusqu'à la grille, je lui ai fait ma plus belle révérence, la troisième, et me voilà !

BARANTIN, à madame Aubray.

Elle a eu du bonheur d'en être quitte à si bon marché !

MADAME AUBRAY.

Si les anges ont des ailes, mon cher, c'est pour passer au-dessus de ces choses-là.

BARANTIN.

C'est très bien, chère enfant ; mais, une autre fois, tu n'iras plus faire de ces visites sans madame Aubray.

LUCIENNE.

Pourquoi ?

BARANTIN.

Parce que c'est elle qui t'a appris à faire le bien, et qu'il ne faut pas le faire toute seule ; ce serait de l'égoïsme.

MADAME AUBRAY.

Et puis, un petit détail de la langue française. Quand on parle d'un homme qui a promis à une jeune fille de l'épouser, il ne faut pas l'appeler son « amant », mais son fiancé.

LUCIENNE.

Victoire a dit « amant ».

MADAME AUBRAY.

Parce que Victoire est une campagnarde qui ne parle pas bien.

BARANTIN.

Oui, « amant », c'est du patois...

CAMILLE, entrant.

Lucienne !

ACTE QUATRIÈME.

LUCIENNE.

Qu'est-ce que tu me veux?

CAMILLE.

J'ai à te parler. Tu permets, ma chère mère?

LUCIENNE.

Dis.

CAMILLE, bas à Lucienne.

Nous avons été élevés ensemble depuis dix ans, et depuis dix ans, on nous a dit et nous nous sommes dit que nous nous marierions un jour.

LUCIENNE.

Eh bien, est-ce que tu as changé d'avis?

CAMILLE.

J'aime une autre personne que toi.

LUCIENNE.

Il y a donc décidément plusieurs manières d'aimer?

CAMILLE.

Oui.

LUCIENNE.

Pourquoi me parles-tu de cela?

CAMILLE.

Parce que je ne veux pas me marier sans ton consentement.

LUCIENNE.

N'es-tu pas ton maître? As-tu dit à cette personne que tu l'aimais?

CAMILLE

Je viens de le lui dire.

LUCIENNE.

Tu es son fiancé, alors?

CAMILLE.

Oui.

LUCIENNE.

Eh bien, mon ami, il faut l'épouser.

CAMILLE.

Embrasse-moi.

LUCIENNE.

De grand cœur. (Pendant qu'ils s'embrassent, Lucienne essuie une larme, sans que Camille le voie.) Et tu vas annoncer cette nouvelle à ta mère?

CAMILLE.

Oui.

LUCIENNE.

Je te laisse. Veux-tu que j'emmène papa?

CAMILLE.

Non. Il n'est pas de trop.

BARANTIN.

Encore un secret?

LUCIENNE.

Oui, mais, celui-là, je ne puis pas le dire.

Elle sort.

SCÈNE II

MADAME AUBRAY, CAMILLE, BARANTIN.

CAMILLE.

Assieds-toi là, chère maman, et reçois ma confession, dont Barantin connaît déjà la moitié. Je viens te demander ton consentement.

MADAME AUBRAY.

A quoi?

CAMILLE.

A mon mariage.

MADAME AUBRAY.

A ton mariage?

CAMILLE.

Et je te demande, en même temps, de me pardonner si je ne t'en ai pas parlé plus tôt.

MADAME AUBRAY.

Parle, mon enfant, parle!

CAMILLE.

J'aime.

MADAME AUBRAY.

Et Lucienne?

CAMILLE.

Sera toujours ma sœur, car elle n'a elle-même pour moi qu'une affection toute fraternelle, la seule qu'elle puisse connaître à son âge.

MADAME AUBRAY.

Et la personne que tu aimes, je la connais sans doute?

CAMILLE.

Oui.

MADAME AUBRAY.

Et tu l'aimes depuis?...

CAMILLE.

Depuis un an.

MADAME AUBRAY.

Alors, tu sais bien ce que tu fais?

CAMILLE.

Oui.

MADAME AUBRAY.

Permets-moi de te demander, mon cher enfant, comment, dans les termes où nous sommes ensemble, tu ne m'as pas fait la confidence avant la confession?

CAMILLE.

Je croyais cette personne mariée.

MADAME AUBRAY.

Et aujourd'hui?

CAMILLE.

Je sais qu'elle est veuve.

MADAME AUBRAY.

C'est une veuve que tu veux épouser?

CAMILLE.

Oui.

MADAME AUBRAY.

Cela est grave, mon enfant.

CAMILLE.

Quel homme n'eût été heureux et fier de devenir l'époux d'une veuve comme toi!

MADAME AUBRAY.

Mais, moi, j'étais de ces veuves qui ne se remarient pas.

CAMILLE.

Tout le monde n'a pas ta force.

MADAME AUBRAY.

Et puis, à ton âge?

CAMILLE

Elle est plus jeune que moi. Elle a l'air d'une enfant.

MADAME AUBRAY.

Et elle t'aime?

CAMILLE.

Oui.

MADAME AUBRAY.

Comment le sais-tu?

CAMILLE.

Elle m'a autorisé à te demander ton consentement. Cela suffit.

ACTE QUATRIÈME.

MADAME AUBRAY.

Ce consentement, tu l'auras; car tu es un homme déjà trop sérieux pour ne pas bien savoir ce que tu veux et ce que tu fais. Le nom de cette dame?

CAMILLE.

Tu la connais depuis longtemps. C'est cette dame que tu m'as fait si souvent remarquer sur la plage, que tu n'avais pu voir sans t'intéresser à elle et que tu as si bien accueillie.

MADAME AUBRAY.

La mère du petit Gaston?

CAMILLE.

Oui.

MADAME AUBRAY.

C'est celle que tu veux épouser?

CAMILLE.

Oui.

Barantin est très attentif.

MADAME AUBRAY.

Et elle t'a dit de venir me demander mon consentement?

CAMILLE.

Elle m'a dit qu'elle ferait ce que tu voudrais qu'elle fît.

MADAME AUBRAY.

Alors, cet homme qu'elle m'a dit aimer, c'était toi?

CAMILLE, avec joie.

Elle te l'a dit?

BARANTIN.

Mais ta mère, qui m'a raconté toute cette histoire, avait cru qu'il s'agissait d'un autre.

CAMILLE.

Eh bien, ma mère, que répondrai-je?

MADAME AUBRAY.

Je refuse.

CAMILLE, étonné.

Aujourd'hui, mais plus tard ?

MADAME AUBRAY.

Plus tard comme aujourd'hui.

CAMILLE.

Pourquoi ?

MADAME AUBRAY.

Demande à Barantin si c'est possible.

BARANTIN.

Ta mère a raison, mon ami, tu ne peux pas épouser cette femme.

CAMILLE.

Cette femme ! Qu'a-t-elle donc fait ?

MADAME AUBRAY.

C'est celle dont je parlais il y a deux heures à M. Valmoreau, pendant que tu étais là.

CAMILLE.

Cette jeune fille qui a commis une faute ?

MADAME AUBRAY.

C'est elle.

CAMILLE, après une violente secousse.

Tu trouvais très bien qu'un autre l'épousât.

MADAME AUBRAY.

Cet autre n'est pas toi.

BARANTIN, à part.

Allons donc ! nous y voilà !

MADAME AUBRAY.

Et tu as vu combien ce jeune homme se révoltait à cette proposition ?

CAMILLE.

Et tu as vu, ma mère, que je la trouvais toute simple, moi qui ai été élevé dans d'autres idées que lui; et, quand il m'a demandé si je ferais, moi, ce que tu lui conseillais de faire, tu te rappelles ce que j'ai répondu. Et toi-même...

BARANTIN, à part.

Sortez de là, maintenant.

CAMILLE.

Quels sont les ordres de ma mère? car, si mes sentiments ne dépendent que de moi seul, mes actes, en cette matière, dépendent de toi.

MADAME AUBRAY.

Je n'ai pas d'ordres à te donner, mais des conseils seulement.

CAMILLE.

Des conseils, des exemples, des principes, il y a vingt ans que tu m'en donnes; ce que je suis, ce que je suis fier d'être, c'est toi qui l'as fait. Je n'ai plus à discuter ce que tu m'as appris, je n'ai plus qu'à le démentir ou à te le prouver. Laisse-moi seulement t'adresser une question.

MADAME AUBRAY.

Parle.

CAMILLE.

Cette faute, qui t'en a fait la confidence.

MADAME AUBRAY.

La coupable elle-même.

CAMILLE.

Sachant que tu étais ma mère?

MADAME AUBRAY.

Sachant que j'étais ta mère.

CAMILLE.

Et rien ne l'y forçait?

MADAME AUBRAY.

Rien.

CAMILLE.

C'est la seule faute qu'elle ait commise?

MADAME AUBRAY.

Elle me l'a dit, du moins.

CAMILLE.

La crois-tu?

MADAME AUBRAY.

Je la crois.

CAMILLE.

Cette faute avait pour excuse?...

MADAME AUBRAY.

La pauvreté,... la solitude, l'ignorance.

CAMILLE.

Tu connais cet homme?

MADAME AUBRAY.

Non.

CAMILLE.

C'est un misérable!

MADAME AUBRAY.

C'est un oisif.

CAMILLE.

Et cependant, depuis cet aveu, tu consentais à recevoir cette femme. Tu l'absolvais donc. Tu l'estimais donc. Quand elle t'a appris qu'elle aimait quelqu'un, lui as-tu conseillé de renoncer à cet amour? Lui as-tu dit que le cœur de l'homme doit être impitoyable, que le repentir est vrai peut-être, mais que le pardon ne l'est pas? Lui as-tu dit de désespérer, de douter de tout enfin? Non, n'est-ce pas? Tu ne serais pas celle que tu es si tu disais de pareilles choses aux malheureux et aux repentants.

ACTE QUATRIÈME.

Alors, tu l'as donc trompée en l'encourageant à aimer encore, et voilà pourquoi elle pleurait tout à l'heure, car elle avait compris que tu l'avais trompée ou plutôt que tu t'étais trompée toi-même, et voilà pourquoi, moi, je pleure à mon tour.

MADAME AUBRAY.

Comme il l'aime!

CAMILLE, essuyant ses yeux.

Eh bien, ma mère, pour la dernière fois, je te demande ton consentement. J'aime cette femme et je suis prêt à être son époux.

MADAME AUBRAY.

Tu me demandes une chose impossible. J'en appelle à toutes les mères!

CAMILLE.

Ainsi, j'ai donné le conseil, et je ne donnerai pas l'exemple. C'est bien.

Il va pour partir.

MADAME AUBRAY.

Où vas-tu?

CAMILLE.

Je vais travailler. Que veux-tu que je fasse?

MADAME AUBRAY.

Dans un an, tu auras vingt-cinq ans et tu seras libre.

CAMILLE.

Oh! ma mère, pourquoi veux-tu me faire encore plus de peine que je n'en ai? Tu sais bien que je n'épouserai jamais une femme dont tu ne feras pas ta fille, et, d'ailleurs, je ne me marierai jamais. Des grandes idées que j'ai reçues de toi, il me restera une compassion générale pour les misères d'autrui, et le droit de me dépenser pour tout le monde sans me sacrifier tout à fait pour personne. Je saurai au fond que la vertu a des bornes, que le bien a des limites, et je glorifierai les sentiments en ajournant toujours la preuve, pour n'avoir pas à discuter avec ma conscience. J'arriverai ainsi à la fin de la vie, peut-être avec quelque hâte d'atteindre au dernier moment, et d'aller savoir, de l'autre côté de la terre, si la vérité est dans la parole divine ou dans les interprétations de l'homme. Puissé-je ne pas trouver alors la grande déception que je subis aujourd'hui et ne pas être forcé de reconnaître, au delà comme en deçà de la vie, l'impuissance de l'âme humaine. Quoi qu'il en soit, si je n'ai pas donné l'exemple des grands sacrifices que je me croyais et me sentais le devoir et le droit de donner, c'est que j'aurai dû les soumettre au respect filial. En attendant, je souffre beaucoup dans mon cœur et dans mes convictions. Je ne ferai pourtant rien pour revoir cette femme, comme on l'appelle ici, puisqu'elle a accepté d'avance ton jugement ; mais, si tu la vois, dis-lui, comme tu sais dire ces choses-là, qu'il faut décidément, dans ce monde, immoler certains principes éternels à certains devoirs sociaux, et que, ne pouvant prouver mon amour pour elle que par ma désobéissance envers toi, il ne m'était pas permis d'hésiter.

Il sort.

SCÈNE III

MADAME AUBRAY, BARANTIN.

Madame Aubray regarde la porte par laquelle est sorti son fils, puis elle se promène avec agitation. Barantin se tait et met des papiers en ordre. Elle le regarde un moment. On sent qu'elle voudrait l'interroger. Il n'a pas l'air de la voir d'abord, puis il la regarde avec un mouvement de la tête et des bras qui doit signifier : *Cela devait arriver !* Enfin, scène muette où les personnages ne se disent rien, parce que le public et eux-mêmes savent trop bien ce qu'ils pourraient se dire.

BARANTIN, voyant entrer Valmoreau, et montrant la porte de droite.

Je suis là.

Il sort.

SCÈNE IV

MADAME AUBRAY, VALMOREAU.

VALMOREAU.

Vous êtes émue, madame?

MADAME AUBRAY.

En effet, monsieur.

VALMOREAU.

Je le suis aussi, et sans doute pour la même cause, car, tandis que vous aviez une explication avec M. Camille, moi, j'accompagnais cette jeune dame chez elle, et je recevais ses confidences. Elle n'a en rien provoqué les événements, je puis en témoigner. Ce n'est pas une personne ordinaire et vous aviez raison, madame, de vous intéresser à elle. Cependant, elle ne se fait aucune illusion. Elle sait bien que les rêves de M. Camille sont irréalisables.

MADAME AUBRAY.

N'est-ce pas, monsieur?

VALMOREAU.

Oui et non. Ils sont irréalisables pour M. Camille, à son âge et dans sa position. Ils ne le seraient peut-être pas pour un autre homme, d'un autre âge et dans une position différente, et la preuve, madame, c'est que, ce matin même, vous m'avez conseillé ce mariage que vous déclarez impossible.

MADAME AUBRAY.

Est-ce un reproche, monsieur?

VALMOREAU.

Dieu me garde de me le permettre, madame! Je suis très sérieux, plus sérieux même que je n'aurais cru pouvoir le devenir. Toutes ces idées que j'entends développer, les larmes, le repentir, la résignation de cette jeune femme, ces luttes nouvelles pour moi, ces grandes questions de morale et de responsabilité, tout cela m'a remué, transformé même. J'ai pour ainsi dire le vertige du bien. Tout tourne autour de moi, et je me sens prêt à accomplir un acte sublime et insensé. Tenez, madame, dites-moi encore d'épouser votre protégée, et je l'épouse.

MADAME AUBRAY.

Y consent-elle déjà ?

VALMOREAU.

Elle ne soupçonne pas un mot de ce que je vous dis ; mais elle va être très malheureuse. Elle n'a plus d'appui, elle n'a plus de ressources. Elle a dit qu'elle ferait tout ce que vous ordonneriez. Ordonnez-lui d'être ma femme, cela conciliera tout.

MADAME AUBRAY, à part.

Cet homme vaut mieux que moi. (Haut.) Ce conseil que je vous donnais ce matin, je n'ai plus le droit de vous le donner maintenant. J'ai même à vous demander pardon, monsieur, d'avoir voulu disposer si facilement de votre cœur et de votre nom, et de n'avoir pas trouvé, lorsqu'il s'agissait de vous, les arguments indiscutables qui se sont présentés lorsqu'il s'est agi de mon fils. C'est en toute humilité que je vous fais mes excuses.

VALMOREAU.

Madame !

MADAME AUBRAY.

Je suis très troublée, monsieur, je ne vous le cacherai pas. Je suis plus que troublée, je suis honteuse, humiliée de ce qui se passe. Je me croyais plus forte, ou je devrais être plus faible. Cependant, monsieur, dites-moi si, à ma place, vous feriez ce que je fais?

VALMOREAU.

Moi, madame, je ne saurais être ni juge, ni même arbitre

dans les questions de conscience d'une personne comme vous. Ayant vécu comme je l'ai fait, et devenu père, je ferais ce que vous faites ; mais, à votre place, je ne sais pas, je ne puis pas savoir ce que je devrais faire.

MADAME AUBRAY.

Vous avez raison, monsieur. Je suis coupable. Je me suis trompée en quelque chose, et, pour la première fois de ma vie, je ne m'entends plus avec moi-même. Si j'étais vraiment la chrétienne que je croyais être, à cette heure, mon fils serait l'époux de cette malheureuse enfant ; je ne le suis pas. Voyons, monsieur, aidez-moi par un moyen quelconque, qui ne soit pas à votre détriment, à calmer mes scrupules. Cherchons ensemble ce que je puis faire pour Jeannine ; quoi que ce soit, je le ferai.

VALMOREAU.

Nous le trouverons peut-être quand elle sera là. Elle l'a peut-être trouvé elle-même. Elle va venir.

MADAME AUBRAY.

Elle va venir ?

VALMOREAU.

Elle m'a dit qu'elle voulait vous voir une dernière fois.

MADAME AUBRAY, troublée.

La voici.

SCÈNE V

Les Mêmes, JEANNINE.

JEANNINE, s'approchant de madame Aubray et s'agenouillant à demi en lui prenant la main.

Pardonnez-moi, madame, les émotions que je vous ai données depuis une heure et le chagrin que je vous cause en échange des bontés que vous avez eues pour moi. Je vous affirme que ma volonté n'y est pour rien. Les événements nous ont entraînés, votre fils et moi; mais, en lui conseillant la démarche qu'il a faite, je prévoyais votre réponse.

MADAME AUBRAY.

Ma réponse a modifié les projets de Camille, mais non ses sentiments. Il ne peut être votre époux, mais j'espère qu'un jour il pourra être votre ami. En attendant, il est très malheureux.

JEANNINE.

Moi, je ne me plaindrai pas. Je n'ai pas le droit de me plaindre, bien que mon malheur me vienne de vous, madame, bien plus que son malheur ne lui vient de moi.

MADAME AUBRAY

Comment cela?

JEANNINE.

Je ne vous connaissais pas, madame, et je ne me serais jamais permis d'essayer de vous connaître. C'est vous qui êtes venue la première à moi. Vous ai-je menti ou vous ai-je dit tout de suite qui j'étais et ce que j'étais? Vous m'avez ouvert votre maison, vous m'avez promis le pardon de Dieu et l'amour de celui que j'aimais! — J'aurais dû vous dire que celui-là était votre fils. A quoi bon, puisque je ne voulais jamais lui révéler mes sentiments, puisque je voulais me les cacher à moi-même, puisque je me contentais du bonheur de le voir passer dans ma route et de me sentir aimée, tout en ne méritant pas de l'être? Permettez-moi de vous le dire, madame, avec tout le respect que je vous dois, c'était à vous de prévoir ce qui arrive. C'était hier qu'il fallait me fermer votre porte.

MADAME AUBRAY.

Vous m'accusez?

JEANNINE.

Non, madame; mais pourquoi m'avez-vous inspiré l'idée du bien, j'étais si tranquille dans le mal! Enfin, ce n'est plus de cela qu'il s'agit. Il faut à tout prix rendre la sécurité à votre famille, et le repos à votre conscience maternelle. Que voulez-vous que je fasse? Voulez-vous que je meure pour que votre fils m'oublie? La mort, c'est ce qui sépare le mieux, et puis, quand on a déjà rompu avec l'honneur, il y a bien moins à faire pour rompre avec la vie. Dites-moi seulement, de vous à moi, que cela sera utile au bonheur de M. Camille, personne n'en saura rien, et je vous promets de mourir en souriant.

MADAME AUBRAY.

Qu'osez-vous me proposer?

JEANNINE.

Je vous propose les moyens de la terre, vous les repoussez. Vous voulez que je vive? Eh bien, rassurez-vous, madame, malgré la solitude à laquelle vous me rendez, comme cela est votre droit, je vivrai en vous vénérant et en vous aimant. Une femme comme moi n'aura pas impunément passé dans la vie lumineuse d'une femme comme vous, sans en emporter un rayon qui l'éclaire à jamais. Soyez bénie pour le jour nouveau que vous avez fait lever en moi, pour les bonnes paroles que vous m'avez dites, pour les vérités que vous m'avez apprises! Je les reconnais absolues; je les sens éternelles, quoi qu'il arrive; et c'est au nom de toutes ces vérités que j'immolerai mon bonheur au vôtre et que je deviendrai ou plutôt que je resterai une honnête femme. Je vous le jure sur la tête de mon petit enfant. C'est impie, de jurer, je le sais; mais les coupables ont besoin d'une formule qui les engage aux yeux de ceux qui sont en droit de douter de leurs paroles. — Monsieur Valmoreau, voulez-vous appeler M. Camille? (Valmoreau sort.) Oui, madame, avant de quitter cette maison, je veux vous rendre votre fils, et vous le rendre pour toujours. Dieu pardonnera le moyen en faveur de la cause et surtout du résultat.

Camille paraît avec Valmoreau. — Barantin est entré depuis quelques instants et a entendu la fin de la scène précédente.

SCÈNE VI

Les Mêmes, CAMILLE, BARANTIN,
puis LUCIENNE.

JEANNINE.

Monsieur Camille, devant votre mère et devant vos amis, je veux vous donner une explication devenue indispensable. Madame Aubray vient de me dire que, malgré les révélations qu'elle vous a faites sur moi, vous m'aimez encore et que vous êtes encore prêt à me donner votre nom, sans reproches, sans regrets, sans honte. Est-ce vrai?

CAMILLE.

C'est vrai.

JEANNINE.

Il faut donc que vous connaissiez toute la vérité; elle vous permettra de me mépriser, ou de m'oublier simplement, si vous avez encore un peu de pitié pour moi. La faute que vous me pardonnez, parce que vous la croyez unique dans ma vie, n'est pas la seule que j'aie commise.

MADAME AUBRAY.

Que dit-elle?

JEANNINE, à madame Aubray.

Du courage! (Haut.) A côté de cette faute qui a une excuse dans la misère, il y en a d'autres qui n'ont pour cause que la fantaisie et le désordre. Certaines femmes en arrivent à ne plus rougir des faits et à ne plus se souvenir des noms. J'ai été une de ces femmes. Je vous l'avoue et je vous quitte.

MADAME AUBRAY, ne pouvant plus retenir le cri de sa conscience.

Elle ment!... Épouse-la!

JEANNINE, se jetant dans les bras de madame Aubray, avec un cri déchirant.

Ah !

MADAME AUBRAY, la tenant dans ses bras.

Me faire complice du mensonge, même pour sauver mon fils ! était-ce possible ? Quel châtiment de mes hésitations Dieu m'a infligé là ! — Vous êtes ma fille !

LUCIENNE, entrant sur ces derniers mots.

Je vous aimerai bien.

MADAME AUBRAY, à Barantin.

Eh bien, elle est venue, la lutte ; je l'ai accompli, le sacrifice ; et je remercie Dieu d'avoir été choisie pour tenter la réhabilitation de la femme. J'aurai la joie d'avoir été la première.

BARANTIN.

Et le chagrin d'avoir été la seule.

MADAME AUBRAY.

Homme de peu de foi !

VALMOREAU, à Barantin.

Ce que vient de faire madame Aubray est admirable.

BARANTIN.

Oui !... mais, comme vous dites, vous autres, c'est raide !

FIN DU TOME QUATRIÈME

TABLE

L'AMI DES FEMMES 1

LES IDÉES DE MADAME AUBRAY. 205

ÉMILE COLIN. — IMPRIMERIE DE LAGNY.

www.ingramcontent.com/pod-product-compliance
Lightning Source LLC
Chambersburg PA
CBHW060507170426
43199CB00011B/1354